中道佛性詮釋學：天台與中觀

吳汝鈞 著
陳森田 譯

臺灣 學生書局 印行

原書序

在我研習西方哲學及形而上學的初期，康德和黑格爾的偉大之處令我為之著迷。他們的深度和廣度似是無窮無盡。我驚嘆像康德和黑格爾這樣的思想家，他們必定是具有超卓的智慧和創造力，否則，他們那些壯觀和驚人的哲學根本無法建構。當我逐漸轉向佛學的研習，著名的新儒家學者牟宗三教授把我的注意力集中於天台和華嚴。他對這兩個學派給予高度評價，稱許它們的創立者是哲學天才，如康德和黑格爾般偉大，而且，他們對哲學的探討更達到人類有史以來的最高水平。這是我對智顗的第一個印象。

自此以後，我對智顗非常感興趣，並且把握一切機會去試圖了解他的思想。然而，我一直無法做到，直至我撰寫麥克馬思德（McMaster）大學的博士論文時，對智顗的系統才進行了全面的研究。由於這系統的內容極其豐富，要在一篇論文中全面處理實在是不智，而且亦不可能。我考慮到自己對龍樹已經下了多年工夫，而且，智顗跟早期中觀學義理有著密切的歷史關連，於是決定以這種關係作為焦點去深入研究智顗。我的想法是透過對智顗與龍樹在一些重要問題上的比較研究，可能找到智顗從早期中觀學獲益之處，此外，又可以從他們之間的差異去探索智顗本身的系統的獨特之處。基於這樣的考慮，我把佛教傳統中兩位最偉大的思想家——智顗和龍樹，一同放在我的研究中。

按照這項研究，智顗的重要觀念可以歸入兩個主題之下。第一個是佛性，他把這佛性與不空和中道等同起來。另一個是實現、體證佛性的方法，這包括四句、三觀和出世間與世間的相即或等同關係。雖然這兩個主題都可以追溯至龍樹，但智顗所作的修訂和發展非常值得我們關注，因為這顯示出智顗系統的慧識與洞見。

關於這兩個主題，其中佛性是關乎終極真理（智顗稱之為實相）的觀念，而實現佛性的途徑則是方法的問題。結果，我遇到一個關鍵的問題，就是在概念與方法之間，哪一個更能代表智顗的系統呢？我察覺到研究天台哲學的學者，全都著重於智顗的所謂「三重架構」，卻未有注意他的佛性觀念。我並不認同這種做法。從智顗的三觀、三諦和三智所見到的三重思想架構，在他的著作中曾多次被深入地討論，這的確是事實。而佛性的概念零散地出現，並且似乎未有得到充分的講解，這亦是事實。然而，這並不表示三重架構的重要性蓋過了佛性，而是三重架構是以方法論來說，關乎佛性或真理實現的途徑，而佛性則是關於真理本身。從邏輯上說，真理的觀念是先於實現真理的途徑的。對真理的理解決定實現它的途徑，反過來卻不然。換句話說，佛性比起三重架構更為根本。因此，在討論智顗系統的特點時，要優先處理的應是佛性，而不是三重架構。從這個意義上說，在研究智顗的工作上，我跟大部分天台學者的取向不同，因為我將重點放在佛性之上。

智顗是怎樣理解佛性的呢？就智顗而言，終極真理或佛性的特點是什麼呢？經過長期的艱苦研究，我總結出，智顗認為佛性是恆常的、具功用的和具足諸法的。因此，對智顗而言，終極真理的特點是常住性、能動性以及具足性格。在這三個特點之中，能動性最為智顗所強調，所以我們應該特別注意這一特點。真理是能動的或具功用的，這顯出真理是能夠活動的。它能夠發起行動。這些行動指向什麼呢？發起這些行動有什麼目的呢？就智顗而言，這些行動指向具體的現象世間，讓其中的有情眾生得到教化和轉化。其目的是教導性和救贖性的。這項研究揭示出智顗思想的一種極重視實用性的態度，帶有很深厚的世間性關懷。

除天台宗之外，中國佛教另外兩個重要的宗派——華嚴宗和禪宗，亦極力提倡功用的概念。華嚴宗說力用，禪宗講作用，兩者均指出功用或行動是以救贖施於這個充滿受苦而渴望解脫的有情眾生的經驗世間。在這裏，智顗顯然展示出一種普及的和終極的關懷，這就是對有情眾生的深切的、存在的關注。這一點是這三個偉大的宗派所具有的共識。這其實是一個很有意義的課題，值得進一步研究。但由於篇幅所限，這個課題的進一步探索已超出了本研究的範圍了。

我對天台哲學特別是智顗方面的理解與判釋，都表現在這本書中。

略語表

梵文原本：

《梵本中論》	*Mūlamadhyamakakārikās de Nāgārjuna avec la Prasannapadā Commentaire de Candrakīrti*, ed. Louis de la Vallée Poussin, Bibliotheca Buddhica, No. IV. St. Petersbourg, 1903-13.

中文原本：

大	《大正新修大藏經》。全書收錄了大量中文本佛教經論著作。在本書中，大 1564 表示《大正新修大藏經》收錄的第 1564 本著作。另外書中每頁排成三列，順序會以 a、b、c 來代表，例如大 38.516b 表示《大正新修大藏經》第三十八冊 561 頁第二列。
《續》	《續藏經》。

參考資料：

安藤	安藤俊雄著《天台學：根本思想とその展開》，京都：平樂寺書店，1968。
梶山	梶山雄一、上山春平著《空の論理：中觀》，東京：角川書店，1969。

佐藤	佐藤哲英著《天台大師の研究》，京都：百華苑，1961。
田村	田村芳朗、梅原猛著《絕對の真理：天台》，東京：角川書店，1969。
多屋	多屋賴俊、橫超慧日、舟橋一哉編集《佛教學辭典》，京都：法藏館，1974。
中村	中村元著〈中道と空見〉，《結城教授頌壽紀念：佛教思想史論集》，東京：大藏出版社，1964。
新田	新田雅章著《天台實相論の研究》，京都：平樂寺書店，1981。
牟 1975	牟宗三著《現象與物自身》，臺北：臺灣學生書局，1975。
牟 1977	牟宗三著《佛性與般若》，臺北：臺灣學生書局，1977。
唐	唐君毅著《中國哲學原論原道篇》卷 3，香港：新亞研究所，1974。
Hurvitz	Hurvitz, Leon. *Chih-I, An Introduction to the Life and Ideas of a Chinese Buddhist Monk*. Bruxelles: Juillet, 1962.
Inada	Inada, Kenneth K. *Nāgārjuna: The Philosophy of the Middle Way*. New York: State University of New York Press, 1986.
Matilal	Matilal, B.K. "Negation and the Mādhyamika Dialectic," in his *Epistemology, Logic and Grammar*

in Indian Philosophical Analysis. The Hague: Mouton, 1971.

Murti — Murti, T.R.V. "Saṃvṛti and Paramārtha in Mādhyamika and Advaita Vedānta," in *The Problem of Two Truths in Buddhism and Vedānta*, ed. M. Sprung. Dordrecht: D. Reidel, 1973.

Ramanan — Ramanan, K. Venkata. *Nāgārjuna's Philosophy as presented in the Mahāprajñāpāramitā-śāstra*. Rutland, Vt. & Tokyo: Charles E. Tuttle Co., Inc., 1966.

Robinson 1957 — Robinson, Richard H. "Some Logical Aspects of Nāgārjuna's System," *Philosophy East and West*, 6:4 (1957), pp.291-308.

Robinson 1967 — Robinson, Richard H. *Early Mādhyamika in India and China*. Madison: The University of Wisconsin Press, 1967.

Ruegg — Ruegg, D. Seyfort, *The Literature of the Madhyamaka School of Philosophy in India*. Wiesbaden: Harrassowitz, 1981.

Sprung 1977 — Sprung, Mervyn. "Non-Cognitive Language in Madhyamaka Buddism," in *Buddhist Thought and Asian Civilization*, ed. L. Kamamura and K. Scott. Berkeley: Dharma Publishing, 1977.

Sprung 1979 — Sprung, Mervyn. *Lucid Exposition of the Middle Way*. London and Henley: Routledge and Kegan Paul, 1979.

Swanson　　Swanson, Paul. *Foundations of T'ien-t'ai Philosophy: The Flowering of the Two Truths Theory in Chinese Buddhism*. Berkeley: Asian Humanities Press, 1989.

中道佛性詮釋學：天台與中觀

目　次

第一章　概　說

一、基本問題

龍樹（Nāgārjuna，約公元 150-250）在中國和印度都一致被認定是印度中觀學派的始創人，而這學派是大乘佛教其中一個最重要的派別。❶他又被尊為中國佛教天台宗的創始人，或至少是一位極為重要的人物。很多天台宗的典籍都確認龍樹在本宗的崇高地位。例如在天台宗最重要的典籍，智顗（公元 538-597）的《摩訶止觀》中記載，智顗本身是師承慧思，慧思則跟從慧文，而慧文的思想完全是建基於龍樹的《大智度論》。❷無論在文獻傳統或哲學思想上，智

---

❶ 梵語 Mādhyamika（翻為「中觀」）常被現代學者用以表示龍樹的學派，同時，亦可代表空（Emptiness, śūnyatā）的義理。此外，這個辭彙又指那些追隨這學派義理的人。在現今的著作當中，Mādhyamika 可包含這三種意思，其中以空的義理這個意思較常指涉。這個辭彙又可轉成另一形態，即 Madhyamaka，專指龍樹的思想或哲學。詳細可參閱 Ruegg（譯者按：由於此書的書名未具中文翻譯，為免混淆，在本譯本中不予翻譯，而以作者名稱代表。其他英文資料均同樣處理。詳情請參閱略語表。），pp.1-3，Madhyamaka 條。

❷ 《摩訶止觀》第一章，大 46.1b。

顗與中觀學的關係都極為密切。他在著作當中經常引用中觀學的文字，而且，他的哲學概念在很多方面都建基於中觀思想。❸

然而，智顗在判教中把佛教各宗派的義理判為四等，從低至高分別是藏教、通教、別教和圓教，而中觀學只屬於通教。❹雖然把龍樹尊為該宗的始祖，智顗仍然在著作中多次嚴厲地批評通教。他認為建基於《法華經》（*Lotus Sūtra, Saddharmapuṇḍarīka-sūtra*）的圓教才是終極的教法，在義理上高於通教。智顗這種立場帶出了兩個問題：

一、為什麼智顗並不完全認同中觀思想？

二、為什麼他從圓教尋找終極的依歸？

這兩個問題可用較具體的方式來表達。佛教作為一種宗教，它最關心的問題無疑是解脫（梵：mokṣa）。佛教各宗派均認同，解脫是來自真理（梵：satya）的實現。然而，各宗派對於真理以及其實現有著不同的看法。舉例來說，在中觀學的脈絡中，龍樹以空（梵：śūnyatā）為真理，他並以中道（Middle Way，梵：madhyamā pratipad）來作補充，以至實際上將兩者等同。在佛教中，「空」一般表示現象的非實在性之真理。而龍樹對這個概念的運用，實際上是源自早期的

---

❸ 漢維茲（Leon Hurvitz）認為，在眾多佛教哲學傳統中，對智顗思想的塑造，中觀學比任何學派都更為重要。

❹ 佛教要在中國發展，必須將來自印度的各種不同，甚至是相互矛盾的佛教教義整合融化，使它們均能視為源自佛陀的教法。最常見的方法是將各種教義判別為佛陀在不同情況下，向不同根器的眾生所說的佛法。這種判別的工夫稱為「判教」，參考智顗著《維摩經玄疏》第六章（大 38.561b-c），其中智顗就著佛陀為何以不同教義進行教化作出解釋。關於在本書原文（英文）本中將「別教」翻譯為「Gradual Doctrine」，可參考本書第六章第三節。

般若經（*Prajñāpāramitā-sūtra*）。他詮釋中道為超越兩端。關於真理的實現，中觀學派提出四句（Four Alternatives，梵：catuṣkoṭi）和四句否定。四句是我們觀察存在事物的四種可能的方式，分別是有、無、亦有亦無，以及非有非無。中觀學指出：這四句是用以引導眾生趣向真理的教法，然而，從終極的角度說，這四句都不能真正令我們達致解脫，因為每一句都有其不足之處。

智顗基本上繼承了「中道」這個重要概念以及四句和四句否定的方法。但他並不完全認同以中觀學的態度去建立中道的概念。他將這個概念繼續發揮，並提升至另一層次，建立起中道佛性（Middle Way-Buddha Nature）的概念，並以之等同於「不空」（No-emptiness）。這個複合概念將中道和佛性（梵：Buddhatā）等同。在《大般涅槃經》（*Mahāparinirvāṇa-sūtra*），佛性被解釋為一切有情眾生都獲賦予的素質，並且是成佛或覺悟的基礎。對於智顗來說，中道佛性就是佛教的真理。他堅持，真理必須同時以其本質（Nature）和能達致的途徑（Way）來表述。就我們所了解，智顗認為中觀學的中道傾向於消極和靜態，指出一種離於兩端的狀態，而他的中道佛性則展示一種積極、動態和內在的本質。這個複合概念是區別圓教與通教的關鍵所在。要領悟和達致中道佛性這種真理，智顗基本上是運用四句、四句否定、一心三觀（Threefold Contemplation）和即（Identification）。三觀包括空觀（Contemplation of Emptiness）、假觀（Contemplation of the Provisional）以及中觀（Contemplation of the Middle Way）。在這三觀當中，聖者同時間照見真理的三個面相，即空、假名和中道。「即」聯繫著涅槃（梵：nirvāṇa）與世間（梵：saṃsāra），並表示涅槃必須在世間中證取。對佛教徒而言，涅槃指述一個絕對純淨的境界，而世間則是一個雜染的生死世界。智顗在運用這些與中觀學有關的哲學方法時，毫不猶疑地加以修訂。在這些修訂當中，清楚地顯出了智顗本身所關注的問題，尤其在三觀和即方面。以智顗的思路而言，他的四句和四句否定很富有印度思想的味道，而三觀和即則充滿中國思想的特色。基於這種理解，以下三個問題顯得非常重要：

一、智顗如何理解及批評中觀學的空和中道？

二、如何區別智顗的中道佛性和中觀學的中道？

三、對於中道佛性的實現，智顗運用甚麼哲學方法，以及這些方法與中觀學有何關連？

本書的旨趣在於研究上述問題，其中以第三個，即最後一個問題最為複雜，所以有關的討論佔了最多篇幅。本研究將透過智顗與中觀學的關係去了解他的思想，並會指出智顗怎樣吸納印度佛教的義理，並加以承接及發展，而逐漸建立起中國佛教中一個偉大的宗派。同時，我們亦可看到印度佛教與中國佛教之間一些思考方法上的差異。

在進入另一章之前，我想解釋一下在本研究中兩個經常出現的辭彙。首先是「真理」（Truth），它表示這個現象世界的真實本質，包括我們人類的存在。按一般佛教人士的解釋，真理是絕對和純淨的，故此，它超越一切相對性和雜染性。這個辭彙等同於梵語的 satya、tattva、tathyam 等辭彙。在中國佛教，真理常稱為「諦」、「實相」、「實際」、「實性」、「如」等等。「諦」的意思就是真理，而「如」（suchness）則代表真理本身的狀態，沒有任何歪曲或顛倒。「實」表示終極的狀態，指出真理是終極的。在智顗的用辭中，「實」經常與「權」相對比來看。這「權」表示經驗的性格。在某些情況下，真理又稱為「法性」（梵：dharmatā），意思是「法」（梵：dharma）或「質體」（entity）的性格或特性。真理亦稱為第一義諦（梵：paramārtha），以強調其優越性、殊勝性。在智顗的著作中，最常用「實相」來表示真理，或更適切地說，表示終極真理。

對於真理的了解，除了上述這些普遍的意義外，各佛教宗派或學者都經常有各自的著重點。舉例來說，正如第二章將會介紹的中觀學派，他們著重突顯真理為空（Emptiness）以及中道（Middle Way），強調其非實在性以及超越兩端的性格。智顗更特別指出真理為中道佛性（Middle Way-Buddha Nature），並賦予一些非常重要的特質，我們在下文將會詳盡地討論。

在本研究中，真理或終極真理描述上述的幾個普遍意義。一般來說，這些描述都等同於實相。然而，當我們在某些特定的情況下提及真理時，例如在中觀學或智顗的系統中，會特別將真理指明為空、中道或中道佛性。

此外，「法」（梵：dharma）這個辭彙經常在智顗的著作中出現，它可以翻譯為事物（thing），但這不是一個很好的翻譯。「法」指述現象界中任何事物，包括有情和非有情的存在物。但事物一般只代表非有情的存在物，排除有情的存在物。因此，在這研究當中，我們會沿用「法」這個辭彙。「法」代表現象世界中某項東西，而「一切法」則表示整個現象世界。[5]

---

[5] 卡魯柏克納（David J. Kalupahana）將「法」譯成不同的辭彙，包括「現象」

特別要一提的是，鳩摩羅什（Kumārajīva，公元 344-413）在翻譯龍樹的《中論》時，經常用「法」這個辭彙來代表「存有」（梵：bhāva）。現代學者例如稻田龜男（Kenneth K. Inada）及陸格（D. Seyfort Ruegg）通常把 bhāva 譯為 entity（譯者按：意思是質體）。我們會跟從現代的翻譯，以「質體」來表示 bhāva。基本上，法和質體的意思沒有很大分別，兩者均表示現象界中可感知和不可感知的領域。在本研究中，法和質體會交替地使用。

二、資料來源

我們會應用最可靠的資料來研究智顗和中觀。本研究包括兩部分的資料，即智顗以及中觀學的著作，在後者，我們尤其著重龍樹的作品。

㈠中觀學資料

被認為是龍樹所寫的眾多書籍中，現存的仍有很多種。❻其中《中論》（*Mūlamadhyamakakārikā*）無疑是龍樹的作品，而且是最重要

（phenomena）（Kalupahana, pp.29, 34, 46）、「質體」（entity）（Ibid., p.39）、「元素」（elements）（Ibid., pp.51, 84, 85）、「經驗元素」（elements of experience）（Ibid., p.51），以及「事物」（thing）（Ibid., p.71）等等。但他並未就各種翻譯作出解釋。

❻ 關於龍樹著作的詳情，可參考 Ramanan, pp.34-37。在當中，拉馬南提出，被認為屬龍樹的著作可分為六種。另外，又可參考梶山雄一著〈中觀思想の歷史と文獻〉，收入於平川彰等編《中觀思想》，東京：春秋社，1982, pp.4-5。關於龍樹的著作，陸格做了一項最廣泛的研究，可參考 Ruegg, pp.9-33。

的一部。中觀學派幾乎所有義理都能在這本書中找到。拉馬南（K. Venkata Ramanan）亦曾指出，在《中論》中，我們可找到龍樹哲學的所有最重要的觀念。❼這本著作對智顗有著重大的影響，我們將透過梵文原本與漢譯去了解其中的思想。

漢譯本《中論》由鳩摩羅什所譯，他是非常著名的中觀學者。我們相信智顗並不懂梵文，他顯然是透過鳩摩羅什的譯本認識《中論》，並且經常在著述中引用這譯本的文字。至於梵文本的《中論》卻未見他在著述中提及。故此，本研究亦會參考鳩摩羅什的譯本來理解龍樹的思想。當遇到梵文本與鳩摩羅什譯本出現分歧時，我們會特別提出來討論。❽

同為鳩摩羅什所譯的另一部鉅著《大智度論》（*Mahāprajñāpāramitā-śastra*），數百年來在中國佛學界都視為龍樹的著作。此書的梵文原本和藏文譯本均已失傳，而且，它是否為龍樹所作仍有很多爭論。例如拉莫特（Étienne Lamotte）就反對《大智度論》為龍樹的作品❾，而梶山雄一及彭迪耶（Ramchandra Pandeya）亦對此存疑。故此，在他們對龍樹思想的研究中（包括梶山雄一的《空の論理：中觀》和彭迪耶的〈中觀哲學：一種新的解讀〉“The Mādhyamika Philosophy:

---

❼ Ramanan, p.42.

❽ 獨立成書的梵文本《中論》已找不到了，現存此書的梵文本是附載於月稱（Candrakīrti）的注釋之中，書名為《淨明句論》（*Prasannapadā*）。據一些日本學者的見解，即使這個附於《淨明句論》中的梵文本《中論》，亦不一定與原本完全相同，例如清辨（Bhāvaviveka）的《般若燈論》（*Prajñāpradīpa*）所依據的梵本，就與《淨明句論》中的版本有出入。

❾ Étienne Lamotte, *Le Traité de la grande Vertu de Sagesse de Nāgārjuna*, vol.3. Louvain: Université de Louvain, 1970, Preface.

A New Approach"，載於他的著作《哲學之印度方面的研究》*Indian Studies in Philosophy*），均沒有引述《大智度論》。

然而，亦有其他學者持相反的意見。例如拉馬南就堅決相信《大智度論》是龍樹的作品。❿他指出《大智度論》與《中論》有著內在的連繫，幾乎整部《中論》都是從《大智度論》各部分節錄而再造的。因此，他認為《中論》與《大智度論》可說是同一本作品。⓫他相信在《大智度論》中建立的義理，是《中論》中的義理的延續和發展。⓬此外，現代中國學者亦未有對《大智度論》的作者問題提出過任何疑問。例如牟宗三在他的《佛性與般若》中毫不猶疑地透過《大智度論》去理解龍樹的思想，並且清晰地認定這是龍樹的著作。

在本研究中，我們不準備就此問題進行深入討論或提出答案。我們只關心應否將這部鉅著納入我們的研究範圍。就此，我的態度是正面的，原因如下：

1.中國佛教傳統很確定地相信《大智度論》是鳩摩羅什所譯的。他的一位著名弟子僧叡（公元 352-436）在《大智度論》的序文中提到鳩摩羅什從梵文原本進行刪節和翻譯。⓭而在跋中亦詳細地敘述了鳩摩羅什怎樣進行翻譯。⓮因此，即使作者問題仍未解決，我們亦可確定鳩摩羅什在《大智度論》的翻譯工作上有很緊密的參

---

❿ Ramanan, p.13.

⓫ Ibid., pp.45-46.

⓬ Ibid., p.13.

⓭ 大 25.57b。

⓮ 大 25.756c。

與。

2.鳩摩羅什本身是一位很出色的中觀思想家。⓯即使有人可證實《大智度論》不是龍樹所作，比如是鳩摩羅什偽託為龍樹的作品，或是他在翻譯時曾加以潤飾及添上自己的見解，我們仍然可確定該書能反映中觀思想。

3.無論從文獻或義理方面看，《大智度論》與龍樹思想的內在關係都是不容否定的。《大智度論》基本上是對《二萬五千頌般若經》的注釋，文中經常引用《中論》的內容，可知其作者時刻不忘龍樹所造的《中論》。⓰特別要注意的是，這些引文有很多都涉及極為重要的問題。⓱在義理方面，《大智度論》主要闡述的概念無疑就是「波羅蜜多」（梵：pāramitā）。文中有關空以及中道哲學的部分詳細解釋了這個概念。據我們所見，《大智度論》中的空和中道的概念與《中論》的說法是一致的。我們甚至可以認為，在這方面，《大智度論》是《中論》的延續和更為完備的發展，特別在中道的概念上是最為顯著的。⓲由此可見，在了解以《中論》為基礎

⓯ 湯用彤著《漢魏兩晉南北朝佛教史》，北京：中華書局，1955，第十章，pp.278-340。其中對鳩摩羅什的生平和思想有很清晰的介紹。另可參考 Robinson 1967, chap.3, pp.71-95。

⓰ 例如大 25.61b, 64b, 97b, 107a, 198a, 245c, 338c 等等。某些引文經過了些微的修改。

⓱ 例如「四句」（大 25.61b），「八不」（大 25.97b），空、假名和中道的概念（大 25.167a），以及世間與涅槃的關係（大 25.198a, 338c）等。

⓲ 《大智度論》義理的簡介，參考 Ramanan, pp.44-45。拉馬南提出，龍樹作品的中心主題就是空和中道（Ibid., p.35）。對《大智度論》的空和中道的詳細闡釋，見本書第二章。

的中觀學時，《大智度論》是很好的補充資料。

4.《大智度論》與智顗的關係特別值得我們注意。事實上，該論就是智顗早年研究的焦點。他的興趣和關注轉向《法華經》是在較後時期。縱使他的研究焦點有所轉變，他最重要的著作仍然大量引用《大智度論》的內容。⓳對智顗而言，《大智度論》是中觀學派最重要的著作，而他從來沒有質疑這是龍樹的作品。簡單而言，《大智度論》不論是否龍樹所寫，它仍是中觀學的重要著作，亦是《中論》很好的補充資料，而且，正如前面提到，它對智顗有極深的影響。我們對中觀學的研究，雖然主要是圍繞著龍樹本人，但並非局限於此，我們仍會參考《大智度論》這部鉅著，因為它對我們的研究將有很大幫助。

除了《中論》和《大智度論》之外，仍有一些中觀學的著作常為中國的中觀學者講述。這些著作包括《十二門論》（*Dvādaśāmukha-śāstra*）、《十住毗婆沙論》（*Daśabhūmika-vibhāṣā-śāstra*）和《百論》（*Śata-śāstra*）。其中，《十二門論》和《十住毗婆沙論》均為龍樹所著，而《百論》則為龍樹的直接弟子提婆（Āryadeva）的作品。以上著作均由鳩摩羅什翻譯為漢文。有趣的是，這些著作的梵文原本和藏文譯本均已失傳。很明顯，這些著作都存在作者的問題，尤其是《十二門論》和《十住毗婆沙論》。智

⓳ 根據佐藤哲英的點算，智顗在《法華玄義》中引用《大智度論》114 次，在《摩訶止觀》引用 103 次，在《法華文句》引用 59 次，以及在他早年的著作《次第禪門》中引用了 83 次。佐藤形容《大智度論》是智顗早期研究佛學的主導書籍（佐藤 pp.96-97）。

顗似乎不太注重這些作品，亦很少在著述中提及。⑳至於龍樹的《迴諍論》（*Vigrahavyāvartanī*），現存有梵文原本以及漢譯本和藏譯本。然而，在智顗的主要著作中，從沒有提及這部著作。由於我們的研究只涵蓋密切關連著智顗與中觀學的資料，故此上述幾部典籍都不是我們的研究的重點。

現存對《中論》的注釋有好幾種。㉑但在漢語佛學界，只有青目（Piṅgala）所造的注釋普遍受注意。這個注釋由鳩摩羅什譯成漢文，但梵文原本和藏文譯本均已失傳。在某程度上，智顗亦受到這個注釋的影響。他數度引用青目的注釋㉒，其中包括用作對中道意義的重要參考。㉓本研究亦會以這個注釋作參考之用。此外，一個對《中論》很全面的注釋是清辨（Bhāvaviveka）所造的《般若燈論釋》（*Prajñāpradīpa*）。這個注釋雖然似未受到智顗注意，但由於它對我們理解龍樹的四句提供了很重要的提示，我們亦會用它作參考資料。

---

⑳ 據我們所知，這些典籍在智顗的主要著作中提及的次數每部不過兩次。《法華玄義》第八章（大 33.779a-c）曾提及和引述《十二門論》；《法華文句》第五章（大 34.65a）和第七章（大 34.96c）提到《十住毗婆沙論》；《維摩經略疏》第一章（大 38.568a）曾提到《百論》。

㉑ 關於《中論》的注釋的介紹，可參考梶山 pp.143-146。又可參考梶山雄一著〈中觀思想の歴史と文獻〉，op. cit., pp.9-14。

㉒ 例如《維摩經玄疏》第三章（大 38.535c）及第六章（大 38.557c）；《維摩經略疏》第五章（大 38.626a）。

㉓ 《維摩經玄疏》第三章（大 38.535c）。

㈡關於智顗

在我們查考有關智顗的資料方面，情況有點複雜。有很多著作都歸入智顗的名下，但其中某些實為偽託的。他的著作可分為兩個時期，佐藤哲英稱之為「前期」和「後期」。智顗最初在光州大蘇山從學於慧思，其後，在三十一歲時前往金陵，逗留在瓦官寺約八年。在三十八歲時，他遷往天台山隱居達十一年。至此，佐藤稱為「前期」。五十歲時，智顗回到金陵，在光宅寺講授《法華經》。他在五十六歲時回到故鄉荊州，一直居住至去世。這屬於「後期」。㉔在本研究中，我們只會應用那些確實能反映智顗思想的資料，其中大部分屬後期的作品。我們可參考佐藤哲英的《天台大師の研究》準確地了解智顗的作品。歸入智顗作品的大量文獻中，二十八種已迭，現存的只有四十六種。這四十六種可分為以下三類：

一、智顗親筆的著作：包括他早期所寫的《法界次第初門》、《法華三昧懺儀》、《方等懺法》和《覺意三昧》，亦包括後期的《淨名玄義》十章。㉕

二、可代表智顗思想的著作，這又可再分為兩類：

i) 智顗的弟子把他講授的義理記錄下來，再交給智顗批改而成的。這包括前期的《次第禪門》和後期的《淨名經疏》三十一章。在他死前不久記錄的《觀心論》一章亦應歸入這

㉔ 參考佐藤 pp.25-27，以及前言，pp.1-3。關於智顗的詳細生平，參考漢維茲、京戶慈光合著《天台大師の生涯》，東京：Regulus Library, 1975。

㉕ 佐藤在其著作中把《小止觀》列為智顗親筆的作品。參考佐藤 p.263。

類。㉖

ii) 智顗的弟子，主要是灌頂（公元 561-632）按他的講課所作的紀錄。這些文稿在智顗死後才完成，因而沒有經過智顗的批閱。這批著作後世譽為「三大部」，即《法華玄義》、《法華文句》和《摩訶止觀》，全都是灌頂所作的紀錄。

三、以智顗之名刊行的書籍：這些書籍實際上由智顗以後的學者所寫，包括一些公然的偽託作品，以及一些內容攙雜了智顗作品的書籍。這類書籍包含：《金光明經玄義》、《金光明經文句》、《觀音玄義》、《觀音義疏》、《請觀音經疏》、《四念處》以及一些關於淨土宗的著作。㉗

佐藤又特別討論了「天台五小部」，這包括《觀經疏》、《金光明經玄義》、《金光明經文句》、《觀音玄義》和《觀音義疏》。雖然這五部書一向被視為智顗的作品，但佐藤卻強烈質疑。㉘關於《仁王經疏》（當中載有智顗提出的「三諦」），佐藤指出，那是在智顗死後，由一位天台學者所寫的。㉙

佐藤又提到以下幾部可能屬於智顗的著作。《禪門口訣》和《證心論》寫於前期，故可能代表著智顗早期的思想。《禪門要略》和《禪門章》是後期的作品，大概在智顗死後才刊行。這兩部書在某程度上可反映智顗思想的發展。《觀心食法》、《觀心誦經

㉖ 佐藤認為《六妙門》也能代表智顗的思想。參考同上書 pp.151-172。

㉗ 《般若經》的一部注釋《金剛般若經疏》一向被視為智顗的作品，但佐藤持反對意見，並將之列入第三類。（參考同上書 p.412）

㉘ Ibid., p.77.

㉙ Ibid., p.554.

法》、《觀心十二部經義》和《坐禪方便門》牽涉禪修者的心理和實踐的問題。但這些作品很難確定能否代表智顗的觀點。[30]

從以上可見，只有第一和第二類著書，以及上面直前提到的幾部作品，能可靠地代表或反映智顗的觀點。佐藤曾反覆強調智顗的思想可分為前、後兩期[31]，這實際上是劃分開他早期注意的《般若經》中的空的思想，與較後期著重的《法華經》中的終極真理（實相）思想。從前期到後期，我們可以見到智顗生命中一個很明顯的思想發展。這個發展可以從他的判教（classification of Buddhist doctrines）中見到，當中，他認為《法華經》較般若經典的思想更為完備。即使在臨死前，他仍然表現出對《法華經》的極大關注。[32]一般而言，一個思想家後期的著作會較為成熟，因此會較受重視。在本研究中，我們亦會特別留意智顗後期的作品。

在本研究中，關於智顗的資料，我們基本上集中於下列書籍：《法華玄義》（大 1716）、《法華文句》（大 1718）、《摩訶止觀》（大 1911）、《小止觀》（大 1915）、《觀心論》（大 1920）、《禪門要略》（續 99）、《淨名玄義》及《淨名經疏》。我們會以這些資料作為智顗的主要著作，其中又以《法華玄義》和《摩訶止觀》最為重要，因為它們全面地反映出智顗最成熟的思想，以及幾乎包含本研究的基本問題中所有的概念和哲學方法。關於縮寫方面，

---

[30] Ibid., p.290.

[31] Ibid., pp.27, 44-45.

[32] 〔天台智者〕……稱：「我位居五品弟子，事在法華。」（《國清百錄》第三章，大 46.811b）這本《國清百錄》是智顗居於天台山時的講課紀錄，由灌頂執筆。

「大」表示《大正藏》，「續」表示《續藏經》。

我們需要再簡單交代一下《淨名玄義》和《淨名經疏》兩部書。這兩部書都是《維摩經》（*Vimalakīrti-nirdeśa-sūtra*）的注釋，智顗晚年時對《維摩經》特別感到興趣。其中《淨名玄義》十章是智顗應楊廣（公元 569-618），即後來的隋煬帝的邀請而寫於公元 595 年。這本著作現僅存一部分，即現時廣受注意的《四教義》十二章（大 1929）。《淨名經疏》三十一章是智顗後期返回天台山後所寫的。這部書包含兩個獨立部分，分別是《維摩經玄疏》六章（大 1777）和《維摩經文疏》二十五章（續 27-28）。後者後來又由湛然（公元 711-782）選輯成為《維摩經略疏》十章（大 1778）。湛然是天台宗中期一位非常出色的思想家。在本研究中，我們將會採用《四教義》、《維摩經玄疏》、《維摩經略疏》和《維摩經文疏》作參考。

最後，我們要在研究中特別加入《法界次第初門》（大 1925）。正如前文指出，這是智顗的前期作品。這部書包含一些重要思想，這些思想在智顗後期發展得很全面。它們包括：判教理論[33]、中道佛性概念[34]以及入空的兩種途徑。[35]這兩種途徑是「體法」，即直接從事物或現象中證空；以及「析法」，即透過分解和泯滅事物或現象而證空。二者在智顗的判教中分別被判為通教（Common Doctrine）及藏教（Tripiṭaka Doctrine）。佐藤提出，由於這部

---

[33] 大 46.686a。

[34] 大 46.688a。

[35] 大 46.681a-b。

書討論到判教，故應是智顗前期最後一部作品。他的論據是，判教的理論極少出現在智顗的前期作品中，但在後期，他基於《法華經》建立自己的佛學概念時，這理論已經形成。[36]故此，我們可以很穩妥地推斷，智顗在寫《法界次第初門》時，思想正臻於成熟階段。

這一章寫到這裏，差不多了。不過還有一點要交代或說明。一般研究智顗思想的學者，包括日本方面和北美方面的，都聚焦在有名的所謂「天台三大部」：《法華文句》、《法華玄義》和《摩訶止觀》中。這三部著作當然是關鍵性著作，表示智顗以《法華經》為基礎的進一步的思想上的開拓。不過，有一點讓我們感到保留的態度：這三大部都是智顗弟子灌頂記錄智顗講述、評論和發揮《法華經》同時也建立自己的思想體系的作品，其重要性是毋庸置疑的。只是有一點：這三部鉅著未經智顗本人過目和認可，便流通起來了。這從思想史的角度看，未免有點遺憾。灌頂在記錄當中，有沒有錯誤、遺漏，甚至加上自己的觀點，都很難說。智顗的另外一族著作，即對《維摩經》的注疏，則是自己親自執筆寫的；在思想史上，這些注疏應更能展示智顗自己的觀點。另外一點是，它們較三大部更晚成立，因而也更能代表智顗的成熟思想。只是它們的知名度不及三大部，而且篇幅較後者更為繁複，解讀不易，因而未能得到應有的重視。這在日本和歐美方面的研究界，都是如此。特別是有關中道佛性這一重要的概念或觀念方面，這些注疏的說明和發揮，較三大部更為完足。按這個觀念早在《大般涅槃經》

---

[36] 佐藤 pp.236-237。

（*Mahāparinirvāṇa-sūtra*）中已有提及，吉藏在他的著作中亦有說明，只是到了智顗，才有比較充量的發揮。在這發揮方面，三大部中有說明，《維摩經》注疏中也有說明，比較三大部更為周延。[37]

---

[37] 關於這點，我在多年前曾和北美學者史旺遜（Paul Swanson）當面討論過。他也坦承自己對智顗思想的理解，聚焦於三大部中，未有怎樣留意這些注疏。我猜想他根本未有解讀過這些注疏。原因是篇幅過於浩繁，負擔不起來。三大部對他們外國學者來說，已經夠難了。哪有閑暇與精力去注意這些注疏呢？對於外國學者閱讀中文，特別是佛教漢文所感到的困難度，我一向未加留意。只是有一次在研討會中碰到日本方面研究法稱（Dharmakīrti）的專家桂紹隆，談起中文的難懂，他亟言其中的困難度，比理解梵文還高哩。我聽後睜大眼睛，半天說不出話來。中文是我們的母語，從小便學，根本未感到有甚麼困難，怎能跟梵文比呢？桂教授補充說，梵文是繁是難，但有規則（rule）可循。中文則沒有規則，因而其意思難以把握，云云。

第二章　中觀學的空與中道

我們的基本問題的首要者是關於智顗怎樣理解和批評中觀學的空和中道。雖然很多現代學者已經很廣泛和深入地透過梵文、藏文和中文資料研究中觀學的空和中道的概念，我們仍要再檢視這兩個概念，特別要注意《中論》、《大智度論》以及青目的《中論》注釋，因為智顗基本是透過這些資料去了解這兩個概念的。當有需要時，我們會盡量將我們的檢視關連於和定位在前人工作的脈絡中，但我們的基本目標是集中在那些有助我們透過與中觀學的關係去了解智顗思想的著書，其中尤以《中論》和《大智度論》為最重要。

正如很多學者指出，「空」是中觀學的核心概念。❶其實，整部《中論》可以說是對這個概念的展示；而整部龍樹的次要著作《迴諍論》（*Vigrahavyāvartanī*）的論證目的是完全滅除對自性（梵：svabhāva）的執著，以及建立空的性格。接著要問，對中觀學者而言，空是什麼呢？我們很自然地想到龍樹在《中論》裏宣示：任何緣起（梵：pratītyasamutpāda）的東西都是空。❷在這個宣示中，空聯繫

---

❶ 參考 Ramanan, p.35; Inada, p.144 等。事實上，梶山雄一以《空の論理》作為他的中觀學專書的名稱，已顯出他對這概念的關切了。

❷ 《梵本中論》，p.503。這個宣示來自《中論》一首很著名的偈頌，我們在討論中觀學的中道觀念時會再詳細處理。

到一切質體的因果關係，同時等同於緣起。以上各點對我們了解空的意義非常重要。但是，光是有這種了解是不足的，因為這是多數佛教大乘學派所共同認許的，並不能反映空在龍樹以及中觀學脈絡中的獨特之處。再者，在這個宣示中，空被用作緣起的謂詞，而緣起則是主詞。很明顯，龍樹並不打算正面地解釋空。因此，我們討論空的時候，不會只集中於這個宣示。我們準備進行一項較為嚴謹的研究工作，藉此顯出龍樹在論證上和實踐上的旨趣。縱是如此，在有需要時，我們仍會參考空與緣起的關係。

在《中論》裏面，空的意義可以總結為對自性和邪見的否定。無論我們考慮哪一方面，這概念的否定式含意是很明顯的。❸事實上，陸格早已提出這樣的理解，他描述空（梵：śūnyatā）為「自身存在」（「own being」，即自性）的空，又說成是脫離一切推想或獨斷的見解。❹對於這推想或獨斷的見解，他稱之為邪見（梵：dṛṣṭi）或錯誤的見解。❺由於他沒有詳細闡釋這種理解，我們會以較全面的方式去勾畫這兩種說法的含意。

一、空是自性的否定

在《中論》裏面，龍樹沒有清晰地界定空的意義，卻代之以緣起的概念作為參照，他基本上用否定自性的方式來描述這個概念。

---

❸ 有一點很有趣，空在梵文的用辭是 śūnya，這個辭彙在數學上的意思是「零」。參考 Matilal, pp.151-152 以及 Ruegg, p.3。

❹ Ruegg, p.45.

❺ Ibid., p.14.

然而，他仍然沒有明確地表明空就是自性的否定。

為了深入理解龍樹的空的概念，我們必須先檢視自性的概念。自性（梵：svabhāva，鳩摩羅什在《中論》裏翻譯為「性」，但按梵文字眼應譯為「自性」；梵文 svabhāva 可拆分為 sva 和 bhāva，sva 是自己之意，bhāva 則是存在、存有之意）表示不能改變，因而是常住的實體。然而，龍樹並沒有正面地詳細描述自性是什麼。在以下兩首《中論》的偈頌中可以見到龍樹毋寧以否定的方式來說自性：

> 自性如何可能呈現被造的特性呢？這是由於實際上自性是指一些不能被造，而且不與其他東西相應的事物。❻

> 性若是作者，云何有此義？
> 性名為無作，不待異法成。（《中論》15:2，大 30.19c）

> 如果存在是基於一種本有的性格，則不會成為不存在；這是由於，實際上一種本有的性格的變異完全是不可能的。❼

> 若法實有性，後則不應無；
> 性若有異相，是事終不然。（《中論》15:8，大 30.20b）

---

❻ Inada, p.98. svabhāvaḥ kṛtako nāma bhāviṣyati punah kathaṃ, akṛtrimaḥ svabhāvo hi nirapekṣaḥ paratra ca.（《梵本中論》，pp.260-262）。（譯按：在此譯本中，相應的鳩摩羅什譯本會放在正文，而梵文原本則附於註腳。）

❼ Inada, p.99. yadyastitvaṃ prakṛtyā syānna bhāvedasya nāstitā, prakṛteranyathābhāvo na hi jātūpapadyate.（《梵本中論》，p.271）。

我們可以見到，龍樹把自性視為某些不能被製造或操控（無作，梵：akṛtrima）的東西；它是無「變異性」（異法，梵：anyathābhāva）的。對於把自性理解為不能被製造的東西，陸格有以下的見解：

> 在對《梵本中論》和其他中觀學典籍的討論和辯駁的過程中，自性（own being, self-nature, aseity，梵：svabhāva）被定義為某些不被製造、獨立於一切其他事物（梵：nirapekṣaḥ paratra）的東西；某些人若設定一個自性，實際上就是想像它是不經因果制約而成的。❽

在上述兩首偈頌中，自性的梵文語辭分別是 svabhāva 和 prakṛti。鳩摩羅什把兩者均譯為「性」，沒有任何區分。梵文 svabhāva, prakṛti 以及「性」全都是表達一種不能變異的性格，故此，任何質體若具備這種性格，都不會由存在狀態轉化為非存在或虛空。所以，任何具有自性的東西都不會有虛空（無，梵：nāstitā）的狀態。龍樹以被造性、變異性和非存在性的否定來指向自性，而所有這些屬性一般都是歸附於經驗界或現象界的東西。結果是，我們可以說龍樹透過否定現象界來揭示自性的意義。

由對自性的否定，可帶出空的意義，如以下偈頌所說：

> 從變異性格的知覺可見，一切質體都是沒有自性的。一個沒

---

❽ Ruegg, p.2, note5.

有自性的質體並不存在，因為一切質體都有著空的性格。[9]

諸法有異故，知皆是無性；
無性性亦無，一切法空故。（《中論》13:3，大 30.18a）

在這首偈頌中，無自性（無性，梵：niḥsvabhāvatva）以及空一同被用來描述質體。故此，質體一方面是無自性，而另一方面是空。我們現在可以確定兩個命題了：質體是無自性，以及質體是空。[10]單憑兩個命題，我們仍未能直接推斷空性或空是等同於自性的否定。然而，由於空和自性的否定均用來描述質體，可見它們之間必定具有密切關係。

這種關係透過緣起的概念而加強。龍樹在《中論》裏宣示任何東西是緣起的就是空。他在另一處又指出：

任何依靠相關條件生起而存在的質體，它本身就是寂靜。[11]

---

[9] Inada, p.92. bhāvānāṃ niḥsvabhāvatvamanyathābhāvadarśanāt, asvabhāvo bhāvo nāsti bhāvānāṃ śūnyatā yataḥ.（《梵本中論》，p.240）嚴格地說，根據梵文文法，上半偈應解釋為：質體為無自性的性格是建基於對其變異性的觀察。

[10] 龍樹在某些地方已個別地提出這兩個命題。《中論》第十五品的主題是提出和論證質體沒有自性。參考第 1, 2, 8, 9 首偈頌（《梵本中論》，pp.259-262, 271-272；《中論》15:1, 2, 8, 9，大 30.19c, 20b）。另可參考梶山，pp.77-81。關於質體是空的命題，參考《梵本中論》，p.505；《中論》24:19，大 30.33b。

[11] Inada, p.67. pratītya yadyadbhāvati tattacchāntaṃ svabhāvataḥ.（《梵本中論》，p.159）。

若法眾緣生，即是寂滅性。（《中論》7:17，大 30.10c）

龍樹把寂滅（梵：śānta）視為眾緣生或緣起的性格。這寂滅可視為空的同義詞，正如青目（Piṅgala）對這首偈頌的注釋說：

眾緣所生法，無自性，故寂滅。寂滅名為無……從眾緣生法，無自性。無自性故空。⓬

這裏的「寂滅」等同於「無」，我們無法得知這個在青目注釋中的辭彙在梵文原典中的用辭。但在《中論》裏面，⓭鳩摩羅什將 śūnyatā（空）譯為「無」。似乎我們可以很穩當地推斷，在青目的注釋中，「無」在梵文原典中的用辭是「śūnyatā」。由此，我們可以假設青目把寂滅和空等同。此外，梶山雄一亦提到「寂滅」是無自性的狀態，而無自性是用作空的同義辭的。⓮

由於寂滅和空兩者等同，我們相信前面引述的半首《中論》偈頌（「若法眾緣生，即是寂滅性」）所表達的意思與龍樹的宣示：任何緣起的東西都是空，是相同的。兩處都強調緣起與空是等同的。再進一步，空透過緣起的概念，聯繫著自性的否定。關於這一點，下文會再解釋。

在另一首偈頌，龍樹討論自性與因緣：

⓬ 大 30.10c。

⓭ 《梵本中論》，p.503；以及《中論》24:18，大 30.33b。

⓮ 梶山，p.65。在這裏，梶山氏指涉《中論》裏面討論真理（實相，梵：tattvasya lakṣaṇa）的偈頌。參考《梵本中論》，p.372；《中論》18:9，大 30.24a。

> 如果你從自性的立場見到種種存在都是真實的事物，你就會視它們為非條件制約的。⓯

> 若汝見諸法，決定有性者，
> 即為見諸法，無因亦無緣。（《中論》24:16，大 30.33b）

這裏告誡我們不要從自性的角度去看存在或質體，否則，質體就會成為無因而生的，這樣，因果的法則亦被違背。這裏清楚顯示自性與因果關係是相對反的。至於質體，如果我們要維持因果法則，就必須否定自性的假設。我們不可能同時承認兩者。青目對這首偈頌提出很有用的注釋：

> 若法決定有性，則應不生不滅。如是，法何用因緣？若諸法從因緣生，則無有性。是故諸法決定有性，則無因緣。⓰

青目指出，自性的概念與生、滅的概念相違反，而生、滅是因果關係的現象學基礎。因此，自性的概念亦違背了因果法則。假設'a'

⓯ Inada, p.147. svabhāvadyadi bhāvānaj sadbhāvamanupaśyasi, ahetupratyayān bhāvāṃstvamevam sati paśyasi.（《梵本中論》，p.503）我們應留意，在上半首偈頌，鳩摩羅什的翻譯在文法上並不完全等同原文。梵文本的意思是，「如果你從自性（梵：svabhāva）的觀點看各種質體的現實狀況」；而鳩摩羅什譯本的意思是，「如果你看各種質體是確實具有自性的」。但無論如何，兩個版本都是關注同一種錯誤見解，即人們賦予質體一個自性，然而實際上這自性是不存在的。

⓰ 大 30.33b。

是因果關係，而‘b’是自性，在邏輯上：

$a \supset \sim b$，$b \supset \sim a$

換句話說，‘a’含蘊‘b’的否定，‘b’含蘊‘a’的否定；‘a’與‘b’，即因果關係與自性，不能同時並存。在邏輯上，它們相互排斥。

因果關係在佛家的用語是緣起。從以上的討論，我們見到龍樹把空與緣起等同，而後者與自性是不相容的。因此，龍樹很自然會認為空與自性是不相容的，而且兩者不能同時並存。要體現空，就必須否定自性。很明顯，龍樹以自性之否定來理解空，雖然他沒有明確表示這種理解。青目斷言：質體是空，由於它們無自性（見註⓬），亦表達了這種理解。

我們在前面提到，龍樹就與緣起的關係這種脈絡去理解空。這種關係極為重要。緣起指質體生成所依的法則。各種質體必須來自種種原因（即眾緣），它們的存在依賴著眾緣。由於它們由眾緣而來，自然地它們的本質是被造（梵：kṛtrima）的。質體是可以改變甚至消散的，因為生成質體的眾緣可能消失。這種種質體顯然沒有自性，這自性是抗拒變異性的。實際上，它們是空。⓱龍樹正是在這個脈絡中說空。因此，空表示種種質體的真實面相。緣起是經驗世界的本性；在現象世界中，一切質體都由眾緣建立而成。我們必須

⓱ 在這裏，我們不準備對緣起進行詳細解釋。要進一步檢視這個概念，可參考梶山，pp.67-75，當中介紹了龍樹和其他中觀學者的觀點。另外，陸格就這個概念作了很好的哲學解釋，參考 Ruegg, pp.43-46，尤其是 p.43。

注意，龍樹所說的空，是現象世界的空，更清晰地說，是指現象世界本性上的空，而不是普遍地說的空，不是說在現實世界之外有一凌空的、抽離的空這種東西。

拉馬南簡單地說，空（梵：śūnyatā）是種種事物在世俗性格上的非實體性（non-substantiality）的總稱。⓲這句陳述亦指出了我們在總結空的意義時所強調過的，這意義指涉現象界或世俗界。而「非實體性」只是無自性狀態的另一種表述方式。它與實體性（substantiality）成一強烈的對比。空的思想是非實體主義（non-substantialism）的形態，自性的思想則是實體主義（substantialism）形態。

空與現象世界的密切關係亦可以用邏輯符號來表示。我們已知道龍樹把自性表述為現象的否定，現在又見到他將空描述為自性的否定。假設'p'代表現象，則自性將是'~p'，而空就是~(~p)，這在邏輯上是等同於'p'。在這個意義上，空最終又回到現象或現象世界。不過，這只是形式性的推演，要實質上體現空的真理，必須如京都學派所說，要把這真理存在地、主體性地認證出來。

從這個方向，龍樹構想空就是真理，而真理是現象世界的非實體性或非自性性。這個空的概念，在《大智度論》中有更清晰和全面的討論：

> 諸法因緣和合生。是和合法無有一定法，故空。何以故？因緣生法無自性。無自性故，即是畢竟空。是畢竟空從本以來

⓲ Ramanan, p.294.

空，非佛所作，亦非餘人所作。⑲

這段說話很清楚顯示事物由眾緣和合而生，沒有自性，所以其本性是空。即是說，「無自性」和「空」是相互等同的，兩者都是在事物由眾緣和合而生的脈絡上說的。我們甚至可以進一步把兩者更密切地關連起來：無自性是空的無自性，空是無自性的空。

《大智度論》另一章節提出性空（Nature Emptiness）的概念：

性名自有，不待因緣。若待因緣，則是作法，不名為性。諸法中皆無性。……一切諸法性不可得故，名為性空。⑳

從性空的定義，即「一切諸法性不可得」，很易看到空就是性的否定，即表示沒有一個恆常的、無因生的本質，稱為自性。我們亦要留意，空或性空是就著現象的範疇而說，表示在種種質體中找不到這樣的性。㉑事實上，空或性空只能在現象中有其效用，離開了現象，空便無所指涉。

---

⑲ 大 25.581b-c。在《大智度論》其他章節亦有對空的概念的同樣描述。參考大 15.207c，大 25.211a。

⑳ 大 25.292b。《大智度論》另一處亦討論到性空，見大 25.716b-c。

㉑ 這性空實際上等同於梵語 svabhāva-śūnya（自性空），這梵文辭彙出現於梵文本《心經》（*Hṛdaya-sūtra*）。參考 E. Conze, *Thirty Years of Buddhist Studies*, Oxford: Bruno Cassirer, 1967, pp.148-167.

二、空是邪見的否定

龍樹又以邪見的否定來說空。他說：

那些覺悟者曾經說：空或真如的性格是一切謬誤的見解的滅除。㉒

大聖說空法，為離諸見故。（《中論》13:9，大 30.18c）

從佛教的觀點看，這裏的含義是：空是棄掉或否定邪見（dṛṣṭi）。這裏不止說空的狀態，同時也涉及空的動感：棄掉、否定的活動。對佛教徒而言，所有被限定的、被決定的見解都是片面的和相對的，所以都是有限制的。就對真理的了解來說，一切見解都歸於虛假。然而，邪見確切地表示什麼呢？龍樹在《中論》中未有明確和全面地回應。青目在註釋中則作了如下的解釋：

㉒ Inada, p.93. śūnyatā sarvadṛṣṭīnāṃ proktā niḥsaraṇaṃ jinaiḥ.（《梵本中論》p.247）梵：drsti 在佛教典籍中通常表示邪見，正如稻田對這偈頌的翻譯。（Inada, p.93）鳩摩羅什在其中譯本沒有特別指出該辭彙的負面性格，只是簡單地譯為「見」。但在《中論》最後一章，即集中討論邪見的一章，鳩摩羅什把該章的題目「dṛṣṭi parikṣa」翻譯為觀邪見品，意思是觀察邪見的篇章。很顯然，他把 dṛṣṭi 視為邪見。參考《梵本中論》p.571；《中論》27，大 30.36c。以下如無特別說明，我們會把 dṛṣṭi 譯為邪見。

大聖為破六十二諸見，及無明、愛等諸煩惱，故說空。㉓

這個註釋被安排在上述的偈頌之後，表示青目認為邪見是指六十二諸見。在佛教徒眼中，這些「諸見」就是非佛教徒所擬設的對自我和世間的錯誤概念，這包括無明、愛等障礙我們了解真理的東西。㉔因此，從修證（soteriology）方面來說，我們要遠離這些邪見，甚至滅除它們。不過，如本書後面所表示，智顗對這些邪見或煩惱有不同的處理方式，那便是點化的工夫。

雖然龍樹在《中論》裏沒有特別指明哪些屬邪見，但他傾向於把邪見聯繫到概念化、別異化以及分化：

非條件地相關於任何質體。寂靜，不被概念遊戲概念化，無歧異，無分別，這些都是實在（reality）的特性。㉕

自知不隨他，寂滅無戲論，
無異無分別，是則名實相。（《中論》18:9，大 30.24a）

㉓ 大 30.18c。

㉔ 六十二諸見可在原始佛教的《長阿含經》（*Dīgha-nikaya*）i.1 中找到。但因篇幅關係，我們不擬詳細討論。對此的解釋，可參考中村元等編《新佛典解題事典》，東京：春秋社，1965, pp.63-64。

㉕ Inada, p.115. aparapratyayaṃ śāntaṃ prapañcairaprapañcitaṃ, nirvikalpamanānārthametattattvasya lakṣaṇam.（《梵本中論》p.372）在梵文偈頌中使用了「śānta」（寂滅）而不用「śūnyatā」（空）。但前面已提過，這兩個辭彙在《中論》裏是等同的。

這裏列舉了實相或真理的一些特點，包括非概念化（無戲論）、非別異化（無異）和非分化（無分別）。我們可以推斷，這些特點的反面，即概念化、別異化和分化是與真理相矛盾，或是阻礙我們達致真理的。龍樹在這裏亦以寂滅來表示真理（前面已提過，寂滅是空的同義辭），由此我們可以確定，對龍樹而言，真理就是指空或「空的真理」（Truth of Emptiness, Wahrheit der Leerheit）。

因此，無論邪見或是概念化（conceptualization）、別異化（individualization）和分化（differentiation）等作為，都是有損於對真理的追尋。它們之間的密切關係絕不能否定。實際上，邪見多半是由這些作為產生的。別異化和分化都是建立於概念的應用上，因而促進了概念化，它們會傾向於產生一種二分（dichotomy, duality, Dualität）的情況，這會破壞真理的整全性和絕對性，這即是龍樹所說的「無異」、「無分別」（梵：nirvikalpa）。當龍樹提到邪見，我們相信他是指那些割裂真理的顛倒見解。實際上，龍樹激烈地拒斥概念或概念化的立場，正活現在《中論》開首的歸敬頌中：

> 我向完滿的覺者致敬，這位殊勝的導師講述因緣生起的義理，以及一切現象的思想建構的善巧的止熄。（在其中，一切事物有著這些特徵：）無生起，無滅去，無毀壞，無恆常，無同一，無分化，無前來（成為存在），無離去（成為不存在）。[26]

---

[26] Inada, p.39. anirodhamanutpādamanucchedamaśāśvataṃ, anekārthamanānarthamanāgamamanirgamaṃ. yaḥ pratītyasamutpādaṃ prapañcopaśamaṃ śivaṃ, deśayāmāsa saṃbuddhastaṃ vande vadatāṃ varaṃ.（《梵本中論》，p.11）

> 不生亦不滅，不常亦不斷，
>
> 不一亦不異，不來亦不出（去）。
>
> 能說是因緣，善滅諸戲論；
>
> 我稽首禮佛，諸說中第一。（《中論》1，大 30.1b。）

這兩首偈頌包含了著名的「八不」，很多學者都曾對此進行研究。我們要指出的是，八不之中，那些概念的意思都同樣地建立於相對和相依待（mutual dependence）的意義上。例如，「生」的意思是相對於和依待於「滅」的意思，反之亦然。這些概念的相對性和依待性並不能揭示事物的終極真理，即絕對的和整一的空性。反之，它區別、分化，以至將真理割裂而成二元的謬誤。

概念化（本於區別、分化和割裂的形式）亦會導致邪見，障礙我們達致真理，所應用的概念必然地構成一種實有與虛無兩個極端的二元性，而這實有和虛無均與真理扯不上關係。若以一樁經驗世界發生的事情作例子，我們通常會運用一對相對反的概念，如實有和虛無去描述該事情，堅稱該事情是存在或不存在。但是，若從緣起的角度說，我們只能說該事情依著原因而存在，它不具有自性，故其性格是空的。這便是該事情的真理。如果以實有或虛無的固定的（determined）概念作基礎，堅持事情是存在或不存在，就會失卻真相。這種堅持就是邪見。㉗

佛教有一個特定辭彙用來表示概念化的活動及其結果：「戲

㉗ 在了解真理時，關於邪見的問題，已有很多學者討論過。參考 Ramanan, p.41; Matilal, pp.147-148。

論」（梵：prapañca），這辭彙有思維構想的特點，與實相或真理毫不相干。稻田在上述的第一首偈頌中把 prapañca 翻譯為思想的構築（thought constructions），亦傳達了同樣的訊息。由於戲論造成邪見，故此，邪見的否定，即龍樹對空的了解方式，會很自然地引伸為戲論的否定。事實上，在整部《中論》中到處可見到要驅除戲論的觀點。

三、進深的反思

到目前為止，我們知道龍樹的空是要否定兩種東西，即自性和邪見，而他對空的理解亦透過否定這兩方面而突顯出來。在以上第一節已見到，龍樹、青目和《大智度論》都把空視為自性的否定，都強調自性與因果關係或緣起之間的不相容性，由此而歸結到需要拒斥自性。他們對形而上的事情沒有多大興趣，亦沒有詳盡地研究作為形而上學的概念的自性的特點。他們關心的是自性會引致相關的緣起以至經驗世界的可變性（changeability）成為不可能，因為任何具有不變和自足的自性的東西都抗拒因果關係的成立。由於自性會破壞緣起的世間法，故拒斥自性自然是不可避免的，由此更顯出我們對經驗世界的深切關懷。在以下第八節，我們在參考《大智度論》以討論住著於實有和虛無的害處時，會再進一步揭示這種關懷。再者，對空作為自性的否定的體會能加強我們對經驗世界的了解。即是說，在這種體會中，我們以不具有自性的性格斷定經驗世界的空性。正因如此，這種體會帶有關於經驗世界的知識論意味。而在邪見的否定中，那關懷更富有實踐和救贖意味，即是，透過破除邪見，空作為真理而得現成，而覺悟正是在空的現成之中被獲致。

自性的否定旨在回應一個問題：空的意義是什麼？其答案亦傳達了「存在沒有自性」的意思。處理該問題的方式是指出沒有些什麼，而不是說有些什麼。我們要特別指出，邪見的否定是要回答「空如何實現？」的問題。嚴格地說，這樣的否定，主要是展示一種開導的方法，而不是如何達到救贖目標的意思。事實上，在以下半首偈頌，其梵文文本的意思是：

覺者曾這樣說：空或如性是對一切邪見的破除。

梵文文本以邪見的否定來了解空，然而，鳩摩羅什在中譯本卻作出了明顯的修改：

大聖說空法，為離諸見故。㉘

這樣的修改強調了教導空的義理的實用性和指導性。青目對這偈頌的註釋亦顯出同樣的重點。㉙由此可見，鳩摩羅什和青目二人都同樣注意到龍樹以邪見的否定來了解空，是具有實用性含意。這實用性是就救贖（soteriology）方面言。

由於自性的否定和邪見的否定是對應於不同的問題，而這些問

㉘ 參考 Inada, p.93，及註㉒。

㉙ 參考大 30.18c。

題是基於不同的關注點，故此，這兩項否定必須仔細釐清，否則，對龍樹的空的了解將變得混淆不清。要了解這些不同點，其中一個途徑是要認識龍樹不單是一位偉大的思想家，同時亦是一位偉大的修行者和導師。在他闡釋空的哲理時，他不只關心空的真理的意義，同時亦著重如何實踐空。自性的否定顯示他對空的解讀方式，這也可以視為印度佛學對空的理解的典型。此外，龍樹又主張應透過破除邪見來實現空，要人從實踐和教導的意義上補充對空在了解上的不足。空不單是為人理解的，也是為人踐履的。

雖然在《中論》裏未有清晰地勾畫出邪見的否定如何關聯到自性的否定方面去，但這兩項否定的密切關係卻不難見到。邪見顯然包含了自性的見解，在當中，自性被概念化和實體化。意思是說，自性在本質上是思維的構想，但被視為一個概念而且在外在和經驗世界具有它的存在性。自性的實體化容易導致修行者住著於經驗世界，由此而形成煩惱。龍樹提醒我們，對邪見，即自性的實體化必須加以破除或否定。在他來說，自性是思維的虛妄構作，完全沒有外在的存在性。這是對自性的否定，即是空所表示的意思。

四、我們對空本身不應黏著

就空作為表示自性的否定和邪見的否定的概念，我們可能會提出兩個問題。首先，空本身作為自性的否定是否具有客觀意義呢？或者說，它是否對應於實在世界的某些東西呢？其次，基於對空的了解是採取一種否定的姿態，人們很可能會從一個虛空的角度去看空，把空等同於虛無（nothingness, Nichts）。空是否就是虛無呢？這些疑問來自對空的錯誤了解，是應該拒拆的。中觀學派提出一個很著名的想法，就是我們不應黏著於空本身。很有可能，提出這個想法的目的就是回應上面的質疑。《中論》很明確地表達了這個想法：

那些智者（即覺悟者）曾說：空或如的性格是一切邪見的滅除。那些黏著於空的想法或概念的人是不能渡化的。[30]

大聖說諸法，為離諸見故，
若復見有空，諸佛所不化。（《中論》13:9。大 30.18c）

這首偈頌提到錯誤的想法或概念性思考，表示對空的錯誤觀點（梵：śūnyatādṛṣṭi）是需要否定的。

青目的注釋亦提及對空的一種否定式的觀點。他說「大聖為破六十二諸見，及無明、愛等煩惱，故說空。若人於空復生見者，是人不可化。」[31]青目提出了很著名的說法「空亦復空」。[32]很明顯，他是在不應黏著任何事物的思想脈絡中提出這種見解，其意思是我們對「空的邪見」不應有黏著（attachment）。

龍樹沒有詳細說明空的邪見（false view of emptiness）的確實意思，但將它描述為一種由對空了解為同時否定自性和邪見而產生的

---

[30] Inada, p.93. śūnyatā sarvadṛṣṭīnāṃ proktā niḥsaraṇaṃ jinaiḥ, yeṣāṃ tu śūnyatādṛṣṭistānasādhyān babhāṣire.（《梵本中論》p.247）。

[31] 大 30.18c。亦可參考前一節。

[32] 大 30.33b。

扭曲似乎相當合理。視空為對自性和邪見的否定當然沒有問題，但不能作進一步的扭曲。這種扭曲可以這樣地表示，首先，人們很容易將空視為某些能作出行動去否定其他東西的事物，這意味著他們把空實體化（substantialization）和客觀化（objectification）。逐漸地，空會成為一種實在的對象。㉝對中觀學派而言，這種理解是錯誤的。一個實在的對象只能在相對的和個別的意義上成立。若將空視為一個實在的對象，就會將它貶低至相對性和個別性的範疇，以及剝奪了它作為真理所具有的絕對性和整全性。這裏所說的真理，是超越性格的，不是經驗性格的。

現代某些學者亦就著把空曲解為一實在對象作出警告。例如牟宗三曾說：

> 空是個抒義字，非實體字；它是抒緣起法之義而說出的。如果我們硬要說它亦是一個法，如說它是一個概念或觀念，那只是第二序上名言意義的法，不是基層上緣生的存在法。㉞

已去世的李察羅賓遜（Richard Robinson）亦指出，空並非一個指著世間而言的基層系統（primary system）的辭彙，而是指著基層系統而說的敘述系統（descriptive system）〔形上系統（meta-system）〕中的辭彙。而且，若作為一個質體而言，空沒有任何地位。㉟基層序（primary

---

㉝ 對於這點，陸格亦指出，梵：śūnyatādṛṣṭi（譯者按：「空的邪見」或「空見」）表示一種思辯的觀點而對空有所貶抑。

㉞ 牟 1977，p.1208。

㉟ Robinson 1967, p.43.

order）或基層系統是指現實世間中實在的質體，是在時空中實際存在的東西。

牟宗三和羅賓遜都認為空這個辭彙屬於描述性格，本身並不具有獨立的實體。即是說，它是用以描述某些東西的。例如，空描述經驗世界為不具有自性；即是說，在現實世間裏，沒有一種實在的對象或質體稱為「空」。我們必須消除視空為現實世間中一個實在的對象的見解。

第二方面，上文亦提示過，以一種否定的方式去了解空可能會引導人們採取一種斷滅的觀點，把空理解為虛無（nothingness, Nichts）。這種斷滅的理解是錯誤的。對自性和邪見的否定絕不應與虛無混為一談。有些東西必須先被除去掉，才有空間讓別的東西立足起來。可是，即使佛陀在世的時期，也有些佛弟子採取斷滅和虛無的觀點去了解空，小乘佛教便頗有這種傾向。

「空的邪見」意味著空可能以不同方式被錯誤地理解，特別是被理解為實在的對象或是虛無。實在的對象是一種在現實世間具有存在性的東西。因此，把空視為實在的對象無異於把它當作一種存在看，這是把空現象化、經驗化。另一方面，虛無違反緣起的真理，這緣起支配著現象世界的生成與變化，亦即等同於空。緣起是從正面來說事物的性格，空則是從負面來說事物的性格。而這「正面」、「負面」並不涵有估值的意味。把空當作虛無，會忽視了空與現象世界的密切關連。在一篇很出色的關於中道和空見的文章裏，中村元指出，一般所說「空的觀念」是對空的本義「非有非無」的扭曲。這種扭曲把空降格為有（梵：bhāva）和無（梵：abhāva）

的相對層次。㊱中村認為把空視為有和無都是對空的錯誤理解。這種觀點正與上述的分析相一致。他指的「空的觀念」實際就是「空的邪見」。我們相信，中村提示我們不要黏著於空，是在遠離空的邪見的脈絡中說的。就這方面而言，中村亦把「空亦復空」（Emptiness is to be emptied）理解為摒棄空的邪見或扭曲，在其中，空被視為實有或虛無。㊲實有或虛無都是偏見，有違中道的圓融理境。

很遺憾，中村未有闡釋《中論》裏的空的邪見。但無論如何，我們對這問題的理解可以從其他資料，包括青目的註釋而確定下來。在前面引述的偈頌（《中論》13:9）中，龍樹教訓我們不要黏著於空的邪見，青目對這首偈頌的註釋如下：

> 有人罪重，貪著心深，智慧鈍故，於空生見，或謂有空，或謂無空。因有無還起煩惱。㊳

《中論》的一位很權威的註釋家月稱（Candrakīrti）亦認為把空當作實有或虛無來說是一種邪見。㊴這已是中觀學的中期發展了。

㊱ 中村，p.172。

㊲ Ibid., loc. cit.

㊳ 大 30.18c。

㊴ 參考中村，pp.171-173。

五、空空

對不黏著於空的一種徹底的表達是「空空」（梵：śūnyatā-śūnyatā）。這個觀念源自《般若經》，並在《大智度論》中詳細地解釋。在這觀念中，空不單要被抽離，更要被「空掉」或破除。在這裏，空表示「空的邪見」或是不正確的、導致災害的空的理解。空只有在構成災害時才需要破除，在需要破除之前，空可以是實用（pragmatic）的和工具性格（instrumental）的。《大智度論》詳細地解釋空的工具性格的特質和空空的觀念如下：

> 空破一切法，唯有空在。空破一切法已，空亦應捨。以是故，須是空空。復次，空緣一切法，空空但緣空。如一健兒，破一切賊；復更有人，能破此健人。空空亦如是。又如服藥，藥能破病。病已得破，藥亦應出。若藥不出，則復是病。以空滅諸煩惱病；恐空復為患，是故以空捨空，是名空空。[40]

這裏的描寫顯示空和空空有不同的處理方式。一方面，空處理質體，或更準確地說，是錯誤地被理解的質體。至於怎樣被錯誤地理解則未有詳述。很有可能，質體被以為具有自性，而空正是對此加以否定。即是，空的目的或義理是引導人們達致對質體的正確了解，這即是它們完全沒有自性。另一方面，空空是處理空，當後者

---

[40] 大 25.288a。又可參考 Ramanan, p.329。

完成了它的目的，更而造成災害時而施加的。服藥的比喻指出，如果我們沒有正確地服用藥物，即使藥物亦可能是有害的。由此引伸出如果沒有被正確地使用或理解，空亦可能是有害的。當然，需要空掉或破除的，並不是清晰明瞭的空，而是構成災害的空。這種災害正是對空一概念或觀念的執著。

在以服藥喻空的比喻中，空被視為一個有效的方法去處理質體，或更適當地說，它可根除對質體的住著或錯誤的看法。其做法是把有情眾生從對質體賦予自性的狀態釋放出來。空展示出質體沒有自性，能糾正任何以為自性存在於質體中的假設。事實上，這正是空的最大使命。當這個目標達到後，就沒有理由再執持空，而應該捨棄它。這猶如我們造木筏渡河，過到對岸，便應把木筏棄置，不要背著它來做要做的事。這又如一般所說的「得魚忘荃，得兔妄蹄」的意思。按照這個意思，空是具有實用性和工具性的效能。它持守著，但不以自身為目的，而是要發揮實際的功用。這是空的一個很有趣，亦很重要的面相，但似乎未有充足地吸引現代學者的注意。

在某些情況，很明顯，空可能被不適當地處理，因而帶來麻煩。《大智度論》在另一處提到：

> 行者以有為患，用空破有，心復貴空。著於空者，則墮斷滅。以是故，行是空以破有，亦不著空。[41]

---

[41] 大 25.396a。

「有」在這裏並非代表清晰明瞭的存有或現象的存在，而是代表一種錯誤的理解，以為存有具有自性。空作為自性的否定，能夠破除這種錯誤的理解。但空這種實用性和工具性的意義可能會被過分強調，以致空被執持不捨。當出現這種情況，人們會生起失控地和無限制地依賴空的傾向。即是說，人們會不分對錯與否，盲目地推翻一切東西，以為它們都是一無所有，結果會無可避免地走向完全斷滅，這是佛教要強烈地拒斥的。這是空可能引致的禍害，因此我們必須作出警醒，不能黏著於空，必須「空空」。即是，要空卻對空的執著。

六、空作為質體的如其所如的真實狀態

透過上述討論，我們總結出，對於龍樹和他的追隨者而言，空是各種質體的如其所如的真實狀態，脫離一切人為的構作，包括自性的假設和邪見的陷溺。這些質體是我們日常生活中所面對的，也是因緣生起的。空的義理根本地揭示了質體的真實狀態，即是沒有恆常的自性。這種狀態是以否定的方式展示出來，而非正面地揭示。它不會說質體是什麼，而是說質體不是什麼，即指出它們不是具有自性的東西。而且，這種狀態純粹是描述性的，不涉及任何實體性或對象性的存有論的關聯。那即是說，絕對沒有一樣東西稱為「無自性」或「空的狀態」，不論那東西是從現象的意義說，抑是從本體或物自身的意義說。

這種對空的進路很明顯具有知識論的特點，背後同時有著實踐和救贖的目的。在提出空的教義時，中觀學者不單考慮及教導人們

怎樣去認識這個世間，還關心及要教導人們怎樣在世間中行事，進行對空的實踐、體證。當人們明白到這世間的一切本質上是空，沒有任何自性和他們熱切追求的恆常性，他們自然不會再繫縛於任何事物，亦會調理對世間事物的渴求，逐漸脫離顛倒和雜染。這種從繫縛中得到的解脫，正如中觀學者和一般佛教徒所認為，對覺悟是非常關鍵的。

關於空的實踐和救贖目的，我們要注意兩點。首先，空具有實用性，那是由於它能幫助人們去除對質體的住著和誤解，但完全沒有斷滅的意思。這是空的正面意義。然而，這個意義亦有它的限制。在有住著和誤解的情況下，空是實用的。但當住著和誤解已去除，空已沒有任何對象可處理，可空卻，我們就不應再執持著空。盲目地執持著空，會令一個人走向斷滅論和虛無主義（Nihilismus）。一個人如何決定應否堅持著空，確實要依靠智慧和經驗。

其次，以破除的導向來理解空，顯出龍樹對空的實用價值的深切關心。空空的觀念亦可從這種實用性的脈絡來解釋，因為被拒斥的空就是指空的邪見。空的邪見代表一種見解，把空視為一個實在的對象，或視為一無所有。很明顯，提出去掉空的邪見這種想法，是要防止人們把空實在化、對象化或斷滅化。如果這個對於空的空被這樣處理，它必須又要被空掉或否定掉。因此，在理論上，對空的否定可以變得無窮無盡，而修行者必須經常提醒自己，空的性格是什麼，這即是質體的不具有自性的真實狀態。他千萬不能錯誤地把空視為一個實在的對象或是一無所有，而住著於空的這種性格。

空作為一種狀態的性格已經由一些學者提出過，但未有詳細闡釋。稻田把 śūnyatā 或空視為「空的狀態」（the state of śūnya）。❹史培隆格（Mervyn Sprung）將 śūnyatā 翻譯為「事物之中沒有存在」（absence of being in things）。❹在當中，「存在」（being）指自性或恆常的元素。陸格以「事情的真實狀態」（the true state of affairs）❹來說 śūnyatā。他們都表示出一個共識：空不相應於任何實體、自性。

我們把空理解為質體的真實狀態，令人想到關於空的一個重要問題，就是空是否指向絕對（Absolute）。長久以來，這是很多學者之間的爭議性問題。我們的立場是這樣，空在拒斥邪見中得到揭示，而邪見是源自我們住著於某些概念（例如存在和一無所有等等）。由此觀之，空超越了相對的範疇，因而具有絕對的意涵。卡魯柏克納亦這樣說：

> （空）幫助人們從種種見解（views）中達致自由。他們不指涉及「空的東西」而認定它是絕對或終極真理，這是佛陀或龍樹最終所倡導的。❺

在第二節中，我們以絕對性和整全性來說空。但我們必須注意，這種對空的了解主要只用於一種實踐和救贖的脈絡中。它的絕對意義不應連繫到形而上的實在或實體，這些東西很易令人聯想到絕對

---

❹ Inada, p.13.

❹ Sprung 1979, p.13.

❹ Ruegg, p.44.

❺ Kalupahana, p.49. 這裏所說的「空的東西」（the "empty"）有空的實體之意。這種東西自然是虛妄不實的。

性。我們目下的研究所關心的，並不在於討論空與絕對的關係這一具有爭議性的問題，更不用說要找出答案了。我們能歸結到空代表質體的真實狀態，已達到了目的。

七、中道作為空的補充

中道在佛教思想中是非常重要的概念。人們對它的重視可以追溯至很早的時期。[46]在中觀學派哲學的建立中，這概念亦是非常重要，我們可以見到，中道這個名稱是用來識別中觀學派和它的教義的。中道的梵文的相應辭彙是 madhyamā pratipad，madhyamā 意思是中，而 pratipad 或 prati-pad 則表示道路或軌迹。於是 Mādhyamika 代表著「中」的抽象意義。然而，在《中論》裏，對於中道只提及過一次。為顯示中道的正確意思，我們首先要確定它與空的關係。鳩摩羅什所譯的《中論》，當中關於中道的偈頌如下：

> 眾因緣生法，我說即是空（無），
> 亦為是假名，亦是中道義。[47]

按照中文的文法，這首偈頌應理解為描述緣生法與空、假名及中道

[46] 在早期佛教關於這概念的簡單描述，可參考 Inada, pp.21-22；中村，pp.151-152。

[47] 《中論》24:18，大 30.33b。

的關係。在整首偈頌中，緣生法是主詞，而空、假名和中道都同樣地是賓詞或謂詞，三者相對於主詞來說，都處於同樣的位置。即是說，中道和空是對等的。

但原文偈頌在文法結構上卻有不同。該偈頌的梵文本如下：

yaḥ pratītyasamutpādaḥ śūnyatāṃ tāṃ pracakṣmahe,

sā prajñaptirupādāya pratipatsaiva madhyamā.[48]

在上半偈中，yaḥ 對應於 tām，其形式是相互依待和相對性，而 tām 是指空（śūnyatām）。因此，這上半偈的意思是：「我們宣稱，任何緣生事物，都是空。」這部分與鳩摩羅什譯本的意思是相同的，都是以緣生法是主詞，空為賓詞。但是，下半偈就有很大分別。這裏的主詞是 sā，是單數陰性詞，故應指上半偈頌中的「空」，這「空」亦是單數陰性。而且，upādāya 或 upā-dāya 的結構是「因為……所以」，表達一個原因。故此，我們得出下半偈頌的意思是：

因為這空是假名，所以它（空）實際就是中道。

在這裏，空是主詞，而假名和中道都是賓詞。我們見到梵文原本不是將這三個概念放在平行的、對等的位置，而是基於空的權宜性（provisionality），強調空的意義是中道。即是說，由於中道標示空

---

[48] 《梵文中論》p.503。

本身只是權宜的而不是終極的，因此補充了對空的了解。關於空只是權宜的，而不是終極的這種說法，我們稍後會再闡釋。我們在這裏要指出的是，中道在這段文字中是附屬於空的。它只能在後者的脈絡中被解讀。事實上，斷言空就是中道，這中道只用作賓詞以描述主詞——空，由此加強我們對後者的了解。中道對空的這種在意義上的補充性格是毫無疑問的。㊾

在偈頌當中，中道與空等同，這是正確的。但這等同的關係是建基於中道作為一種補充，能提供對於空的更全面的理解。弄清楚這點是非常重要的，因為由此我們知道龍樹並沒有確定地把中道作為獨立於空之外的真理。所以，天台宗智顗大師所作的努力，把中道提升至真理的層面，甚至高於空的真理，在龍樹的立場而言，是不能成立的。智顗基於對這一偈頌的後半部的誤讀，而開拓出三觀和三諦的觀點，有創造性的詮釋的意味，但這是後話了。

八、中道對於極端的超越

在中觀學的脈絡中，中道代表什麼呢？這是一個很微妙的問題，需要小心地研究。正如以上所述，《中論》只一次提到這個概念，而且沒有解釋。但無論如何，從《中論》和青目的註釋中探尋

㊾ 安藤俊雄指出，這首偈頌在原來結構上的意思是：種種事物是空，空是假名，而假名是中道。（《天台性具思想論》，京都：法藏館，1953，p.68）我在這裏正要指出這樣的詮釋無論如何是不正確的。安藤是天台學專家，在他的幾部著作中，都看不到他是從梵文原偈來理解空與中道，他大體是看漢譯的。

中道的意義並非不可能。從以上引述的偈頌，我們可以見到空等同於中道，因為它是一個假名，即是由於它的權宜性而致。[50]中道的意義必須在空作為一個假名的脈絡下來理解。空和假名如何能強調中道以及它與空的等同性呢？倘若斷言空是一個假名，會令人傾向以一種保留的態度說空，即是說，空只是權宜的、方便的，不是終極的。對空採取這種保留態度，可能由於空本身的限制以及正如上文所述，對於空的無條件的持續性所作的否定：即是，「空空」所作的對於空的否定。這亦可能關係到空的敘述性格，如牟宗三所述的（參考以上第四節的引文）：空是一個敘述性的辭彙，顯示質體並不具有自性。至於有關中道的問題，我們要提出以下的論點：

a. 斷言空是一個假名，會引伸一個警示：我們不應把空黏著到某些終極的東西上。這個斷言亦隱含一個意思，就是空的意義不應被歪曲，不應施以過分的解讀（over-interpretation），以為它關連著一個實體物，以及我們只要正確地了解空，就能避免黏著於空本身。

b. 由於中道必須在確認空是一個假名的脈絡中理解，而假名是緊密連繫於對空的正確的、非扭曲的了解（non-distortion of Emptiness）的，因此，中道的意義不能離開對空的正確了解。

c. 對空的曲解顯示一種空的邪見，而空的正確了解可視為破除邪見。正如上文指出，龍樹以破除邪見來了解空。由此，我

---

[50] 在佛教中，假名是用以分別各種質體的。它意味著一種暫且的或權宜的性格而沒有終極性。本書第六章——一心三觀會對這概念有詳盡的討論。

們可以透過釐清空的正確意義來理解空。

d. 從以上論點，我們可以總結出，中道和空兩者都能夠透過釐清空的正確意義來理解。

e. 根據我們前面的研究和中村元的建議，對空的扭曲可以放在所謂「空的邪見」的脈絡中，空的邪見（梵：śūnyatādṛṣṭi）指將空錯誤地理解為實有或完全一無所有。換句話說，空的扭曲特別是指把空曲解為實有或虛無；而對空的正確了解則可以說是超越這種扭曲。由於這種扭曲是建基於對實有和虛無的區別和二分對峙，故此，空的正確了解明顯地包含了對這種二分對峙的超越。

f. 我們可以推論，中道和空兩者的意義是緊密關連著對實有和虛無的二元性的超越。基於對實有和虛無的二元性的超越這一點，中道和空是相互等同的。

因此，我們可以就本章開首所提出的問題進行回應和總結：龍樹的中道表示對實有和虛無的超越。這樣的理解亦得到青目的認同，他的註釋說：

> 眾緣具足和合而物生。是物屬眾因緣，故無自性；無自性故空。空亦復空，但為引導眾生故，以假名說。離有、無二邊故，名為中道。[51]

這段文字的主題是空或質體的性格。這種性格以因緣生起以及無自

[51] 大 30.33b。

性來揭示。這裏有兩點很重要。首先，青目把空是一個假名這個斷言關聯到空亦復空，他是希望透過後者去解釋前者。然而，我們要注意，青目的注釋是就著梵文本《中論》而不是鳩摩羅什的翻譯而作出的。因此，他提出空亦復空應是對應於空是一個假名一意涵（譯者按：即梵文本偈頌的意思），而不是對應於因緣生起（的質體）是一個假名一意思，即鳩摩羅什譯本的意思而說的。青目是以空亦復空這個提示來解釋龍樹所斷言的空是一個假名。正如第四節所述，空亦復空這個提法是在不應黏著於空這種思想脈絡中而說的，在這個脈絡中，第一個空是指空的邪見或空的扭曲。據此，青目傾向於採取空是一個假名的立義而引伸一個警示以反對任何黏著於扭曲了的空，從而反對任何對空的歪曲。他進行這項工作時，刻意地把我們對空是一個假名的斷言與空的正確了解的連繫合理化。此外，青目明確地透過對實有和虛無的超越來說中道。這正正是我們以上論證所達到的結論。

但我們必須特別留意一個重點：龍樹把空和中道等同是基於空是一個假名的斷言，而重點在於空的權宜性。很多學者都忽略了我們如何從空的權宜性推出空與中道等同，這問題需要稍加解釋。即使青目也沒有透露任何明確提示。由我們以上的論證可見，我們從空的權宜性推出空在實有與虛無方面的非扭曲性的正確了解，再而引伸至對實有和虛無的超越。我們把對實有和虛無的超越作為空與中道等同的依據。

我們相信這是處理中道問題的最佳方法，因為我們既要緊守《中論》梵文原本的意思，又要交代偈頌中把空和中道等同的說法。要支持這個立場，我們必須知道鳩摩羅什翻譯的這首偈頌不單在文法上有問題，而且在有關中道的問題上亦含糊不清。他的譯本說，任何因緣生起的都是中道，並把因緣生起和中道等同起來。但在甚麼意義底下說因緣生起的質體是中道呢？這個問題並未有處理。按照這個觀點，我們完全不能理解中道的意思。

關於龍樹以超越實有和虛無來理解中道，應該補充一點，就是龍樹已作出警告，指實有和虛無兩者均沒有獨立性；因此，他強力提倡需要同時超越兩者。這點從以下偈頌可以見到：

> 如果存在並不成立（即是沒有建立自己），則可以確定，不存在亦不成立。這是由於人們把在其可變性格中的存在說成是不存在。[52]
>
> 有若不成者，無云何可成？
> 因有有法故，有壞名為無。（《中論》15:5，大 30.20a）
>
> 那些看見（即是去了解）自性、他性、存在或不存在等概念的人，看不見佛陀教法的真正的真理。[53]
>
> 若人見有無，見自性他性，
> 如是則不見，佛法真實義。（《中論》15:6，大 30.20a）

---

[52] Inada, p.98. bhāvasya cedaprasiddhirabhāvo naiva sidhyati, bhāvasya hyanyathābhāvamabhāvaṃ bruvate janaḥ.（《梵本中論》p.267）

[53] Inada, p.99. svabhāvaṃ parabhāvaṃ ca bhāvaṃ cabhāvameva ca, ye paśyanti na paśyanti te tattvaṃ buddhaśasane.（《梵本中論》p.267）

按照對迦旃延（Kātyāyana）的訓示，以有和無去看世間的兩種見解，都被佛陀訓斥，因為它們同樣是把事物分開為存在及不存在。[54]

佛能滅有無，如化迦旃延，
經中之所說，離有亦離無。（《中論》15:7，大 30.20b）

這三首偈頌講述關於有（Sein）與無（Nichts），或存在與非存在的問題。有與無的預設代表著存在性和非存在性兩個極端，按照龍樹的觀點，這會割裂世間和質體，障礙我們體認無分別的真理。更確切地說，現實的世間和質體是以緣起為基礎而形成的。它們沒有自性，故此是會轉變的。這是無分別的空的真理。倘若以存在是具有恒常的實在性，則世間和質體都不是存在；同時，它們亦不是一無所有，因為它們由各種原因生起。這兩點合起來，正是非有非無的中道。如果把世間和質體歸於實有和虛無兩個極端，就會完全忽略了它們的緣起基礎以及把空的真理割裂為二元對峙關係。

我們必須注意一點，實有和虛無在這裏只象徵兩個極端。龍樹斷然否定的無疑是所有的極端。他相信任何極端都會把無分別的真理割裂成二元性。這點可以解釋他何以否定自性（梵：svabhāva）與他性（梵：parabhāva）的分別，因為二者傾向於建立自、他的二元性以及提出兩個極端。雖然在這幾首偈頌中未有特別提到中道，但很

---

[54] Inada, p.99. kātyāyanāvavāde cāstīti nāstīti cobhayaṃ, pratisiddhaṃ bhagavatā bhāvābhāvavibhāvinā.（《梵本中論》p.269）

有可能，否定和超越兩端就是指這個概念。換句話說，龍樹是以超越兩端來理解中道的。

關於對中道的這種理解，陸格亦提到：

> （中道）並沒有否定依因緣而生起的事物而落入斷滅論，亦沒有把緣起的建構物和名相當作實在而陷入常住論，因此，它是自性空。[55]

很明顯，斷滅論和常住論分別是把緣起的世間和質體當作是虛無和實有的結果。這些都是龍樹及其弟子強烈拒斥的邊見。

對於中道的這種理解在《大智度論》中有更確切和詳細的詮釋。首先，《大智度論》多次強調中道是離開兩邊的，是透過脫離兩邊而揭示出來的。[56]第二，《大智度論》特別指出這兩邊就是實有和虛無。[57]第三，《大智度論》亦提到實有和虛無外的其他名相，例如樂與苦、常與斷、始與無始、一與異。[58]在這三點中，第二點需要作進一步解釋。在指出兩端是實有和虛無時，《大智度論》詳細地解釋了由於住著於實有和虛無而帶來的害處：

---

[55] Ruegg, pp.16-17.

[56] 參考大 25.538b, 551a, 581b, 610a, 622a, 714b 等等。

[57] 參考大 25.171c, 331b, 348a, 370b, 466a, 492c (比較 Ramanan, p,88), 587a, 607a-b, 648c, 732c, 747a 等等。

[58] 參考大 25.59a-b, 110a, 170a, 291a (比較牟 1977, p.47 關於始與無始), 370a (比較 Ramanan, p.108 關於常與斷), 711b, 732c 等等。

> 如是等眾生著有見、無見。是二種見虛妄非實，破中道。譬如人行狹道，一邊深水，一邊大火。二邊俱死。著有、著無，二事俱失。所以者何？若諸法定實有，則無因緣。……若無法是實，則無罪福，無縛無解，亦無諸法種種之異。[59]

《大智度論》試圖釐清兩點。首先，實有和虛無兩端的見解破壞了中道的義理，中道的義理必須建立在超越這兩端的基礎上。其次，這種見解亦違反了質體的緣起的性格。有關的論點是：如果質體被當作實有——具有自性，則它們原本就存在，不必經由因緣而生起。相反地，如果質體被視為一無所有——完全虛無、不真實，則一切事物都會變得相同，都是一無所有，不論是功德、惡或其他具意義的質體。在這種情況下，緣起就不能生起各自不同的質體，卻變成無作用及無意義了。這樣，實有和虛無的見解就破壞了緣起。這一點正正揭示了對世間和質體採取實有和虛無兩個極端的見解而帶來的害處。實際上，緣起（梵：pratītyasamutpāda）最能概括佛教的一切教法，如空、假名、中道、世俗諦、勝義諦（第一義諦），等等。若不懂得緣起的真理，必易淪於常住論與斷滅論的困境。這兩種觀點都嚴重地悖離緣起勝義，讓人在日常生活中變得無依無據。常住排斥變化，煮米成飯便不可能。斷滅表示虛空、一無所有狀態，大地一片沈寂，人根本無法生活。不但周圍環境是虛無，人自己也變得虛無，自我、主體性無從說起。我們只能說「人不是人」。

---

[59] 大 25.331b。

九、中道作為補充空的一種狀態

很明顯，從以上角度來理解，中道是一種脫離或超越兩端的狀態。從邏輯上說，當兩端被否定，所否定的不單只是該兩端，而是依於該兩端所成的整個存在層面。以中道的情況而言，它是建立於對實有和虛無的否定，或是別的兩端的否定，而實有和虛無是相對的。故此，它所否定的是整個相對性的存在層面。當相對性被超越，就會顯示出中道的絕對意義。因此，中道是指一種絕對意義的狀態，後者（正如空的概念）仍是以一種敘述的意味來說。中道並不指向任何實質的東西。它亦不代表一個具體的位置，處於兩樣東西或兩個極端之間的位置，如亞里士多德式的意思。它代表一種整全的精神狀態、精神層次，在覺悟的目標上，我們必須要體證的一種狀態。

跟空一樣，中道亦肩負著一個很深切的實踐含意。它不單是一個被認知的絕對狀態，亦是一種方法或工夫，達到這種狀態的方法或工夫。在《大智度論》中特別地被強調得最頻繁，例如：

> 佛弟子捨二邊，處中道行。[60]

> 是有無二見捨，以不戲論慧，行於中道，是名慧眼。[61]

---

[60] 大 25.538b。

[61] 大 25.348a。

論中還有多處要求我們按著中道而行，[62]或提醒我們不要落入實有和虛無兩端。[63]無論如何，這都是同一個訊息：我們應該盡力超越任何極端，以及克服對極端的住著。一切極端必須克服，真正的自由特別是主體自由才能說。

中道作為超越兩端的狀態，揭示了質體的性格本來就是脫離於一切由兩端，特別是實有和虛無，所組成的二元性對峙或二分的格局。這是關於質體的真理。這種真理是否不同於空的真理呢？世間能否具有兩種真理，一種是中道，另一種是空呢？我們的回應是否定的。真正的真理並不是相對的，而是絕對的。它是無分別的。中道不能有別於或脫離於空而有其存有論以至救贖論的位置。

事實上，中道所展示的超越兩端，已包含在空裏面。這可以從兩方面看到。首先，正如前面已提過，空展示於對空本身沒有扭曲之中，這是超越有和無。即是說，空是在超越有和無這兩個極端之中展示的。我們可以確定地說，空包含了對兩端的超越。其次，龍樹以否定邪見來理解空，這些邪見無疑是包括了實有見和虛無見兩端，或對這兩端的執著。從這個意義來看，空包含了對兩端的超越。

據以上所述，中道裏反映了空的一個重要面相，即超越兩端。龍樹很明顯是運用中道來突出空的這個面相，就著這個意義看，我們確信中道是對空的補充。作為超越兩端的一種狀態，中道完全可以視為真理。然而，它仍不能說是有別於空或離開空的另一種真

---

[62] 例如大 25.370a-b, 387a, 607b, 732c 等等。

[63] 大 25.466a。

理。它是透過突出空的各種面相中的某一方面來補充空的意義，這方面就是對兩端的超越。

附帶一提，這種以超越兩端對中道的理解，不單限於龍樹和他的追隨者。佛教很多典籍都採取這種理解，例如《雜阿含經》（*Saṃyutta-nikāya*）、般若典籍和《成實論》（*Satyasiddhi-śāstra*）等等。中村元[64]亦曾多次引用有關的文字來展示這一點。然而，中道與空的關係在這些資料中卻很少被討論及。把中道帶進空的脈絡中，而提出以中道作為空的補充的是龍樹。在傳統對中道的理解上，應加上這一點，讓我們對空與中道的關係有更周延的認識。

[64] 見註[36]。

第三章　智顗的中觀學觀念

我們對中觀學的空和中道的概念已有了基本的了解，現在可以著手處理我們的第一個基本問題了：智顗如何理解和批評中觀學概念，如空和中道？這個問題密切地關連著智顗的判教法，這判教法是他的整個思想體系的骨幹。在他的判教理論中，我們可以看到他如何理解不同的佛教教義以及他所採取的觀點。當我們處理智顗怎樣詮釋空和中道時，這一點就更為重要。我們必須弄清楚智顗如何判教，才能較有條件與基礎去探討他如何評價中觀學和為它定位。

一、智顗的判教法

在智顗的主要著作，即那些反映他的成熟思想的作品之中，很多處都可找到他的判教的說法。❶特別在《四教義》中，對判教理論有很詳盡和系統的分析。❷很多中國原創的思想家即使提出了新

---

❶ 例如例《摩訶止觀》，大 46.30b, 31c, 34a-b, 47c, 69c, 74c-75b, 79c, 128a-b；《法華文句》，大 34.3b；以及《四教義》和《維摩經玄疏》中多處。

❷ 例如在這本書中提出了七點關於判教理論的解釋。這七點包括：解釋四教的名稱；對教義詮釋的檢視〔即總則（Principle）〕；剖釋如何通過四門透入總則；剖釋四教不同立場的分類方式；解釋權和實；觀心撮要；以及最後調和

的思想，但往往不願承認是自己的原創，智顗亦是這樣，他說他的判教並不是自己的創見，還指出這判教的基本觀念可以在很多大乘經論中找到。❸事實上，在智顗提出他的判教說之前，已有各種判教的理論存在。❹然而，他的理論的全面性、清晰性，因而具有的權威性，是不能忽視的。❺從這理論我們可以看到智顗消化和釐清各種佛教義理的獨特方式，以及他的圓教觀點：怎樣才是圓滿的佛教義理。

對於智顗的判教，現代學者已經有很充份的研究（例如日本的安藤俊雄、田村芳朗，和西方的漢維茲）。❻然而，正如下面會詳細再解釋那樣，佛性（或更準確地說，中道佛性）是智顗思想體系的核心概念，在他的佛性思想中，判教是非常重要的一環。這些學者都未有特別注意這個概念，因此，我認為他們都未能對智顗的判教作出精確的理解。具體來說，安藤和田村都未有提過佛性，遑論中道佛性。漢維茲在討論智顗判教的著作的正文亦沒有提及佛性，只在註腳中介紹了佛性的三個面相（三因佛性），用以解釋原因是分開的一種特徵，這是智顗判別和確立別教（「Separate Teaching」，我們會視之為漸教

各種經和論的義理。（參考大 46.721a）事實上，這本著作的全名——四教義，已表明是專門解釋智顗的四教的意義的。

❸ 參考《維摩經玄疏》第三章，大 38.533a-b；《四教義》第一章，大 46.723c。在《四教義》中，智顗更概括地（大 46.723c）以至具體地（大 46.723b）引述有關的經論，以確立該四種佛教教義。

❹ 關於智顗以前佛教各種判教方式的全面研究，可參考 Hurvitz, pp.214-229。

❺ 關於智顗判教特色的扼要評述，可參考唐，pp.1111-1116。

❻ 安藤, pp.92-111; 田村, pp.81-97; Hurvitz, pp.248-271.

「Gradual Doctrine」）的其中一個因素。[7]這個註腳反映出漢維茲未有注意到佛性在智顗判教中的重要性。在近年有關天台的著作中，特別是史旺遜（Paul Swanson）和新田雅章的著書中，前者完全未有提及中道佛性，而後者則有幾次提過這概念，但未有足夠的重視。

我們留意到這裏參考的幾部智顗的主要著作，《法華玄義》、《法華文句》及《摩訶止觀》實際上是灌頂記錄的，而《維摩經略疏》是湛然從《維摩經文疏》撮要而成的。灌頂可能曾參考其他宗派，尤其是以吉藏（A.D.549-623）為首的三論宗的資料而加以潤飾那三部著作。關於佛性或中道佛性的解釋，我們見到《法華玄義》、《法華文句》和《摩訶止觀》，跟《四教義》、《維摩經玄疏》、《維摩經略疏》和智顗晚期所寫《維摩經》的註疏《維摩經文疏》是相當一致的。因此，我們認為灌頂在智顗的佛性或中道佛性的理解上可能作出的潤飾，應該沒有大問題。再者，佛性或中道佛性對這幾部《維摩經》的註疏的影響遠比對《法華玄義》、《法華文句》和《摩訶止觀》為大；前者是晚年的著作，這顯示智顗在晚年更關注佛性或中道佛性的問題。對佛性或中道佛性的開拓與發揮應能代表智顗的成熟思想。

由於我未能滿意現代學者對智顗的理解，我將會對這判教理論進行根本性的和全面的研究。智顗根據佛陀說法的不同內容，把佛教義理分為四類。這種分類稱為「化法四教」。相對照的有所謂「化儀四教」，這亦是智顗提出的，是根據佛陀說法所用的不同方法來區分的。由於本書只注意義理方面，因此集中討論智顗提出的

---

[7] Hurvitz, p.264.

四類義理，它們是：藏教、通教、別教和圓教。[8]

主導著智顗判教的主要思想是真理或實相的概念和實踐這真理的方法。智顗認為，藏教和通教對真理的闡釋都是空，而別教和圓教的真理觀則是中道。至於實踐真理的方法，智顗認為藏教提出要透過分析、分解和排除事物（法，梵：dharma）而進入空的境界；而通教則主張我們應直接就事物的本質來體證空，而無需破壞任何事物。另一方面，別教教導人們以漸進方式透入中道；圓教則告訴我們應在頓然之間實踐中道。智顗分別稱這四種途徑為：析法入空（藏教）、體法入空（通教）、次第或歷別入中（別教）和圓頓入中（圓教）。[9]

---

[8] 在智顗的著作中，雖然經常引用這四類佛教義理，但往往未有清楚地列出和解釋。在《四教義》的第一章（大 46.721a-722b）和《維摩經玄疏》的第三章（大 38.532b-533a）卻是例外，這兩處列出了四類義理，並且詳細地講述其含意。雖然仍遺漏了某些重點，但實際上在智顗的著作中，這兩部文獻不止一次就最重要的論點作出了充足的描述。很多重點，例如智顗的佛性和不空（No-emptiness）的概念，在其中多處都可找到。因此，我們對智顗判教理論的考察和思考會集中於《四教義》、《維摩經玄疏》和分佈於他的其餘著作中的有關資料上。

[9] 參考《法華玄義》第一章，大 33.688a-b。附帶一提，當智顗討論到藏教實踐真理的方法時，以析法入空來描述。當中的「析」，一般表示一個動作「進行分析」，漢維茲把這種方法描述為「分析的」（analytic）方法。（Hurvitz, p.260）然而，智顗使用這個語詞時，其意思不單是分析，也包含分解和排除的意思。關於這點，稍後會再解釋。

二、藏教和通教

藏教和通教描述的真理稱為「偏真」，與別教和圓教的「圓真」相對照。[10]這是由於智顗把藏教和通教的空視為否定的、靜態的和超越的，而別教和圓教的中道則是肯定的、動態的和內在的。當中的重點是，智顗在這裏所說的空只是「但空」；[11]而中道則是等同於佛性，其特點是恆常的，具功用的，以及具備一切肯定的、動態的和內在的事物。[12]

接著要問的是：藏教（Tripiṭaka）的析法和通教的體法有什麼不同呢？按照智顗的詮釋，提倡藏教的人偏向於將法視為一些實在的東西。因此，他們會分析，甚至分解種種法，層層剝落以至發現沒有剩餘任何東西，由此而體證一切法都是空的。相反地，提倡通教的人則理解種種法如幻如化，本質就是空的。這些人結果能體證種種法當體即空，無需分析或拆毀任何東西。[13]

在比較之下，智顗讚賞體法的途徑，而貶抑析法的方法。他認為，藏教混淆了實在與非實在，真實的與不真實，為了要求證空的真理，提出必須把事物分解和排除。智顗形容這種方法是不適當

---

[10] 《法華玄義》第八章，大 33.785b；《四教義》第三章，大 46.730a-b。

[11] 《法華玄義》第二章，大 33.703c。

[12] 參考本書的第四章，當中會全面地闡釋中道佛性的概念。請注意，某些謂語如「否定的、靜態的和超越的」以及另一方面的「肯定的、動態的和內在的」是我自己的用語，藉以描述智顗如何理解空和中道的概念。我在適當時候會解釋為何使用這些辭彙。

[13] 《法界次第初門》op. cit，第二章，大 46.681a-b。唐, pp.1134-1135 就析法和體法的分別有非常完滿的解釋。

的，並稱之為「拙」的方法，即是笨拙的。相反地，通教了解事物本質是空或不真實，這是正確的。空性或不真實性可以在保持事物在原有的狀態下去體證。我們不需要干預，更無需排除事物。智顗認為這種方法是適當的，是「巧」的方法，善巧之意也。⓮

我們要注意，「析法」中的「析」和「體法」中的「體」，是作為方法學上的辭彙來說。智顗亦在多處使用「析門」和「體門」這些辭彙。⓯智顗解釋說，「門」是讓人通過的，⓰他特別強調該辭彙的方法學含意。佛教典籍用「門」為書名的著實不少，如《因明正理門論》、《十不二門指要抄》、《十二門論》、《無門關》等。

要進入真理問題的更深層次，必須介紹二重真理（二諦）的觀點，這觀點在智顗的思想中很重要。佛教界普遍認為質體或現象的層次是因果制約的，顯示世俗的真理；絕對性格的空則顯示超越的真理。關於這兩層次的真理，智顗顯然希望能同時維持，不是犧牲一方去成全另一方，正如在嚴厲批評藏教時，他說：

⓮ 「拙」和「巧」兩個辭彙的對比在智顗的著作中到處可見，例如《法華玄義》第一章，大 33.688a-b, 690a；第八章，大 33.785b；《摩訶止觀》第一章，大 46.5c, 7b；《四教義》第三章，大 46.730a-b；第十二章，大 46.766b；《維摩經玄疏》第二章，大 38.526a-b。諦觀的《天台四教儀》亦有提及，大 46.778a。在傳統上，諦觀被視為智顗思想的忠實詮釋者，然而，關口真大卻提出批評，有關批評撮要載於 David Chappell, ed., *Outline of T'ien-t'ai Fourfold Teachings* (Tokyo: Dai-ichi shobo, 1983), "Introduction"。

⓯ 《法華玄義》第六章，大 33.754c；第八章，大 33.784c；《法華文句》第一章，大 34.5a；《維摩經玄疏》第二章，大 38.526a-b。

⓰ 《法華玄義》第九章，大 33.790c。

> 實有時無真，滅有時無俗。[17]

他總結說，在藏教，二諦的觀點不能建立起來。[18]智顗的論點是，對於藏教，超越的真理（真，空）和約定的或世俗的真理（俗）不能並存，空只能透過排除所有質體或世間的層次分別才能達致，因此，必須析離一切存在，才能獲致空。這個總結正是析法入空這一結果。進一步詳細的說法是，當我們以質體是實實在在的有，如自性般是獨立存在，則它早已存在，生便無從說起；又，當質體滅去，猶如「有」的自性消失，便沒有緣生的現象，作為俗的經驗世界便不能確立了。

相反地，在通教，現象和空並不相互對礙，因此，世俗的真理和超越的真理能同時建立起來。從這個觀點看，現象和質體並不妨礙空的體證，而且，它們正就是空在當中實現的場地。空就是質體的空，達致空與質體的存在是密切地相連的。因此，要達致空，必須保持質體的原來狀態，而不是把它們排除。故此，智顗對通教所說的世間事物與空的關係這樣地描述：

> 即俗而真。[19]

---

[17] 《法華玄義》第二章，大 33.702c。這兩句文字可以白話文方式作如下理解：當質體存在時，不能獲致超越的真理；當質體被破除時，不能有世俗的事物留存。

[18] 「二諦義不成」。（Idem.）

[19] Idem.

以及：

> 體法即真。[20]

這兩句短語的意思非常相近。「即俗」表示即就現象世界（俗）而證取其真性、空性。「體法」是在包容（embrace）世間法的態度中以證取真理。事實上，關於通教所說對超越性或空性的體證，在智顗的著作中到處可見。體法入空的「體」防止了對事物的滅除，亦即是不毀壞世間法。

三、別教和圓教

就智顗來說，空作為真理，在藏教或通教都是以否定式來表示。他稱這樣的真理為「偏真」。[21]當智顗提到真理，他經常以「真」來代表空，以之為藏教和通教的真理；又以「中」來代表中道，以之為別教和圓教的真理。[22]在《中論》裏，空和中道大致上是等同的，至少，中道被視為對空的補充。但智顗的想法並非這樣，他認為真理應以一種肯定的辭彙來描述，他提出「不空」與「空」對揚，這是關係到別教和圓教的真理觀。[23]這不空並不是什

---

[20] 《法華玄義》第一章，大 33.690a。

[21] 《摩訶止觀》第三章，大 46.33a。另可參考《天台四教儀》，大 46.778a。

[22] 參考《法華文句》第二章，大 34.17a。

[23] 《維摩經略疏》第一章，大 38.579b。

麼東西，而是佛性，[24]智顗以之與中道等同。[25]在這個脈絡中，他提出「中道佛性」這個概念，有時又稱為「佛性中道」。這裏的重點是，佛性作為真理是極為關鍵性的概念，亦是別教和圓教獨特之處。實際上，這個概念把別教和圓教，跟藏教和通教區分開來，前者關連到佛性，而後者則沒有這種情況。[26]當提及四教的時候，他經常把藏教關連到世間事物方面去，通教則關連到事物的非真實性方面去，而別教和圓教就一同關連到佛性方面去。在他所有主要著作中都可見到這種情況。

佛性是與空相對照而提出的，智顗認為空很明顯是傾向於負面意義的。他以常住性、能動性和內在性來描繪佛性。它是常住的因為它本身是精神性的法身（Dharma Body，梵：dharmakāya），它不同於我們的形體，是不變的。它是能動的指具有功用。它是內在的因為它本質上是涵抱一切事物。[27]對佛性的這種描寫非常重要，因為智顗把佛性與中道等同起來，中道就是真理，因而真理是常住的、能

---

[24] 《四教義》第九章，大 46.752a。

[25] 《四教義》第三章，大 46.729c。

[26] 智顗在多處提出佛性作為解脫的決定性的因素。這可見於他對四教的概括考察（《四教義》第一章，大 46.726a-b），對別教和圓教的考察（《法華玄義》第八章，大 33.785b），以及單獨對別教的檢視（《摩訶止觀》第六章，大 46.75a）。他亦指出，別教和圓教的修行者能見「不空」，這即是佛性（《法華玄義》第八章，大 33.781c）。在《維摩經玄疏》中經常提到中道佛性，智顗指通教不了解中道佛性的性格（第四章，大 38.546b），而別教則能了解（第四章，大 38.540b）。他又指出圓教能滲透進中道佛性的殊勝真理的範域（第四章，大 38.541b）。

[27] 佛性的常住性、能動性和內在性會在下一章詳細討論。

動的和內在的。智顗將這真理只歸於別教和圓教，這種嶄新的真理觀對中國佛教的發展有很大啟發與貢獻。

安藤俊雄在關於天台教義的鉅著中，以中道來說別教，又認為中道就是別教的中心原則。他提出，別教的中道同時超越了實有和虛無兩端，因此不同於二者。㉘但安藤完全沒有提到佛性。在討論圓教時，他依然沒有提及佛性，只參考了中道的原則。他認為圓教的中道並沒有離開實有和虛無。㉙他這樣以中道為基礎去理解別教和圓教是正確的。然而，他對中道的理解仍是不足。智顗在別教和圓教的中道概念的重點在於以中道跟佛性等同，正如前面提到，它是常住的、能動的和內在的。因此，中道作為真理，具備了常住性、能動性和內在性。我們認為，若不參照佛性，我們不能正確地了解中道。這個中道的嶄新概念很具原創性，而且很有啟發性。

別教和圓教有一個共同的觀點，就是認為中道是常住的、能動的和內在的真理。然而，他們在實現真理的方法上卻出現分歧。別教所提的方法是漸進的，而圓教的方法則是瞬間的或頓然的。別教稱這種漸進的方式為歷別或次第。意思是，在修行中、實踐中，無明的消滅以及真理的展現是逐步逐步，由低至高進行的。別教甚至宣稱，人們必須歷劫修行，經過漫長的過程，才能達到最終的覺悟目標。㉚我們要注意，「別教」中的「別」，據智顗所講，有兩重

㉘ 安藤, pp.102-106.

㉙ Ibid., pp.106-111.

㉚ 關於「歷別」，參考《法華玄義》第一章，大 33.688a-b；第一章，大 33.690a；第三章，大 33.710b。關於「次第」，參考《法華文句》第一章，大 34.5a；《維摩經略疏》第一章，大 38.576a；《法華玄義》第一章，大

意思。第一是「分別」，指這種教義跟其他三種教法有分別。第二是「逐漸」，意思是這種教義提出實現真理的方式是漸進的。㉛某些學者，例如漢維茲，採取第一重意義而將這種教義翻譯為「Separate Doctrine」㉜（譯按：意即「分開的教義」）。本書會強調第二重意義，故翻譯為「Gradual Doctrine」（譯案：意即「漸進的教義」），因為我們認為「漸進」能傳達這種教義的真正特點，而「分開」則不能。實際上，四種教義自然都是分開的，各自不同的，說分開，等於沒有說。

圓教表達那種頓然的方式的用詞是「圓頓」，意思是「圓滿和頓然」。它亦應用「不次第」的字眼，意思是「非漸進」㉝，以顯示克服無明以及展現真理能夠在一瞬間成就，而無須經歷漸進的過程。需要一提的是，「次第」和「不次第」亦被賦予方法論的含意，這點可見於《法華文句》中使用「次第門」和「不次第門」這兩個辭彙中。㉞正如前面所述，「門」表示人們通過的處所，有很鮮明的方法論意義。

對於這兩種教義，正如我們所預期，智顗認為圓教是較為優勝的。他說，雖然兩種教義都說不空，但是別教的漸進思想卻不具備

33.688a-b。關於「歷劫修行」，參考《維摩經玄疏》第三章，大 38.538b-c；《四教義》第九章，大 46.752a；《天台四教義》，大 46.778a。

㉛ 《法華玄義》第八章，大 33.785a。

㉜ Hurvitz, p.262.

㉝ 關於圓頓，參考《法華玄義》第一章，大 33.688a-b。關於不次第，參考《法華文句》第一章，大 34.5a。

㉞ 《法華文句》第一章，大 34.5a。

終極性，只有圓教實現終極實在而不作任何保留。[35]在佛教思想史來說，天台宗與華嚴宗都說圓教。天台宗以自身是圓教；華嚴宗則提出兩種圓教：同教一乘與別教一乘，以天台宗為同教一乘圓教，自身則是別教一乘圓教。此中的同教是與佛教各種教派有共通處之意，而別教則不同於各種教派，卻是特別崇高，非其他教派所能湊泊。

四、概述小結

智顗的判教是全面的，對於義理劃分得很清晰，而且很有系統性。以下幾點我們須多加注意。首先是，正確地了解真理，繼而達致覺悟是所有佛教學派最關心的問題。在四教之中，前兩者（即藏教和通教）與後兩者（即別教和圓教）之間的分別是最關鍵的。該分別在於所描述的真理是靜態的和超越的，還是動態的和內在的。前者有理、原則、原則的導向；後者有心、心靈的導向。

第二，前兩者之間（譯案：即藏教與通教之間）和後兩者之間（譯案：即別教與圓教之間）的分別都是方法論方面的。即是說，藏教的析法和通教的體法，兩者間的分別在於實踐真理的方法上。其中一者要破壞以至消滅諸法，他者則要保留諸法。而別教的漸進方式和圓教的頓悟方式，亦是方法論上的分別。前者是階段性的，慢慢累積功德；後者則要一下子而得悟，如花熟蒂落、水到渠成。這裏說到悟的問題，我們通常有漸悟與頓悟的不同方式。嚴格來說，凡是

---

[35] 《法華文句》第八章，大 33.781c。

悟，都得有工夫作為基礎才行。工夫漸進地累積下來，最後自然地、如想像中那樣得悟真理，是漸悟。這比較容易理解。至於頓悟，其實也需要工夫作為根基，只是到了最後，在一種關鍵性的情境或契機中，工夫的成績得以在短時間中凝聚下來，霍然地爆發出智慧的火花，整個生命存在像被火光燃燒那樣，突然變得通體透明，生命在極短暫的瞬間得以更新，而飛躍起來，一懂全懂，一悟全悟。故頓悟亦需有工夫支持才能證成。

第三，從邏輯上說，真理的概念先於實踐的方法。即是，對真理的理解決定實踐、體證真理的方法，反之則不行。智顗的四教系統符合這個次序，四教是放在兩個不同層面，而不是在平行位置的。第一層關注的是真理本身的性格；而第二層則關注實踐真理的方法。而實踐方法是緊密連繫於，甚至是依賴於真理的概念、內容。

最後，智顗經常以從低至高的次序排列四教，即是由藏教至通教，再至別教，最後是圓教。這種分等級有著不言而喻的含意，就是由藏教上至圓教，中間經過通教和別教，有價值上和救贖上的意義。這一點可在智顗的「權」和「實」的概念上見到。「權」的意思是權宜的或臨時的，「實」的意思是終極的。在他的眼中，權只是為著暫時的目的，而實才是最終的。㊱基於這兩個概念的對比，智顗劃分圓教為終極的，而其餘三教均屬權宜的層次。㊲換句話說，前面三教有著工具的價值，可引領至最後的、終極的圓教。基

㊱　《維摩經玄疏》第四章，大 38.542b。

㊲　《法華玄義》第七章，大 33.764a-b。

於圓教的緣故，智顗維持著前三教的正面意義，而沒有貶低它們的價值。結果，所有佛教的義理，無論它們是如何分歧，都能夠整合在圓教之下。這種判教法，從佛法作為一個整體來看，實在非常合理。

五、中觀學派之為通教

為了要回答我們第一個基本問題，關於智顗如何了解及批評中觀學的空和中道，我們需先檢視智顗在他的判教的脈絡下，如何理解中觀學。關於這點，我們會集中於中觀學的兩部最重要的著作——《中論》和《大智度論》，而且會特別檢視這兩部書在智顗判教中的位置。如上面所述說，《大智度論》雖然不能確定是龍樹的著作，但這並不能影響它作為一部重要的中觀學的著作，也不能減低它在建立智顗的思想的位置。

要處理上述問題，理論上應先回答另一個問題，就是這兩部中觀學的重要著作，在智顗的判教上有甚麼位置？答案是肯定的。智顗指出，這四種教義都是源自佛陀，用以涵蓋所有經典，以及於全部論典和註釋。故此，沒有任何典籍會超出這四種教義的範圍。[38]我們沒有理由相信這兩部在佛教傳統中極為重要的中觀學鉅著會在判教中遺漏下來。

很可惜，智顗從來沒有明確地把《中論》和《大智度論》歸類入四教的系統中，雖然他把《般若經》和《法華經》分別等同於通

[38] 《維摩經玄疏》第四章，大 38.544b。

教和圓教。縱使判教的理論對智顗建構他的哲學系統極為重要，但他並不太著重把四教關連到個別的經典和論典上。然而，智顗仍在某些地方連繫著一些重要典籍來討論四教，依著這些線索，我們可籠統地判斷某些典籍屬於某種教義。但《中論》和《大智度論》的位置仍是不清晰。㊴無論如何，從義理的觀點看，我們有理由確定《中論》和《大智度論》屬於通教。漢維茲亦指出，通教〔他稱之為遍佈的教導（pervasive teaching）〕可能實際上等同於中觀哲學系統。㊵然而，他未有詳細解釋這種看法。我們把《中論》和《大智度論》歸入通教則依於以下的理據：

首先，《中論》的基本概念是空，這是真理的性格。正如前面指出，這真理指質體的因緣和合的性格，我們能直接在這些質體中體現這性格。這種真理的觀念引伸出實踐真理的一種正面思想，在當中，具有生滅性格的質體能夠，我們也應當保持它們的原來狀態，而無需完全消除它們。這種思想，毫無疑問是對應於通教，其特點是體法入空（意思是：空的真理是在包容、含容著質體或事物的脈絡中實現的）。這種實現真理的想法與藏教沒有共通之處，後者主張分解和消除事物，以證得它們畢竟空寂。

《中論》很難連繫到別教和圓教方面去，尤其在有關真理的問題上。困難之處在於《中論》以空來說真理，這種狀態通過對自性和邪見的否定來揭示，而別教和圓教則以佛性來說真理，這具備正

㊴ 參考《四教義》第一章，大 46.721a-722b；《維摩經玄疏》第四章，大 38.544b-c；第六章，大 38.560c-561c 等等。

㊵ Hurvitz, p.260.

面的殊勝內容和能動的功用。這個概念會在下一章詳細解釋。這裏可以一提的是，對於智顗而言，空跟佛性有很大差異，佛性可與不空比擬。佛性的含意包括了空的意義，而且在很大程度上超越它們。

其次，苦、集、滅、道四聖諦（梵：catuḥ-satya）的義理在智顗的主要著作中經常被提到。吸引我們注意的地方是，他在判教理論的脈絡中解釋這些義理。即是說，他把實踐四聖諦的方法分為四類，與四教一一對應。根據這樣的分類，通教用以實踐四聖諦的方法是「無生」。[41]他理解無生的意思如下：

> 法若有生，亦可有滅。法本不生，今則不滅。[42]

這是說，有生才有滅，生與滅是相對的。倘若沒有生，滅便無從說起。很清楚，智顗是在真理的脈絡中說無生，這真理指事物的終極性格，它超越所有極端，包括生和滅。無生則超越生這個極端的觀點，這正是龍樹中道的含意。龍樹似乎將超越生和滅賦與特殊的意義。《中論》以八不偈頌開首，當中包括了生和滅的否定。[43]而

---

[41] 因篇幅所限，我們不能詳細解釋實踐四聖諦的四種方法，以及各自與四教的關係。有關這問題的詳情，可參考《法華玄義》第二章，大 33.701a-b；《四教義》第二章，大 46.725b-726b。智顗更將這四種實踐四聖諦的方法稱為智慧。參考《法華玄義》第四章，大 33.720c-721b。另外，田村, pp.90-91 就著這幾種實踐四聖諦的方法有很簡短但非常出色的介紹，讀者不宜錯過。

[42] 《法華玄義》第四章，大 33.721a。

[43] 《梵本中論》p.11；《中論》第八章，大 30.1c。

且，他隨即以很重要的邏輯方法去論證無生。[44]

無生的概念亦蘊含了以下關於超越的訊息：由於事物本身根本上沒有生起和消滅，故無需為達致真理而排除它們。智顗亦在《法華玄義》中指出，無生在達致真理方面的性格是這樣：真理在事物當中即能呈現，並非在事物滅除之後才呈現。[45]無生的這種性格與《中論》的空的觀點密切配合著，正如在第二章第一節所述，龍樹的空是指現象世界的空，而不是以獨立抽離的方式說空，以為遠離這個具體的世界有稱為「空」這樣一種東西。因此，空的實現是在現象或事物當中，而不是在它們之外。

由上面所述，我們見到智顗以無生來解釋通教實踐真理的方式，這亦是《中論》裏的重要概念。智顗亦清楚地意識到在《中論》裏這個概念的重要性，正如他斷言：

> 中論品品別意，而俱會無生。[46]

智顗撮述《中論》共二十七章的涵義，指出《中論》所有篇章都是表達無生的意思。很明顯，通教與《中論》同出一系的相似性是不能否定的。我們不單可以得出結論，說《中論》是屬於通教，更可以說《中論》本身就是描述通教的重要典籍。

第三，中觀與通教的連繫，可透過參考般若思想來證成。智顗

---

[44] 《梵本中論》p.12；《中論》1:1，大 30.2b。關於四句否定的運用，參考本書第五章。

[45] 「即事而真，非滅後真」《法華玄義》第二章，大 33.701a。

[46] 《摩訶止觀》第八章，大 46.117a。

在《四教義》中很清楚指出各種般若經典均屬於通教。[47]另一方面，龍樹與般若典籍有著極為緊密的義理上的連繫。[48]關於這種連繫，智顗自己亦這樣說：

> 〔龍樹〕以不可得空，洗蕩封著，習應一切法空。是名與般若相應。[49]

這段文字顯示智顗對龍樹與般若經典之間在義理上的內在性的認同。這是所謂「蕩相顯性」，性即是空性也。我們當然不會忘記智顗是清楚認識到《大智度論》是一部般若鉅著的重要註釋。因此，毫無疑問，與智顗認為等同於通教的般若思想有著密切關係的中觀學，亦會被視為通教。

在檢視以上論點時，我們深信，就智顗而言，中觀學就是通教。據此，他對通教的批評亦可視為對中觀學的批評。從他的主要著作可以見到，智顗對通教有很嚴厲的批評。這批評是基於圓教的立場，這提醒我們，智顗對《中論》的不滿是以《法華經》為出發

---

[47] 《四教義》第一章，大 46.722a。

[48] 我們在這裏不打算討論這種緊密的義理連繫，因為很多學者早已指出了這點。例如羅賓遜承認，在某程度上，龍樹解釋了一些重要的般若經典的教法。（Robinson 1967, pp.61-65）梶山雄一提出，龍樹接受並且繼承了般若經典所述的神秘直觀的世界。（梶山, p.34）稻田把龍樹視為般若經典教法的繼承人。（Inada, p.21）此外，根據史培隆格所述，某些學者如 E. Conze, N. Dutt, M. Winternitz, E. Frauwallner 等等都同意龍樹思想與般若經哲學之間有著內在的和創造性的關連。（Sprung 1979, p.26）

[49] 《法華玄義》第五章，大 33.742b。關於「不可得空」的意思，見下文。

點，而這《法華經》是歸入圓教的。在他對《法華經》的註釋，即《法華玄義》中，他先後兩次指出《中論》是不能與《法華經》媲美的。❿他又指出，龍樹在《大智度論》裏（不用說，智顗認為龍樹是《大智度論》的作者）讚賞《法華經》的深度。⓫這些文字顯示智顗與中觀學分途；起碼可以確定，他認為圓教比中觀學更可取。

雖然智顗在多次批評通教時，很少引述中觀學，但這並不表示他不以中觀學為通教。我們或可這樣理解，他不願直接批評中觀學是礙於龍樹在天台宗傳統上的崇高地位。無論如何，他在批評通教時暗藏對《中論》的不滿是不能抹煞的。

六、在與緣起的關係中的空義

我們已經了解到中觀學是屬於通教，接著要討論智顗怎樣看中觀學的的最重要概念：空。前面已提過，智顗以體法來說通教的空，即是說，空在包容事物的脈絡中被體現。這體法的性格亦應適用於中觀學的空。智顗在自己的主要著作中清楚論及中觀學的空，只有幾次。其中，就《中論》裏一首很著名的、當中提及緣起、空、假名和中道的偈頌的上半部，智顗認為這是解釋通教的。⓬這半首偈頌說：

---

❿　《法華玄義》第三章，大 33.713c；第九章，大 33.792b-c。

⓫　《法華經》第十章，大 33.813b。

⓬　《四教義》第二章，大 46.727b；《維摩經玄疏》第三章，大 38.534b-c。

> 我宣說一切緣起的事物都是空。[53]

這句說話表達緣起與空的等同關係，而且是在緣起的脈絡下說空。即是說，空是自性的否定，這自性是對事物本質的一種錯誤的理解，事物的本質是因緣生起的。當中預設，要正確地理解空，須透過它與緣起的關係來進行。離開緣起關係的範域，亦即現象世界，空便無從說起。

此外，智顗讚揚龍樹對空的運用：

> 〔龍樹〕以不可得空，洗蕩封著，……淨諸法已，點空說法，結四句相。[54]

引文中說「點空說法，結四句相」，煞是精妙得很。所謂四句（梵：catuṣkoṭi）是龍樹用以體證真理的四重思考，這即是肯定、否定、綜合和超越。相應的《中論》的偈頌是：「一切實非實，亦實亦非實，非實非非實，是名諸佛法。」這偈頌的梵文原文與鳩摩羅什的漢譯意思相若。它層層演進，最後達致超越的境界，這正是龍樹的空之哲學的最高旨趣。所超越的，是像實與非實、有與無之類的相對的兩端而透顯出空、中道的理境。智顗認為，龍樹教導空的義理，以幫助錯誤地理解事物和繫縛於事物的人得以解脫。文中的「不可得空」並非表示空不能夠達致或實踐，而是指出空不能作為

---

[53] 參考第二章第七節引述該首偈頌的梵文原本和鳩摩羅什的漢譯本。

[54] 《法華玄義》第五章，大 33.742b。

一種對象被攫取或依附。這與前文討論過的空空和不應黏著於空的思想相呼應。這裏斷言龍樹以不可得空破除一切封閉和繫縛，顯出智顗清楚地意識到空的實用性和工具性。這種特性在《大智度論》已表現出來，而我們在前一章的第五節亦已詳細解釋過。它顯示空可作為一種有效方法去滅除人們對事物的繫縛或錯誤觀點。智顗相信龍樹是《大智度論》的作者，他對空的這種特性亦高度讚揚的。

我們應特別注意龍樹特別提出空來說明事物的一句說話——點空說法。這句說話涉及一個訊息，就是事物之所以呈現為如是事物，是由於它們具有空作為基礎。即是說，事物基於它們的無自性的性格才得以保持由原因生成，並因此而具備緣起的特性。再簡單地說，這是以空來說緣起的事物，而且跟以下這首《中論》裏的重要偈頌相對照：

> 任何事物若與空相應，則一切都相應（得以成立）；反之，事物若與空不相應，則一切都不相應。[55]

> 以有空義故，一切法得成；
> 若無空義者，一切則不成。（《中論》24:14，大 30.33a）

這是說，空義即無自性義，便是依於無自性的空義，緣起諸法才能成立，才是可能的。稻田龜男在翻譯這首偈頌之後再作註解，指出

---

[55] Inada, p.147. sarvaṃ ca yujyate tasya śūnyatā yasya yujyate, sarvaṃ na yujyate tasya śūnyaṃ yasya na yujyate.（《梵本中論》p.500）

這裏要傳達的意思是空（梵：śūnyatā）為一切存在的基礎，若沒有空，便沒有任何事能夠成立。[56]一切存在（梵：sarvam）當然是指因果生成的質體或事物，亦即是有為法（梵：saṃskṛta）、生滅法。智顗亦經常在自己的著作中引述這首偈頌。

從以上兩個事例，我們可以見到空和緣起是相互依待的。這是了解緣起和空的等同性的一個重點。智顗似乎很欣賞龍樹這種與緣起相關連的空，在當中，他沒有將空的真理從因果生成的事物中抽離開來。這種對空的了解緊密地相應於通教的體法的性格，在其中，事物是在空的呈現中被體現的。

七、「空」與「不空」

智顗在確認空的實用性格的同時，又批評通教所說的空。在《法華玄義》中，他這樣評論通教：

> 智者見空，復應見不空。哪得恒住于空？[57]

在一個事例中，智顗批評《般若經》是教導「無相教」的，他斷言：

> 無相教明空蕩相，未明佛性常住，猶是無常。[58]

---

[56] Inada, p.147.

[57] 《法華玄義》第五章，大 33.738a。

無相教即是蕩相遣執的體法入空的教法，排除一切對相或對象的住著、執著。無相與體法並不矛盾。體法是保持對象世界，但不向它們生起執著，不對它們的外在的形相糾纏不捨，這便是無相。這實際就是對通教的直接批評，而《般若經》就是屬於通教的，正如上文指出，智顗批評通教的空，亦等於批評中觀學。接著要問，什麼是不空？就智顗而言，這無非就是佛性。[59]因此，智顗對通教或中觀學的空的批評，基本上只是指向空，而不是指向不空或佛性。按照字面的意思，「空」固然不是等於「不空」，但智顗並不關心這一點。重點在於，他相信真理，無論使用什麼名稱，應不單包含空的意涵，還要包含不空和佛性的內容。[60]

空本身的性質是否定的。而不空則應表示一個肯定的含意，可惜智顗未有明確解釋這種想法。無論如何，我們可以在他以判教為基礎，對二諦教法（Twofold Truth teaching）的解釋中推斷不空的含

---

[58] 《法華玄義》第十章，大 33.801c。這個批評直接指向無相的教法，智顗把這種教法等同於《般若經》。這一點可見於那些複合語辭：「般若無相教」（《法華玄義》第十章，大 33.803b）或「無相般若教」（《法華玄義》第十章，大 33.803c）。智顗視之為佛教三種教法之一。對這三種教法的詳細解釋，可參考多屋, p.154b。

[59] 《法華玄義》第二章，大 33.700c；《維摩經玄疏》第三章，大 38.538b-c；《維摩經玄疏》第六章，大 38.555c。

[60] 有一點很有趣，不空（梵：aśūnya）的概念亦出現在《中論》裏（《梵本中論》p.511；大 30.34a；《梵本中論》p.512，大 30.34b；《梵本中論》p.521；大 30.34c）。然而，這個不空是就著實體性而言，故不同於智顗的不空。即是說，龍樹的不空是空的相反辭，這空是指形而上的實體性的否定。換句話說，即是非實體性。故此，不空是另一種形式的實體性。而智顗的不空是等同於佛性，並沒有任何形而上的實體的意味。

意。尤其是在他把二諦劃分為七種形式時，這七種形式中的四種分別從藏教、通教、別教和圓教的觀點說。其餘三種分別從「別接通」、「圓接通」和「圓接別」的觀點說。「接」是接引，意思是引領人們從較低的精神境界進入較高的精神境界。例如，別接通是別教的人引領通教的人由通教的境界上提到別教的境界。二諦的劃分，主要目的是顯出四教間的相互關係。[61]

論到二諦教法的其中三種，分別由通教、別接通和圓接通觀點說時，智顗提出三種不空：

> 破著空故，故言不空。空著若破，但是見空，不見不空。利人謂不空是妙有，故言不空。利利人聞不空，謂是如來藏，一切法趣如來藏。[62]

這裏指出，不空是源自破除對空的執著，這令我們想起中觀學的空空思想。[63]這種不空是中觀學的不空，智顗並不承認這是真正的不空，因為它只強調否定面，即破除的性格。智顗認同的是另外兩種不空，即是妙有以及一切事物所趣向的如來藏。很明顯，後兩者分

[61] 《法華玄義》第二章，大 33.702c-703b。牟 1977, pp.648-665，以及 Swanson, pp.146-150，對這個劃分有全面的解釋。

[62] 《法華玄義》第二章，大 33.703a。

[63] 事實上，智顗很清楚空空的思想。在《摩訶止觀》（第四章，大 46.38c）中，他引述《中論》一首很著名的偈頌，當中清楚表達了空空（《中論》13:9，大 30.18c）。（智顗引述的這首偈頌與原本有點出入，但這並不重要。）在同一著作中，他又強調空之病亦應空掉。（「空病亦空」，《摩訶止觀》第五章，大 46.51a）

別是別教和圓教的不空。詳細地說，智顗把妙有連繫到具有利根的修行者，在這個脈絡上，他們代表著「別接通」的觀點。從這個觀點看，別教領導著通教。因此，妙有很明顯是歸入別教的。同樣地，智顗把一切法所趣向的如來藏連繫至具有最利根器的修行者方面，他們代表「圓接通」的觀點。從這個觀點看，圓教引領著通教。故此，如來藏顯然是歸入圓教的。關於以上引文，牟宗三亦指出，第一個不空與通教關連，第二個與別教，而第三個則與圓教關連。[64]

我們現在見到，智顗以「妙有」和「一切法趣如來藏」來說不空。到底甚麼是妙有呢？智顗在主要著作中沒有清楚界定。根據瑜伽行派和如來藏的思想，這個概念是指存有或事物的範圍，它們的性格被認為是空，沒有任何繫縛或執著。因此，強調妙有，意指一種對世間事物的確定，但不住著於其中的取向。[65]至於一切法趣如來藏，智顗關連到具一切佛法方面去。[66]即是說，一切事物都向著如來藏進發。結果，如來藏就具足一切事物，前者令到佛成為現實，因此稱為佛性。很清楚，妙有和一切法都是指著經驗層面、現象層面，帶有很重的世間意味。智顗就是在這個具有很重的世間意

---

[64] 牟 1977, pp.661-662。

[65] 對妙有的解釋，參考中村元編《新・佛教辭典》，東京：誠信書房，1976，p.297a。

[66] 「圓人聞不空，即知具一切佛法，無有缺減，故言一切趣不空也。」（《法華玄義》第二章，大 33.703b）在這裏，「一切佛法」包括世間性的事物。實際上，當智顗提到「具一切法」，他通常指涉世間性的事物。下一章我會就「具」的概念作全面的解釋。

味的脈絡中說不空。亦在這個脈絡中，我們認為不空帶有肯定的論調，表示要持守著經驗世界，不能捨離它。

至此，我們很清楚智顗批評中觀學的空的概念，是由於它的負面的、否定的性格以及缺乏與世間的關繫。即是說，它不能關連至妙有以及不具足一切法。對智顗而言，妙有和具一切法是真理（實相）的內涵。（這「妙有」很受京都學派所重視，他們說真空，同時也說妙有，兩者指涉同一事體，或是同一事體的不同面相。就表達的態度而言，《中論》喜用遮詮的、否定的方式，《大智度論》在這個問題上展示相反的做法：多用表詮，少用遮詮。從字面來說，真空傾向於消極，妙有則是正面的、積極的涵義。京都學派認為兩者是同樣重要。由於有真空作為基礎，妙有不是實在論；又由於有妙有作為基礎，故真空不是虛無論。）

這樣的批評，對中觀學是否公平呢？我們要以下列幾點回應：

1. 認為中觀學的空缺乏與世間的關係似乎有點武斷。龍樹一向主張的空與緣起的緊密連繫可以否證智顗的立場。我們反而可以斷言龍樹強烈捍衛與世間關係對實踐真理的重要性。他在《中論》裏曾論證勝義諦，表示空應在現象世界的實踐修行中達致，離開了這些實踐修行，便沒有真理可以實現。這一點會在第七章再詳細討論。
2. 妙有的概念亦可以歸入中觀學。《大智度論》中多處表現出對現象世界不著不捨的取向。這種取向是般若思想的一個重要部分，而《大智度論》就是很好的例子和闡釋。般若思想的這種取向與妙有的概念相當吻合，都是教導對事物不繫縛和不住著的態度。
3. 從圓教的觀點看，特別是以佛性來說真理，智顗的批評是可以成立的。在這個脈絡中，一切世間事物都具足於、包含於真理之內，而不是如體法思想所述，真理在世間事物中表現出來。從終極的角度說，在圓教中，世間事物不能與真理分離，而在通教或中觀學來說，它們並非不可分離。「具」的概念在智顗的思想體系中表示「作為它自身的一部分」，因此是「不可分離」的。在與世間的關係方面，要區別圓教與通教，我們至少可以說，前者與世間的關係比後者更為緊密和穩固。進一步來說，圓教認為世間事物是真理的一部分，通教則只以世間事物是真理顯現的平臺。後者對世間事物與真理的關係的看法仍不免於分解性格；前者的觀點則是圓融的、圓極的。

4. 可分離與不可分離的區別是基於佛性能否建立為真理（實相）。以上討論的「具」的概念，只在佛性的脈絡上說。在下一章，我們會見到佛性作為真理是智顗思想體系其中一個最重要的概念。然而，這概念在主要的中觀學著作中總是被忽略。[67]

八、超越兩端而揭示的中道

現在我們討論智顗怎樣理解和批評中觀學展示的中道。首先，

---

[67] 雖然「佛性」這個名相偶然在般若典籍中出現（例如大 25.420b, 491c, 715b 等等），在《大智度論》中卻未有提到。這顯示出，雖然《大智度論》的作者認識佛性的概念，卻未有多加注意。在《中論》中雖有「佛性」的字眼，但不是當體的意義，不是傳統說佛性的那種意思。

我們要注意他心目中有兩種中道。一種是透過超越兩端而揭示的中道；另一種是以佛性來說的中道。智顗相當警覺這兩者的分別，正如他說：

> 離斷常名中道，非佛性中道。⑱

在這裏，他對超越兩端而顯現出來的中道跟佛性所顯示的中道作出清晰區分。當說超越兩端的中道時，他帶著一點惋惜的語氣。這表示他並不滿意這種意涵的中道。

透過超越兩端而揭示出來的中道概念，在智顗的著作中時常出現，⑲而所超越的兩端很近似於中觀學論著所述的。例如智顗提到

---

⑱ 《摩訶止觀》第一章，大 46.7a。史旺遜亦曾討論智顗理解的中道，然而我們對他的討論不太滿意。他指出：

> 真實是某一東西，在其中，一切都不具有實質的存在；它的性格是空。然而，這空並非完全虛無，而是包含事物的約定存在（conventional existence），這些事物基於因果與條件，相互依待地生起和滅去。空和約定存在的這些性格並不相互矛盾，而是同義的和整合的。用天台的用語來說，這稱為「中道」。因此，真實中的一切是空——它是單一。真實中的一切具有約定存在——它是眾多。真實同時是空，又是約定地存在——它是中道。（Swanson, p.125.）

在這裏，史旺遜在討論智顗的三諦；引文中的「天台的用語」應指智顗的用語。史旺遜認為中道是空和事物的約定存在的綜合，這沒有問題。智顗的中道的確帶有綜合的含意，這點可在本書第六章見到。然而，史旺遜沒有認識到他只是透過超越斷滅論和常住論兩端來理解智顗所說的中道。他亦未有察覺到智顗以佛性來理解中道。

⑲ 例如《法華文句》第一章，大 34.8a；第八章，大 34.120a；第十章，大 34.145c；《摩訶止觀》第一章，大 46.6c；《維摩經略疏》第八章，大

龍樹經常列為極端的概念，即有和無、生和滅的否定時，他說：

> 若不定有，則非有；若不定無，則非無。非有者，非生也；非無者，非滅也。出于有無之表，是名中道。與中論同。[70]

此中的「定有」是決定的、確實的有之意，也就是自性有之意。質體若不是自性有，則不是非有不可。「定無」則是確定地沒有，連緣起的有都不能說。質體若不是連緣起都沒有，則不是非無不可。這便是質體的非有非無性格。非有便不能生，非無便不能滅。因此質體是非有非無，這便是中道。智顗的這種語調，有點像僧肇的〈不真空論〉。這引文也展示有關中道的一種思考，這思考等同於《中論》所提的。在超越兩端如有與無的範圍內，智顗理解的中道確實是相應於中觀學的中道，而且，他充分地意識到這樣理解正等同於中觀學理解中道的方式。

在上一章，我們指出龍樹的中道是他所說的空的補充，而且，他並不認為中道作為真理，是獨立於空之真理。中道的這個觀念在智顗討論二諦，即真諦（梵：paramārtha-satya）和俗諦（梵：lokasaṃvṛti-satya），或絕對真理和相對真理時得到肯定。他在解釋通教時說，空和中道統一在絕對真理之中，[71]在當中，中道被併入絕對真理裏

38.672c；第九章，大 38.690a；大 38.695a；第十章，大 38.695c-696a；大 38.701c。

[70] 《摩訶止觀》第五章，大 46.66b。

[71] 「通教真諦，空中合論。」（《摩訶止觀》第三章，大 46.35a）

面。[72]在通教的脈絡中，絕對真理是指空，而相對真理則指假。這看來很清楚：智顗並不認為中道是獨立於空以外的真理，而視之為附屬的觀念，因而是空的補充。基於這些資料，我們可以說智顗對我們前章所述中觀學的中道的補充性格有著正確的認識。到目前為止，中觀學講真理或諦，仍只限於二諦的模式：世俗諦和真諦或勝義諦，後者又可說為「第一義諦」。智顗亦沿著這兩諦來理解中觀學的真理觀。

我們在前章亦提過中觀學的空空思想。對應於這種思想的是智顗就「中道空」而作出的討論。這中道空的目的正等同於空空。「空空」以前一空為有執的空，「中道空」則以中道為有執的中道。這是空與中道的交集。這即是說，這等同於空的中道不應被黏著，一如空不應該被黏著那樣，否則會成為體證真理的障礙。[73]正如前面指出，[74]智顗完全認識到中觀學思想以空空為體證真理的渠道，他現在說中道空是對體證真理本身的補充，是很自然的事。在任何方面，中道空都相應於中觀學的精神，反對住著於任何東西，包括真理本身。

毫無疑問，智顗非常熟識中觀學超越兩端的中道觀點。他欣賞這觀點的涵義，也認同它在工夫論特別是救贖論方面的貢獻。然而，他並非毫無保留地接受這觀點。以下一節會展示出他的批評。

---

[72] 「如通教所明二諦，含中道在真諦中。」（《維摩經略疏》第十章，大 38.702b）

[73] 「若計有中道，則於中道有病。此病亦空，故言中道亦空。」（《維摩經略疏》第八章，大 38.672c）

[74] 參考註[62]及[63]。

九、中無功用，不備諸法

我們提過智顗心目中有兩個中道的觀念，其一是在超越兩端中揭示，另一則是佛性的展現，或與佛性等同。他經常站在後者的立場來批評前者。有趣的是，前者是在智顗視為通教的中觀學中解說的，他多次強烈指斥通教完全不了解中道。⑮他所說的中道，當然是指等同於佛性的中道。他在著作中多次斷言，只有別教和圓教才以這種方式構思中道。即是說，中觀學的中道有濃厚的分解意味，這從中道對有、無的超越中顯示出來。中道不單超越有與無，同時也超越一般的世間法。智顗自己提出的中道是中道佛性，在其中，中道等同於佛性，這是一重的圓融義，另外一重的圓融義是中道涵具一切世間法，與後者有極其密切的關連。這種意思正是目下要深入探討的問題。

智顗批評通教所說的中道欠缺功用，而且不具備種種事物。這批評是智顗在區分三諦教義為五類時提出的。在以上第七節我提到智顗把二諦教義區分為七類。這二諦指絕對真理，或真諦，以及相對真理，或俗諦。而絕對真理指空，相對真理指假。如果加入中道之真理，或中諦，這七類二諦會成為七類三諦。然而，智顗認為分別講述首兩類二諦的藏教和通教並不能讓人完全了解中道。這中道是以佛性來說，智顗認為以上兩教並沒有講述。因此，智顗只說五

---

⑮ 這個指斥主要在《法華玄義》中提出，例如第二章，大 33.704a（Swanson, pp.247-248），大 33.704c-705a（Swanson, pp.252-253）；第五章，大 33.740a，大 33.746b；第七章，大 33.762c；第九章，大 33.787c-788a。這種指斥亦適用於藏教。

類三諦，包括：別入通、圓入通、別教、圓入別，以及圓教。[76]在描述第一類，即從別入通的觀點看三諦教義，智顗說：

> 當教論中，但異空而已。中無功用，不備諸法。[77]

在這引文中，智顗是在別入通，或別接通的脈絡上說。這裏使用的「入」和「接」是互通的。[78]這段文字提到中道，並且加以批評。按照文法，這中道可以關連到別教或通教，兩者都是這裏討論的教義（當教）。然而，從這第一類三諦的脈絡說，在當中通教在別教的指導下，我們可以確定這被批評的中道是關連著通教的。[79]實際上，智顗很清晰地批評通教的中道，在他的著作中是很罕見的。

這被批評的中道，亦就是中觀學的中道，因此亦關連到對兩端的超越問題。然而，智顗的批評究竟表達什麼意思呢？另外，「功用」和「具備諸法」的性格是什麼呢？這些問題會在下一章詳細處理。為免重覆，我在這裏要指出，功用和具備諸法一般都是在時間和空間的脈絡上說的。即是說，功用是加諸這個現實世間的東西，藉以在當中進行道德的教化特別是宗教的轉化；而所具備的並非什麼，就是世間事物，是種種經驗性格的物體、事情。在智顗看來，功用和具備諸法是中道的動感和內在性的真實展示。事實上，動感

---

[76] 關於五類三諦教義，可參考《法華玄義》第二章，大 33.704c-705a。對這五類三諦的勾畫，參考 Swanson, pp.150-152。

[77] 《法華玄義》第二章，大 33.704c-705a。

[78] 關於「接」的運用，參考第七節。

[79] 牟宗三亦指出，這裏的「當教」應指通教。參考牟 1977, p.749。

和內在性是佛性的兩項屬性或功德，這佛性與中道是等同的。[80]

簡單而言，智顗對中觀學的中道的批評是指出它並非動態，亦非內在。因此，它傾向於超越於世間的狀況。這種批評對中觀學是否公平呢？答案必然是肯定的，尤其在理解到中觀學的中道是揭示於對兩端的超越中，因此它頂多只是一個真實的原則或事物的狀態而已。這樣的中道不能不是靜態的和超越世間事物的。基於作為一個原則或狀態，它只提供一個方法去避免種種邊見或偏見，特別是不去碰那由兩端所引發的關係，但卻無與於那種能夠改造和轉化現象世間的力量。即是說，它不能引生宗教救贖的行為。

將這種對中道的批評關連到智顗對二諦教義的評論或許會有助我們的了解，智顗說：

> 二諦無中道體。故明真時，則永寂如空，明有時，如石裏有金，石金有異。[81]

智顗在這裏指的是通教。但二諦教義很清楚在《中論》裏討論，[82] 智顗應該很清楚這一點。基於這幾點，我們應可很穩妥地假設這些評論是針對龍樹說的。正如在《中論》裏見到，龍樹的二諦是由相對真理和絕對真理組成。這絕對真理是空，而且由中道作補充。智

[80] 關於這兩項屬性以及中道和佛性的同一性的詳情，參考下一章。

[81] 《維摩經略疏》第十章，大 38.702c。

[82] 「諸佛依二諦，為眾生說法：一以世俗諦，二第一義諦。」（《中論》24:8，大 30.32c）參考《梵本中論》，p.492。這二諦教義會在下面第七章有周詳的討論。

顗評論指二諦沒有中道的實體，這並不表示龍樹不了解中道。他其實是站在關連著佛性的中道立場去批評龍樹的中道，認為它只是指超越兩端的一種狀態。牟宗三亦指出，龍樹的中道觀是屬於通教的體法思想。[83]我們較早前已提到，這種思想並沒有解釋佛性的概念。智顗所認同的「中道的實體」（中道體）概念中的「實體」顯示這樣構思的中道不單是一種狀態。雖然這中道並不代表實體性或一種形而上的實體，這類概念是所有佛教派別要拒斥的，但它仍然與行動和作用的來源有一定關係。這裏的「體」令我們想起傳統中國哲學中一對重要範疇：體和用。這兩個範疇表示質體的兩方面，分別是質體的潛在性和它們的表現或作用。在這裏，我們不擬詳細討論這兩個範疇。但無論如何，我們可確定中道體是在潛在性和作用的脈絡上說的。我們相信行動和作用的來源可關連到佛性，就智顗而言，這佛性能夠產生如此的作用。故此很清楚，智顗提出中道體的概念來反照恆常寂靜的空。「寂」表示一種超越的狀態，缺乏作用和動感。就智顗而言，中觀學的中道不過是空的一種靜止狀態而已。他堅信真正的中道，作為實相或終極真理，應等同於不空，並且在任何時間都是動態的。

對於上面提到的智顗的說法，在這裏稍作些解釋。智顗的意思是，中觀學或龍樹的二諦說，並無中道體的觀念。因此，當他說明絕對的真理時，這真理像空那樣恆常地是寂靜的。另方面，當他說明存在或存有時，這存有類似石頭裏的金；石頭與金都是存有，但畢竟不同。智顗似乎抱怨龍樹視空是具有寂靜的普遍性，沒有分

[83] 牟 1977, p.562。

別；但說存有，則抓得太緊，太強調存有的差異性，例如石頭與金的不同。智顗顯然認為空有其普遍性，存有或有亦應有其普遍性，不應把有看得太死煞，只注意它的差別性，而不注意它的共通性。

至於智顗提出「中道體」這一名相，則涉及頗為麻煩的問題。「體」作為哲學的範疇來說，應有一般的實體的意思。但智顗所說的體或中道體，我們應以較寬鬆、活轉的語調來理解，不然的話，便會捉錯用神，產生誤解，視之為形而上的實體，而走向實體主義（substantialism）方面去了。智顗自然不能這樣做，他必須堅守緣起性空的立場，視中道或中道佛性作為終極真理，為畢竟空。他雖然有不空的觀點，但這不空並無肯定實體義，只是就菩薩的功德而言而已。但他又不滿意通教所立的空義，視之為靜態義的事物的真確狀態、無自性的狀態（Zustand）。這不能提供足夠的動感與力量以展開對世間的關心與轉化。他要展示終極真理要具有動感，能生起作用，引導世間，同時又有常住性和具足諸法、諸種事物。為了表達這個意思，因此便以「中道體」來說終極真理。此中，體雖然不是實體，但總在某種程度下有體性可言，而這體性是有動感與常住性格，同時又具足諸法。對於中道體的體，我想這樣理解是恰當的，它仍是一非實體主義的概念。

上面說到空具有實用主義（pragmatism）的意涵，這即是破斥一切自性、實體的作用。但若是以空是一種事物的真確的狀態、沒有自性的真理的狀態，它的作用便難說。一般來說，作用要預設一種作用的本源，說是實體也好，體性也好，由這本源產生或發出力量，進行破斥的作用。光說狀態是不足夠的。智顗大抵也想到這點，想到這本源自身不應光是一種狀態，卻是具有某種程度的實際的內容、內涵。道家的莊子提到道是「有情有信」，《老子》書也說「天地萬物生於有，有生於無」、「道生一、一生二、二生三、三生萬物」，都表示道、無作為終極真理，都有其內涵：情與信，由這內涵開拓出去，便成天地萬物以至整個宇宙。智顗很可能也有類似的想法，認為光是空或中道，作為無自性或超越相對兩邊的終極真理，是不能交代（account for）、解釋萬物的成立的。在空或中道中應有某些內容、內涵，或實質性的東西（這實質性不是實體、自性），才能解決這個問題，才能說中道佛性的常住性、功用性與具足諸法的性格，這些性格是我在下一章要詳細探討的問題。智顗大概意識到這點，才提出「中道體」這一概念。由於中道體具有內容、實質性的東西，因而不能完全免於體性義。但這體性不足說實體、自性，它充其量只能作虛說的實體，不是真正的實體。真正的實體有靜有動，靜的如柏拉圖（Plato）所說的理型（Idee）、儒家朱子的理、性、佛教說一切有部（Sarvāsti-vāda）的法體（梵：Dharma），動態的實體如婆羅門教的梵（梵：Brahman）、儒家（特別是宋明儒）的天理、天道、本心、良知之屬。這些實體都能以自家的充實飽滿的內容，而創生萬物，並導引它們的活動。德國觀念論者如黑格爾（G.W.F. Hegel）所提出的精神（Geist）實體更被視為具有發展歷程的終極原理而開拓出東西方的多個歷史文化體系。就哲學的立場來說，靜態的實體與動態的實體都是絕對有（absloutes Sein），是實體主義立場。就動感來說，靜態的實體自然難說動感。即使是動態的實體，由於來自實體的質實性、沉重性、滯礙性，都足以減低實體的動感。依於此，即使是動態的實體所能發出的力量也有限制，不能伸縮自如地轉化世間。

佛教特別是中觀學的空與中道都不能說實體，即使說體性，如智顗提出的中道體，也只能是權宜地、象徵地說，不能實說。在這種意涵中的中道體所能起現而釋出的力量仍是虛弱的，不足以成就道德的教化與宗教的轉化。說實體自然不行，說體性也嫌軟弱，說空、中道則只有形式的內容而沒有實質的內容。這是佛教立教的嚴重問題。京都學派吸收了般若思想與中觀學的空和禪的無，提煉成一絕對無的觀念，作為終極的原理或真理。但這樣經營的絕對無（absolutes Nichts），是非實體主義（non-substantialism）的立場，動感仍然不足。[84]

[84] 筆者便是在這種理解與思維的背景下，提出純粹力動觀念，以它來說終極真理，一方面綜合絕對有與絕對無的殊勝之處，同時又超越和克服雙方可能分別發展而成的極端的（radical）常住論與虛無主義。但這已超越出本章所要探討的問題了。有興趣的讀者，可參看拙著《純粹力動現象學》（臺北：臺灣商務印書館，2005）、《純粹力動現象學續篇》（臺北：臺灣商務印書館，2008）、《純粹力動現象學六講》（臺北：臺灣學生書局，2008）。

第四章　中道佛性之作爲眞理

我們已討論過第一個基本問題，現在要處理第二個問題：如何區別智顗的中道佛性和中觀學的中道？在有限程度上，我們在上一章說明智顗對中觀學的中道的理解和批評時，已回應了這個問題。那是說，智顗不滿意中觀學的中道，以其沒有功用和不具備諸法。這種不滿亦同樣地適用於中觀學的空作為真理這一點上，智顗認為這樣的真理是局部的或偏的，與經驗世界沒有直接和緊密的聯繫，仍傾向於分解關係，而不是圓融的、綜合的關係。因此，就智顗而言，中觀學和通教所展示的真理，無論稱之為「空」或是「中道」，都是傾向於否定的、靜態的和超越的。他認為真理應是恆常的、動態的以及具足諸法的。

前面已提過，智顗以中道佛性來說真理。事實上，他很明瞭中道佛性是具有很深救贖意味的真理。他說：

> 藏、通觀生、無生，入偏真理，名為真實。別、圓觀無量、無作，入中道佛性，名為真實。❶

❶ 《維摩經略疏》第三章，大 38.607b。

在這裏，智顗在他的判教的脈絡上，討論原始佛教中四聖諦的四種理解方式。他以「生」、「無生」、「無量」及「無作」❷的性格分別說藏教、通教、別教和圓教。即是，藏教或三藏教法觀取對象的生起性；通教觀取對象的無生性；別教觀取對象的無窮無量的多元性；圓教則觀取對象的如如狀態，沒有造作，自然法爾。按這「自然法爾」是日本淨土真宗所愛用的字眼，表示自由無礙的意涵。這意涵也可見於圓教中。「真實」這個名相，明顯表示現在討論的問題關乎著真理或終極真理。

在《維摩經略疏》第八章，智顗指出：「解脫者，即見中道佛性。」❸在以下這一章，智顗會展示透入中道是成佛的極為重要的一環，他宣稱「別圓入中，即是佛道」。❹由於這個中道是在別教和圓教的脈絡中說的，所以無疑是指中道佛性。❺由於體證中道佛性是我們達致成佛和解脫必須透入和實踐的途徑，很明顯，智顗把它視為真理或終極真理，而且是以正面語調來說的終極真理，這由「佛性」字眼可以見到。

---

❷ 關於生、無生、無量及無作這些辭彙，我們（譯案：在英文本）基本上是採用漢維茲的翻譯。參考 Hurvitz, p.252。

❸ 《維摩經略疏》第八章，大 38.674b。在別處，智顗指出解脫是實踐中道，實踐佛性，以及住著於般涅槃（parinirvāṇa）中。（《維摩經文疏》第二十三章，續 28.273b）他又聲稱諸佛的解脫是中道自性清淨心不受煩惱污染。（《維摩經文疏》第二十章，續 28.223a）關於中道自性清淨心的概念，見以下第四節。

❹ 同上書第九章，大 38.683a。

❺ 在同一章的較前部份，智顗對佛道作了清晰的界定。（同上書第九章，大 38.683a。）

正如前面指出，中道佛性的概念結合了中道和佛性，並將兩者等同起來。這樣的等同，是智顗在《法華玄義》中討論佛教的優越性時提到的。❻這個複合概念在智顗的主要著作，即《摩訶止觀》、《法華玄義》、對《維摩經》的注疏如《四教義》、《維摩經文疏》和《維摩經玄疏》中經常出現，偶然亦出現於《維摩經略疏》，並在《法界次第初門》中出現了一次。❼出現最頻的，要數對《維摩經》的注疏。這個概念間中也稱為「佛性中道」而不是「中道佛性」。❽但這兩個辭彙並無任何分別，只是把中道與佛性在次序上反轉而已。

雖然智顗沒有清晰地列出中道佛性的特點，然而，我們就著他的主要著作，經過廣泛的研究，仍可確認這個概念的三個特點，而這些特點，智顗認為在中觀學的中道概念裏是完全缺乏的。這三個特點是：常住、功用和具備諸法。我們必須詳細交代這幾個特點，才能清楚中道佛性與中觀學的中道的分別。由於這些分別對理解智顗的思想系統非常重要，所以我們要仔細描述這些特點。

順便一提，雖然中道佛性在智顗的思想中佔著關鍵位置，但卻被很多現代的天台學者忽略。安藤、佐藤、玉城（康四郎）、田

---

❻ 「佛性即中道。」（《法華玄義》第六章，大 33.761b）事實上，把中道和佛性等同，最先提出的是《大般涅槃經》（*Mahāparinirvāṇa-sūtra*），而不是智顗。參考大 12.767c-768a, 768c。然而，這部經未有詳細解釋該等同性，它只提到佛性的恆常性。

❼ 《維摩經略疏》，大 38.569b, 593a-b, 614a, 630c, 674b, 688b 和 691b；《法界次第初門》，大 46.688a。

❽ 參考《法華玄義》第五章，大 33.735b，《四教義》第十二章，大 46.764b 及《維摩經略疏》第九章，大 38.688b。

村、漢維茲、史旺遜等在我們的書目中列出的學者，不單未有檢視那些特點，甚至在著作中都沒有提到這個概念。因此，就這個概念進行研究，對正確地了解智顗思想顯得更為必要。就中我們可以識別華嚴宗何以視天台圓教為同教一乘圓教，和天台宗後期何以有山家說與山外說的在教義上的分歧。

一、中道佛性的常住性格

常住性表示一種恆常的性格，不會轉變。任何東西具備這種性格就能憑著自己而存留，並且永遠維持著，不需依賴其他東西。智顗基本上把這種性格歸於法身（梵：dharmakāya）和佛性。❾我們亦可視這常住性是由一種力量、一種超越的形而上的精神力量所維繫。一方面，正如上一章最末一節所述，他批評龍樹的二諦「無中道體」。另一方面，他經常提出佛性和法身的常住性，我們稍後會見到，他把佛性和法身等同於中道。智顗似乎傾向把中道視為一種體性物或「實體」（我在這裏姑這樣說，但需作進一步的釐清，詳見下文），而這「實體」就是佛性或中道佛性。因此，他將常住的性格歸於中道佛性，作為後者一個很重要的特點。

智顗經常以法身常住的性格與肉身對照。肉身明顯是屬於生死的範疇，因而是非恆常的。這一點主要在《法華玄義》中見到，智

---

❾ 法身是印度大乘佛教特有的一個重要概念。G. Nagao's "On the Theory of Buddha-body," *The Eastern Buddhist*, 6:1, (May 1971), pp.25-53 對這個概念有非常好的解釋，G. Nagao 即是長尾雅人。

顗指出：

> 盧舍那佛處蓮華海，共大菩薩。皆非生死人。⑩

智顗在這裏要帶出的，是盧舍那佛（梵：Vairocana Buddha）和大菩薩都具備法身，這法身不同於有生死的肉身。一般眾生都以肉身維繫著自己，是生死人。他又進而指出：

> 滅者即解脫，解脫必有其人。人即法身，法身不直身。⑪

這是說，我們說解脫，需要預設一解脫主體，這主體是以法身說，不以我們現前所具有的肉身說。

常住性似乎指向一些精神性，一些具有恆常性格的東西。法身是精神性和恆常的，這點在《維摩經略疏》中有更詳細的描述。智顗在那裏提到兩種身：生身和法性身。生身即是「直身」，是在生死世間中的有形的軀體，而法性身則是關乎真理的身體。法性的梵文用辭是 dharmatā 或 dharmatva，意思是事物的真實性格或真理。至於兩者的分別，按智顗所講，生身會受到九種煩惱（梵：kleśa）的影響，這些煩惱包括：饑餓、渴、冷、熱以及其他疾病。當這些問題來到，身體需要治理，例如當饑餓時，我們應該喝些牛奶。另一方面，法性身不受這問題影響。實際上，它就是法身，有著金剛鑽

---

⑩　《法華玄義》第七章，大 33.772c。

⑪　《法華玄義》第七章，大 33.776b。

般的堅硬性和持久性。⓬智顗接著正面地斷定真正的法身沒有這九種煩惱。⓭他以金剛鑽比喻法身去解釋這個說法：

> 如來身者，金剛之體，即法身常身。所以喻金剛者，體堅用利，徹至本際。堅譬法身不為妄、惑、生、死所侵，常住不變。利喻法身智德，般若照用之功，無所不備。徹至本際譬法身斷德，解脫終窮，惑障斯斷。⓮

這是以金剛石或金剛鑽來說法身，這種譬喻是智顗時常用到的。我們要注意，以金剛鑽來比喻法身，並不表示兩者有著相同的堅硬度。金剛鑽無論是怎樣難以損壞，但它作為緣起世間的一種事物，最終還是會損壞的。這個比喻其實是表示智顗要以恆常的、具功用的和終極的性格去說法身。恆常的性格指不能損壞（堅），具功用的性格指利益（利），而終極性格就是指真實（本際）。這裏不妨多作些說明，法身不是生滅法，而是超越的精神性的身體，它是清淨光明的，無生無死，恆常存在，不受時空的制約。它超越我們的肉身的主體性。寬鬆地說，法身可被視為我們的真我，《涅槃經》所

⓬ 「生身九惱，饑、渴、寒、熱、疾病等事。所以身小有疾，須用牛乳。阿難不知是法性身，謂有疾是實，故持鉢乞乳。……不聞法身金剛之體，常住湛然。」（《維摩經略疏》第五章，大 38.632a）這引文描述佛陀一個忠心的弟子阿難（Ānanda）不了解恆常的法身。傳統上，阿難被視為藏教和原始經典的倡護者。

⓭ 「真法身無此疾也。」（Ibid., loc. cit.）

⓮ 《維摩經略疏》第五章，大 38.632a-b。近似的描述亦見於《維摩經文疏》第十五章，續 28.137b。

說的「常、樂、我、淨」中的我。

智顗亦將常住的性格歸於佛性。他經常提到「佛性常住」或「常住佛性」，但沒有作出解釋。⑮無論怎樣，他把中道跟法身等同⑯，甚至鑄造一個複合辭彙「中道法身」去表達這種等同性。⑰現在很清楚，就智顗而言，中道、法身和佛性都表示同一個主題：中道佛性。同時亦很明顯，他歸於法身的常住性格亦同樣歸於佛性。他造出一句相當複雜的陳述「佛性法身常住」去表達這種想法。⑱這裏我們還可以再補一句，佛性作為超越的主體性（transzendentale Subjektivität），有顯現與不顯現的不同狀態：不顯現時是如來藏（梵：tathāgatagarbha），顯現時就是法身（梵：dharma-kāya）。

基於法身與中道佛性等同，可以確定後者亦具有常住的性格，這種性格以「體」、「用」和「本際」去表達。體指法身在意志上的堅定不移。用指智慧敏銳，其般若智無所不照。徹至本際則指在救贖論上徹悟作為絕對真理的最高主體性。「本際」不是一個存有論的概念，而是宗教救贖的概念。我們亦可以確定，中觀學作為通教，並沒有這種性格。智顗在幾處地方批評通教不了解恆常的性格。⑲牟宗三亦指出，《中論》沒有佛性的恆常性的觀念。⑳這是

---

⑮ 例如在《法華玄義》第五章，大 33.736a；第六章，大 33.804b, 805c, 806a。

⑯ 中道即法身（《維摩經略疏》第八章，大 38.674b）。「如來行是名行實。所見中道，即一究竟，同於如來所得法身，無異無別。」（《摩訶止觀》第三章，大 46.33a）。

⑰ 《四教義》第十二章，大 46.766c。

⑱ 《法華玄義》第十章，大 33.801c。

⑲ 《法華玄義》第三章，大 33.709c；第四章，大 33.731a；第六章，大 33.749b；《維摩經略疏》第六章，大 38.654a。參考前一章第七節。

我們早已預期的，因為這恆常性格只在佛性的脈絡中說，而我們較早已提到，中觀學並沒有當體的佛性的概念。

二、中道佛性的功用性格

智顗亦把一種功用性歸於中道佛性，作為其特點。以下幾點可以證明智顗相當強調這種性格。首先，正如上一章所描述，智顗很強烈地批評中觀學和通教所詮釋的中道沒有功用，以及不具備諸法的性格。㉑很明顯，這種批評是站在智顗眼中的最高佛教義理，即圓教的立場上說的。由此可以推斷，智顗認為功用性在建立中道佛性這個圓教真理的概念上非常重要。第二，前面已提過，智顗以體和用來說法身。他曾數次把這功用描述為「無方大用」。例如他把解脫分為「思議解脫」和「不思議解脫」兩種，他指後者具有這種「無方大用」，而前者則沒有。㉒這不思議解脫是真正的解脫，而且是在實踐、體證中道佛性之中達致的。㉓智顗亦把「無方大用」關連到如來（tathāgata），㉔這如來或如來藏是法身的潛在狀態。㉕我們應該記得，法身就是中道佛性的另一種表達。因此，我們可以見到智顗以廣大和無限的功用來說中道佛性。而這種功用是扣緊著

---

⑳ 牟 1977, p.1207。

㉑ 亦可參考《法華玄義》第二章，大 33.704c-705a。

㉒ 《維摩經玄疏》第五章，大 38.551b。

㉓ 同上書，大 38.550c。

㉔ 《摩訶止觀》第六章，大 46.81b。

㉕ 《法華玄義》第七章，大 33.774a。

覺悟、解脫的宗教導向說的。

智顗在他的主要著作中，以三個辭彙來表示這種功用性格，分別是：「功用」、「力用」以及「用」。[26]一般來說，這三個辭彙都指同一事情，即是對於經驗世界所作的功用。當我們深入去理解這些辭彙，即使表面上很相近，但實際上可以發覺仍有很重要的分別，那是指智顗把功用和力用仔細區分為功和用，以及力和用。關於功用，他指出：

> 功論自進，用論益物。合字解者，正語化他。[27]

關於力用，他特別指出「力」是一種智慧的能力，令我們能夠了解原理或真理；而「用」則是以智慧渡化他者的作用。[28]智顗在《法華玄義》中討論「用」的部分進一步反映出這個意思。事實上，《法華玄義》是智顗最重要的著作之一，書中包含五部分，分別處理五個主題，其中第四部分集中討論功用。這顯示出智顗對功用這個概念在他的系統中的重視程度。[29]

---

[26] 關於功用，參考《法華玄義》第五章，大 33.732b。關於利用，參考《法華玄義》第一章，大 33.683a；《摩訶止觀》第一章，大 46.2a-b。關於用，參考《法華玄義》第一章，大 33.685a, 685b, 686c, 689c-690a；《維摩經玄疏》第四章，大 38.541c；《摩訶止觀》第六章，大 46.81b。

[27] 《法華玄義》第五章，大 33.736c。智顗在這裏討論圓教的定位，當中第 4 點是論述功用的。（同上書，大 33.732b）

[28] 「自行二智照理理周，名為力；二種化他二智鑒機機遍，名為用。」（《法華玄義》第一章，大 33.683a）

[29] 參考《法華玄義》第一章，大 33.681c-682a。漢維茲將《法華玄義》第四部

我們剛見到，功用和力用各自可分成兩部分。這種劃分進一步展現功用的性格可透過兩個階段去實踐和成就，分別是：「自進」和「益物」。很自然，一個人必須先充分地自我修行，積集功德，然後才能利益他者，智顗很清楚認識這一點。他指明功對用有著很大影響，正如一棵樹，必需先有深厚的根基，它的枝、葉和花朵才能茂盛。㉚

在功和用，以及力和用具有分別的基礎上，智顗認為只有用才能表達中道佛性的功用性格，他並且特別強調渡化他者方面。在對《法華玄義》中五個部分的五個主題的簡單而扼要的解釋中，他只舉出「用」作為第四部分的主題，並說「用」渡化他者。㉛其後，他補充說「用」利益他者。㉜有見及此，我們在以下討論中便以「用」來表示中道佛性的功用性格。如無特別指明，這個辭彙表達上面提到的功和力的含意。

智顗斷言，這種功用性格的實踐必須連繫著時空的現實世界。即是說，我們必須進入這個現實世界，並參與當中的事務。這就是所謂「入假」，或者說「進入假名的世界」。這是指進入現象的、經驗的世界。這個世界中的種種事物，雖然都平等地是空的性格，

分討論的「用」翻譯為「practical manifestation」。（Hurvitz, p.206）「Function」似乎比「practical manifestation」更能直接地表達「用」的原來意思。

㉚ 「若豎功未深，橫用不廣，豎功若深，橫用必廣。譬如諸樹，根深則枝闊，華葉亦多。」（《法華玄義》第五章，大 33.736c）

㉛ 「用是化他。」（《法華玄義》第一章，大 33.685a）

㉜ 「用是益他。」（同上書，大 33.685b）

但各種事物都有自身的作用與外貌，為了識別它們，我們便施設種種不同的名稱去分別它們。這些名稱都是約定俗成的、施設性的，不是非如此不可的，故稱為假名（prajñapti）。入假是利益他者不能缺少的一個步驟，假是假名，引伸來說是假名的世界，亦即是世俗或俗世。智顗指出：

若住於空，則於眾生永無利益。志存利他。即入假之意也。㉝

在《摩訶止觀》第六章經常提到「入假」。㉞智顗在這一章中用了很多篇幅去討論入假的因緣㉟以及進行的過程㊱，這些問題常常關連到菩薩（梵：bodhisattva）。智顗亦連帶提到「出假」。㊲在中文用辭上，「出」一般用作表示「入」的相反意思。但很有趣，在使用「出假」這個辭彙時，在行文上，它的意思與「入假」完全一樣，即是「進入假名的世間」。這可以從《摩訶止觀》看到：

菩薩本不貴空而修空，本為眾生故修空。不貴空，故不住；為益眾生，故須出。㊳

㉝ 《摩訶止觀》第六章，大 46.75c。

㉞ 例如大 46.75c, 78a, b, 80a 等等。

㉟ 大 46.75c。

㊱ 大 46.76a-79a。

㊲ 《摩訶止觀》第六章，大 46.75c, 77c, 80a。

㊳ 《摩訶止觀》第六章，大 46.79c。以下這段的討論，很感謝稻田氏對本書的意見。

在這裏表示「進入」的用字是「出」。眾生存留於經驗世間或假名世間，為著利益他們，菩薩必須進入這個世間，即出假。智顗並沒有分辨出假和入假。在這些內容中，「出」和「入」都表示「進入」。我們要注意的是，帶著空進入這個假名世間，與不帶空進入有很大分別。帶空進入假名世間含有不住著於世間的實體性，而不帶空進入則不然。在本章下面可以見到，智顗以「從空入假」來說假觀。這種觀擁抱著空觀，展示「入假」是在這個脈絡上與空結合起來。智顗並特別指出，菩薩修習空境，並不是對空情有獨鍾，而是要以空作為工具，化除眾生對事物的執著，而知其為空。

智顗以利益他者來理解入假，所謂利益他者主要是指救渡在生死世間受苦的眾生。即是說，現時所說的功用基本上限於救渡眾生。這一點亦可從智顗的一句說話見到，他說如不救渡眾生，就不具備功用。[39]

三、以圓力用建立眾生

關於功用，必須在世間中發揮，而這世間的性質是假名，是施設性的，不是終極的。修行者必須進入這個世間去渡化眾生。這裏引伸一個很具關鍵性的問題：功用如何發揮呢？或更具體地說，怎樣渡化眾生呢？為回應這個問題，智顗在講述圓教時，提供了一個

---

[39] 「不度眾生，故不能用。」（《法華玄義》第一章，大 33.689c）這實際上是智顗對那些遵從藏教的人的批評。這可以引伸出，就智顗而言，功用就是救渡眾生，沒有其他意思。

解釋：

> 菩薩聞圓法，起圓信，立圓行，住圓位，以圓功德，而自莊嚴。以圓力用建立眾生……云何圓建立眾生？或放一光，能令眾生得即空即假即中益，得入、出、雙入出、不入出益。歷行、住、坐、臥、語、默、作，亦如是。……〔龍王〕興種種雲，震種種雷，耀種種電，降種種雨。龍於本宮，不動不搖，而於一切，施設不同。菩薩亦如是。內自通達即空即假即中，不動法性，而令獲種種益，得種種用，是名圓力用建立眾生。[40]

這是關於菩薩渡化眾生的功用的一個美善而活生生的解釋。其中用了很多譬喻來烘託，這是一般宗教的典籍常用的，我們也不必太過於著意。「菩薩聞圓法……而自莊嚴」很明顯是對應於「功」；而「以圓力用建立眾生」則對應於「用」，表示利益他者。「圓力用建立眾生」中的「力用」指中道佛性的功用。因為菩薩是已達致覺悟和解脫的有情生命，而在本章開首已指出，解脫就是中道佛性的實現。因此，一切利益他者的行為都是源自中道佛性。以這種力用施於眾生顯然是一種救渡的工作，當中利益眾生的是三觀（即觀照空、假名和中道的同一性）的智慧和四句的方法。就智顗來說，這兩者

---

[40] 《摩訶止觀》第一章，大 46.2a-b。

都與實現真理和達致解脫緊密地連繫著。㊶文本中提到「入、出、雙入出、不入出」，很明顯是出自龍樹的四句思維：入是肯定，出是否定，雙入出是亦入亦出的綜合，不入出是不入不出的超越。這表示智顗的思想立場雖與中觀學很不同，但在方法論方面，仍然深受中觀學的影響。至於重複闡述的「即空即假即中」的說法，顯然是承接《中論》的空、假名、中道而來，而有新的開拓。關於這點，後面會有專章討論。

以圓力用建立眾生牽涉到應付苦難（煩惱和無明）的努力，這些苦難是眾生所面對的。關於這種努力，智顗以治病作為比喻，提出三個步驟，分別是知病、識藥和授藥。㊷關於「知病」，智顗指出病是比喻住著於由惑心生起的我見。這惑心能夠生出種種邪見，這些邪見助長種種惡業，使人陷溺於生死輪迴之中。㊸至於「識

㊶ 我們應注意，這裏的「建立」完全是用作救渡的意思，此中並無存有論的意涵。

㊷ 這三個步驟在智顗解釋菩薩進入這個假名世間（入假）和為眾生治病的努力時，有很詳細的描述。參考《摩訶止觀》第六章，大 46.76a-79a。

㊸ 「我見為諸見本，一念惑心為我見本；從此惑心，起無量見，縱橫稠密，不可稱計。為此見故，造眾結業，墮墜三途，沉迴無已。」（《摩訶止觀》第六章，大 46.76a。）在這裏，智顗強調眾生的由一念不察而生起惑心的麻煩問題。一念惑心即是無明心，它能生起種種邪見，這些邪見又以我見最為根本，這我見是一種很嚴重的煩惱，是人後天地、經驗地與生俱來的自我中心意識，以為自己很了不起，每樣事情總比他人為強、為殊勝。這樣便看不到自己的弱點、短處，沒有要向他人學習的問題，因而自我轉化便無從說起。這一念惑心或一念無明心倘若泛濫開來，會讓眾生不斷積集惡業，而墮入畜牲、餓鬼、地獄三惡道，永世在生死苦海中輪轉。一切都是黑暗，沒有光明。

藥」，智顗指出，由於有多種病，故亦有相應數量的用藥。[44]他說：

> 一一法有種種名、種種相、種種治，出假菩薩皆須識知。為眾生故，集眾法藥，如海導師。若不知者，不能利物。為欲知故，一心通修止、觀、大悲、誓願及精進力。[45]

這裏明顯地是通過譬喻來解說。眾生有種種由惑心而起的精神病痛，菩薩都需知曉，並且能知悉用甚麼方法去治療。此中的基本工夫是修習止、觀的禪定與智慧，並提高自己的悲心宏願，精進努力不懈。關於授藥，智顗指出這需視乎眾生的賦稟而定。他把眾生的賦稟分為四類，並按著判教的脈絡去提出授藥的方法。即是說，藏教之藥授予賦稟低的眾生；通教之藥授予賦稟中等的眾生；別教之藥授予賦稟高的眾生；而圓教之藥則授予賦稟超凡的眾生。[46]

---

[44] 「病相無量，藥亦無量。」（同上書，大 46.77a。）

[45] 同上書，大 46.77c。智顗在這裏稱這些菩薩為「出假」，正如前面所說，意思等同於「入假」。

[46] 「隨其病故，授藥亦異。謂下、中、上、上上……智慧鈍故，斷婬怒癡，名為解脫，是為授因緣生法之藥。……次中根人授藥者，……為說因緣即空，……授即空藥。上根人授藥者，……次第斷五住，得入中道，是為授即假藥。……上上根授藥者，……為如理直說，善如空生，障如空滅，入究竟道，是名授即中藥。」（同上書，大 46.78c-79a。）斷除婬怒癡，較易明白；《維摩經》中也說過。這與因緣生法最接近常識，我們日常接觸的東西，都是因緣生法。因此菩薩便以這種法來開示賦稟較低的眾生。但因緣生法是空的，沒有不變的自性的，這又深奧一些，因此菩薩以因緣法即空故不可執著它們的道理開示中等賦稟的眾生。空畢竟有超越的、分解的傾向，不

這些疾病以及其醫治當然只是象徵性的，它們所代表的完全是救渡的意義。最重要的一點是，這個救渡的目標，即眾生的解脫，必須透過行動去達成。這些通常由菩薩實行的行動必須行於生死苦痛的世間（the world of sufferings）。㊼能夠達致涅槃的菩薩必須離開那個超越的空的境界，進入假名的世間（入假）去執行工作。只有在這些工作中才能說中道佛性的功用性格。透過這功用性格，我們亦可說中道佛性的能動性。中道佛性不是靜態的具有體性義的形而上的東西，如柏拉圖的理型（Idea），它卻是一活動（Aktivität），一超越的活動，恆常地在動感狀態中。

功用的概念，無論稱為「用」、「功」或「力」，在智顗的著作中都經常出現。有一點很有趣，智顗偶然會用一個複合辭彙「大用功力」㊽，結合了用、功和力去表達它們的盛大。智顗對功用的重視是毋庸置疑的。基於功用與經驗世間的極為緊密的關係，我們亦可清楚知道智顗對這個世間的重視。在智顗將佛的三身中的應身與功用的比較中，更令我們注意到他對這世間的重視。我們將以描述這一點來結束這一節。

三身（梵：trikāya）的理論描述佛具有三種形式的身體，包括：

夠圓融，故菩薩以較積極的中道來開示賦稟佳善的眾生，讓他們能夠包容以假名來展示的世間事物。最後，菩薩以空有互轉、空生空滅都能如理接受的道理來開示具有最殊勝賦稟的眾生。

㊼ 智顗經常提到菩薩象徵性的醫治。參考《法華玄義》第四章，大 33.721b；《摩訶止觀》第五章，大 46.56c, 75c, 79c-80a。上面提到包括三個步驟的例子，在這一點上是最詳細和有系統的。

㊽ 《摩訶止觀》第六章，大 46.81c。

法身（梵：dharma-kāya）、報身（梵：saṃbhoga-kāya）和應身（梵：nirmāṇa-kāya）。這理論可追溯至印度佛教，並且已有很多學者曾作研究。[49]一般來說，「法身」表示佛的本質或佛的在其自身。「報身」代表佛享用覺悟果報的身體。「應身」表示佛進行教化眾生的身體，以種種不同的、與眾生的狀態相應的身體示現。智顗對法身、報身和應身有他自己的理解，他指出：

> 初得法身本故，即體起應身之用。[50]

智顗在這裏分別以「本」和「用」來說法身和應身。[51]而在其他地方，他把法身稱為「體」，應身稱為「用」。[52]「本」和「體」的意思相通，而結合起來的「本體」則指終極實在。智顗又指出應身的功用是法身的展示，並形容這功用為不思議。[53]基於應身和法身的用和體的關係，以及第一節所述法身和中道佛性的等同，我們可

---

[49] 對這理論的一個印度的詮釋，可參考 T.R.V. Murti, *The Central Philosophy of Buddhism*, pp.284-287; G. Nagao, "On the Theory of Buddha-body", *The Eastern Buddhist*, 6:1 (May 1971), pp.25-53。關於智顗對這理論的解釋，參考《法華文句》第九章，大 34.128a, 129c。限於篇幅，我們在這裏不能詳細討論這個理論。

[50] 《法華玄義》第七章，大 33.764c。

[51] 漢維茲將「本」翻譯為「origin」以對比於「traces」（迹）（Hurvitz, p.206）我們認為這個翻譯在這裏亦適用。

[52] 「法身為體，應身為用。」（《維摩經玄疏》第四章，大 38.545b）

[53] 「由於應身，得顯法身。」（《法華玄義》第七章，大 33.764c）「由此法身，故能垂不思議應用之迹；由此應用，能顯法身。」（《維摩經玄疏》第四章，大 38.545b）

以確定這裏所說的功用就是中道佛性的功用。

關於應身的功用性格，在佛或菩薩的示現中可以見到。即是說，佛或菩薩以法身作為他們的精神性根源，能夠對應眾生的需要和環境，採取不同的示現形式去救渡他們。應身中的「應」就是這個意思。智顗以下述文字去說明這個問題：

> 應以佛身得度，即作佛身說法，授藥；應以菩薩、二乘、天龍八部等形得度，而為現之。[54]

這段文字清楚地描述了世間眾生的一個救贖義的轉化，但帶有一種神秘性。佛和菩薩有一種特殊的智慧，知道眾生的個別處境，而示現最為恰當的身體形態去救渡他們。這些形態包括佛和菩薩、二乘及種種神靈。而這些眾生亦以相應的身體形態來進行轉化。在應身中揭示的一個功用再次證明智顗對世間的重視。這種轉化正正是以圓力用建立眾生的一個生動的例子。所謂圓力用是指以智顗判教中的圓教所發揮出來的力量與作用。

四、以心來說的真理

中道佛性的功用性格代表著真理的能動性。即是說，真理本身能夠起動或引發一些行動，從而改變眾生。我們以此來表示某個已達致真理的人格起動或引發一些行動；以佛教來說，這人格就是佛

---

[54] 《摩訶止觀》第六章，大 46.79c。

或菩薩。這種真理的觀念跟我們一般所想的頗為不同。我們傾向於以「理」來了解真理，這真理具有常住性和普遍性。換句話說，真理恆常保持其原貌，不會發生改變；它無論在邏輯上、知識論上或形而上學上都是普遍適用的。我們一般賦予真理一種不變和靜態的性格。很難想像真理活動，更不用說它引發作用了。

智顗把真理稱為中道佛性，他所理解的真理內容是相當豐富的。一方面，它是中道，即是原理。這一點可從智顗在著作中以中道、中和理所構成的複合辭彙中見到。其中的幾個例子是：中道理、[55]中理、[56]中道之理、[57]中實理、[58]中道一實之理、[59]中道法性之理[60]等等。中道具有原理的性格可以見於我們對諸法的正確的觀照中，正確的觀照正是遠離一切極端。在這種脈絡中所說的原理的性格一般來說很明顯地是靜態的。智顗自己似乎意識到這原理的

---

[55] 《摩訶止觀》第四章，大 46.41c，第七章，大 46.89a；《法華文句》第八章，大 34.114a；《維摩經略疏》第一章，大 38.577b，第二章，大 38.590a，第四章，大 38.620b，第六章，大 38.643c, 646c，第八章，大 38.672b, 676c，第九章，大 38.690a, 691a, 691c。

[56] 《法華玄義》第二章，大 33.703a；《法華文句》第二章，大 34.19b；《摩訶止觀》第九章，大 46.127b；《維摩經略疏》第四章，大 38.622a，第七章，大 38.661a，第九章，大 38.688b。

[57] 《維摩經略疏》第十章，大 38.702a, 703a；《法界次第初門》第三章，大 46.697b。

[58] 《法華玄義》第六章，大 33.757b。

[59] 《摩訶止觀》第四章，大 46.37b。

[60] 《法華文句》第三章，大 34.43c。

靜態性格。在描述《法華經》的「十如是」[61]或十個範疇時，以三種含意來說十如是中的一種如是，這即是「性」如是或如是「性」。其中一個含意是不改變性或不動性。另一個含意是真實性，這真實性等同於理性。[62]這樣，這個原理便連繫到不改變性和不動性了，兩者都表示靜態性格。

另一方面，智顗以心去理解佛性，這佛性就智顗而言等同於中道。這樣的理解是基於圓教的立場：

> 若觀心即是佛性，圓修八正道，即寫中道之經。明一切法悉出心中，心即大乘，心即佛性。[63]

在這裏，我們見到智顗在一種實踐和救渡的脈絡上，將佛性與心等同起來。即是說，在觀心為佛性當中，我們必須依著圓教的指引去修習釋迦牟尼（Śākymuni）和原始佛教所倡議的八正道。這樣做就能達致覺悟。「寫中道之經」就是表達這個意思。這象徵以行為、行

---

[61] 漢維茲將「如是」翻譯為「such-like」（Hurvitz, p.205）。這「如是」實際上是一種哲學上的分類。

[62] 「如是性者，性以據內，總有三義。一、不改名性。《無行經》稱不動性，性即不改義也。又性名性分，種類之義，分分不同，各各不可改。又性是實性，實性即理性。」（《摩訶止觀》第五章，大 46.53a）關於十如是的介紹，參考鳩摩羅什譯的《法華經》，大 9.5c。對十如是的詳盡解釋，可參考 Hurvitz, pp.280-308。

[63] 《摩訶止觀》第三章，大 46.31c。八正道（āryāṣṭāṅgo-mārgaḥ）是佛陀最初的教導內容。智顗亦曾一度指佛性是自性清淨心。（《維摩經文疏》第七章，續 27.951a）

動來體現（寫）中道真理。關於這八正道的修習，後面會有更多的闡釋。這樣的等同亦可見於一個複合辭彙「佛性真心」之中，這辭彙是智顗在討論心的生起時提出來的。[64]

這裏智顗把功用和心連繫在一起，實際上，心與功用有最為密切的關連，因為它有動感。在他描述的十如是當中，就有兩如是：力和作，展示濃烈的力動。他指出：

> 如是力者，堪任力用也。如王力士，千萬技能，病故謂無，病差有用。心亦如是，具有諸力，煩惱病故，不能運動。如實觀之，具一切力。如是作者，運為、建立名作。若離心者，更無所作。故知心具一切作也。[65]

在這段文字中，「力」、「力用」、「運為」、「建立」和「作」等名相都出現在心的脈絡中，並表達出一種動態的性格。「若離心者，更無所作」的意思應是，離開了心，不可能有作為；離開了心，便沒有作者和所作。智顗要強調的是，心是一切作為的根源。離開了心的作為而說作者，是無意義的。實際上，這句說話顯示了

---

[64] 《維摩經玄疏》第四章，大 38.541a。

[65] 《摩訶止觀》第五章，大 46.53b。我們把「力」和「作」分別翻譯為「force」和「action」；漢維茲則翻譯為「power」和「function」（Hurvitz, p.280）。我認為這樣的翻譯更忠於中文的意思。「力」或「force」跟功用（function）關係密切。當用力時，會產生功用。由於《法華經》描述十如是的文字未見於該書的梵文本（*Saddharmapuṇḍarīka-sūtra*），我們無法找到原來的用辭去釐清「力」的意思。

智顗將能動性單獨歸於心。由於心與佛性等同，而佛性即是真理，因此，我們可以說心即是真理，進一步可以說真理的功用性和能動性。[66]這補充了我們在前文對中道佛性的功用性格的討論。另外，值得一提的是，智顗在這裏引力士作譬，非常生動、易明。即是，一個力士，縱有威神力和多種技能，但要在沒有病痛、身體健康的狀態下才能發揮出來。倘若有病，便無所施其技。心也是一樣，若有煩惱，便會心死，不能生起種種力動。

五、中道佛性具一切法

前面曾經指出，智顗站在圓教的立場，批評通教和中觀學所說的中道沒有功用以及不具一切法。基於這項批評，功用和具一切法的性格必定已歸於中道佛性而且作為其特點了。事實上，在解釋五種三諦時，智顗率直地將具一切法的性格來說中道佛性。他說：

> 卻前兩種二諦，以不明中道故。就五種二諦，得論中道，即有五種三諦。約別入通，點非有漏非無漏，三諦義成。有漏

[66] 我們要注意，智顗思想中有兩個層次的心，分別是：清淨心和妄心。這裏所說的是清淨心。事實上，關於以心來了解真理，正如上面所說，智顗把佛性等同於心。再者，他直接地說中道就是心的原理。（《維摩經文疏》第七章，續 27.951a）他又提出兩個複合辭彙，包括：「中道真心」和「中道自性清淨心」（《維摩經文疏》第二十章，續 25.223a）以突顯這種等同性，然而未有詳細解釋。另外，筆者在此書的英文文本出版多年後，寫有《天台智顗的心靈哲學》（臺北：臺灣商務印書館，1999）一書，其中提出智顗有兩種心的說法：妄心與淨心，希望讀者垂注。

> 是俗，無漏是真，非有漏非無漏是中。當教論中，但異空而已。中無功用，不備諸法。圓入通三諦者，二諦不異前，點非〔有〕漏非無漏，具一切法，與前中異也。別三諦者，開彼俗為兩諦，對真為中，中理而已。圓入別三諦者，二諦不異前，點真中道，具足佛法也。圓三諦者，非但中道具足佛法，真俗亦然。[67]

關於這個解說，我們須注意，當智顗提到二諦時，他是指中觀學

---

[67] 《法華玄義》第二章，大 33.704c-705a。進一步的解釋，可參考前章。亦可參考牟 1977, pp.748-750。此段文字的意思不好理解，我（鈞）依英文本翻譯為語體文如下：

> 我們把前兩種二諦的模式排除掉，因為它們不能理解〔真正的〕中道。把那〔真正的〕中道插入五種二諦的模式中，便形成五種三諦的模式。就「別教進入通教」（別入通）來說，那「非虛妄亦非非虛妄」（非有漏非無漏）的面相便被突顯出來了，而三諦的教說便完成了。（這表示）虛妄是施設性的，非虛妄是絕對的，「非虛妄亦非非虛妄」（非有漏非無漏）則是中道。我們目下正在闡釋的中道只是不同於空而已。這中道沒有功用，也不具足諸法。就「圓教進入通教」（圓入通）的三諦來說，它的二諦並非不同於前者，（即是，「別教進入通教」。）不過，它突顯「非虛妄亦非非虛妄」的中道，這中道具足一切法，不同於先前的（「別教進入通教」的）中道。就別教的三諦來說，它把施設性的真理發展為兩種真理，（即是空的真理和施設性的真理。）它視絕對的真理為中道，這中道只是作為原理的中道而已。就「圓教進入別教」（圓入別）的三諦來說，其中的兩諦並非不同於前者，（即是，在別教中的空和施設性的真理。）但那絕對的中道被突顯出來，它是充量地具足一切佛法的。就圓教的三諦來說，佛法不單具足於中道中，同時也具足於絕對的和施設性的（真理中）。

（尤其是龍樹）的空的絕對真理以及相對真理，即質體或諸法的假性、施設性。智顗並不滿意這樣說二諦，而喜歡說三諦，當中包括了跟佛性等同的中道。在這個解說中，有兩點需要特別注意：

a. 在智顗的圓教三諦的脈絡中是以具足佛法（Buddhist dharmas）來說中道。這種具足的性格亦歸於其他種類的三諦的中道，而這些種類的三諦都是以圓教作為指導教義的（「圓入通」的三諦和「圓入別」的三諦）。「佛法」這個辭彙有些時候會以「諸法」來代替。所有這些辭彙都是指經驗世界的質體而言。但這個語辭（按即「諸法」）卻有別於嚴格義的「佛法」。後者指佛教所說的真理或實在。在智顗的著作中，「佛法」可以指質體，亦可以指真理或實在，這視乎在有關地方的討論的脈絡而定。

b. 在別教或以別教為指導的三諦（即「別入通」的三諦）的脈絡中提出中道時，智顗並沒有提及具足諸法的具備的性格。智顗似乎對別教三諦說的中道不太滿意，他以一種保留的、遺憾的語氣來說，並且指出這「只是作為原理的中道」。而且，在描述「別入通」的三諦和「圓入通」的三諦時，他同時形容中道為「非虛妄亦非非虛妄」。然而，他又指出，後者的中道跟前者不同。從這兩點似乎可以見到智顗不太願意把具足諸法的性格歸於別教的中道，後者仍是等同於佛性。事實上，智顗有一次討論到別教時，曾清楚地指出它的中道只是「但理」，不具備諸法。[68]即是說，中道或但理有指超越義

[68] 「此中但理，不具諸法。」（《法華玄義》第三章，大 33.709c）「但理」只

的傾向。超越的但理與現象世界有隔離，因而不具足諸法。諸法在這裏作現象層面的質體看。實際上，智顗在其藏、通、別、圓的判教中，以藏教與通教的真理為空，以別教與圓教的真理為中道，更而是中道佛性。對於這別教與圓教的中道佛性，智顗有更進一步的識別，那是在修行上的識別。在修行中，智顗認為別教體證中道佛性的方法是階段性的、漸進性的，而且今生做不到，來生以至更後的來生可以做到，這叫做「歷別入中」，「中」是中道佛性。而圓教所提出的體證實踐中道佛性則是圓頓的，這相當於英文的sudden，今生可以做到，不必等待來生，這種方式稱為「圓頓入中」，此中的「中」自然也指中道佛性。從圓融的角度看兩教的實踐法，別教有隔歷之嫌，隔歷無盡的世代也。圓教則沒有這種情況，證真理、覺悟可以頓然地成就，未悟的經驗性與已悟的經驗是緊密地結合在一起，沒有時間上的隔閡。覺悟當體即就，這是真正的圓融關係。在這點上，智顗是近於後來禪宗特別是馬祖所說的「即心即佛」和臨濟宗的「立處即真」的旨趣。關於這圓融的問題，本書後面會再有周詳的探討。

智顗又提到如來藏（梵：tathāgatagarbha）具足一切法。[69]就他而言，如來藏跟佛性[70]和真理（實相）[71]沒有分別。但我們仍要識別出佛性

是純然的理，是分解的偏真之理或偏空之理，也可以通於後來天台宗山家派批評華嚴宗為「緣理斷九」中的理。

[69] 《法華玄義》第三章，大 33.714a。

[70] 《法華玄義》第五章，大 33.743。

有具足一切法與不具足一切法兩種；後者是別教所說的，前者則是圓教所說的。智顗自己所宗奉的是前者，不是後者。他把前者關聯到《法華經》與《涅槃經》方面去，把後者關聯到《華嚴經》（*Avataṃsaka-sūtra*）方面去。

六、「具備」的被動式意義

當智顗提出中道佛性具備諸法的問題時，「具」和「備」兩個字可交換使用。例如在前面的引文中，「不備諸法」的「備」和「具一切法」的「具」同樣表示「具備」的意思。現在的問題是，智顗斷言「中道佛性具備一切法」時，其中的「具備」是什麼意思呢？這一點對理解中道佛性的具足性格非常重要。在我們對那些主要著作的研究基礎上，我們發覺智顗並未有清晰地和詳細地解釋「具備」一辭在那些書中的意思。然而，它的含意並非不能探究。我們將在下面的討論中整理出來。

本章開首時曾指出，智顗斷言解脫是在中道佛性的實現中達致的。對於追隨佛性教義的佛教徒而言，這是理所當然的。這些教義認為眾生中每一個體都具備佛性，而覺悟表示佛性的呈現。[72]智顗

---

[71] 《法華玄義》第五章，大 33.743a，第八章，大 33.783b；《維摩經玄疏》第六章，大 38.558c。

[72] 我們不準備詳細討論這教義。對這教義的解釋，可參考小川一乘著《佛性思想》，京都：文榮堂，1982。

基本上認許這教義，並曾幾次表示眾生中每一個體都具有佛性。[73]然而，他認為不單有情眾生具備佛性，非有情的事物亦具備佛性。他透過將佛性跟法性（梵：dharmatā, dharmatva）等同來表達這意思。其中的法性指法或質體的真實性格。他直接指出「佛性即是法性」。[74]「法的真實性格」表示與事物不能分開的性格，因而可以說具備種種事物。即是說，法性具備一切事物。由於法性與佛性等同，故後者亦具備一切事物。我們可以從這個脈絡中說佛性或中道佛性的具足性格。我們不要忘記這裏所說的法或事物，包括了有情和非有情的事物。因此，可以說，佛性或中道佛性不單具備有情眾生，同時亦具備非有情的事物。實際上，這具足的性格要求我們在求取覺悟或解脫的努力當中，不單要實現中道佛性，同時亦要實現一切法（一切有情及非有情事物），或體證一切法的真正性格。否則，中道佛性具足諸法的特點就變得不重要了。但是，這個要求是什麼意思呢？

讓我們先討論一種情況，在當中，法代表有情眾生。基於一切眾生皆具佛性的說法，這讓他們都能成佛而得解脫，佛性的實現和得解脫自然地包含了有情眾生的實現和得解脫。在這個脈絡上，中道佛性具足一切有情眾生的說法實際上就表示這種性格作為一種潛能，具備於一切有情眾生之中，而實現這種性格的結果就是有情眾生獲得解脫。由此，「具備」這個辭彙由主動式轉成了被動式，表

---

[73] 參考《法華玄義》第六章，大 33.757b；《法華文句》第五章，大 34.72a；《維摩經略疏》第三章，大 38.598c。

[74] 《維摩經略疏》第八章，大 38.681a。

示「具備於」。

至於另一種情況，在當中，法代表非有情事物，我們可參考智顗從圓教的角度提出的著名宣言：

> 一色一香，無非中道。中道之法，具一切法。[75]

在這宣言的下半部，「中道之法」就是代表中道本身。其中的「法」沒有實質意義，這不同於「具一切法」中的「法」，該「法」指現象世間中的質體。這個宣言可以從兩個途徑去理解，在當中，「具備」代表著不同的意思。從存有論說，色或香作為一種存在，有它在中道裏的根源，因為中道擁有一切存在或事物。「具備」作主動式時，表示「擁有」。然而，從實踐上或救渡上說，這宣言就帶著相當不同的意義。即使一色一香，都是中道的表現。即是說，即使是最簡單的一件非有情的事物，都能夠揭示出中道。智顗在這裏要強調的不是一色一香在中道裏的根源，而是中道真理的無限滲透，滲透到一切事物之中。它具備於一切事物中，因此能夠揭示於一切事物中。智顗就在這個脈絡上斷言中道具備一切法。在這裏，「具備」採取被動式，意思是「具備於」。

在智顗的主要著作中，未見他對存有論有很大興趣。牟宗三在他的鉅著《佛性與般若》中相當強調智顗在存有論上的開拓，特別說他對存在諸法有根源的說明。我對這種理解始終有所保留。佛教中人所最關心的，不是存有論，而是宗教意義的覺悟與解脫。只有

---

[75] 《摩訶止觀》第四章，大 46.42b。

說一切有部和經量部（Sautrāntika）是例外。但它們在整個印度與中國的佛教傳統中，只能算是早期不成熟的思想而已，沒有很大的影響。大乘佛教對於實踐和救渡的關注的確非常強烈。基於這種關注，「具備」似乎應以被動式來理解，意思是「具備於」，而中道佛性具備諸法的意思，實際上應是中道佛性具備於諸法。因此，諸法的實現或體證包含了正正在諸法裏面實現、體證中道佛性或真理的意思。智顗自身是以實踐和救渡來說中道真理的具足性格的，他說：「若知諸法不生，即具一切佛法。」[76]「諸法不生」代表無生的洞識（Einsicht），這又顯示超越一切極端的意涵。正如前面所述，超越極端表示中道真理的實現，最後達致解脫。這洞識能夠引領人們迎向救渡的目標，而且必須在實踐中獲得。智顗把具足的性格關連到這種洞識。就他而言，中道佛性具備諸法的說法包含了中道的實現，從一切相對待的關係中脫卻開來。而這實現並非在別的地方，就在諸法自身裏頭發生。這種實現之所以有可能，全是建基於中道佛性具備於諸法中的思想。[77]

---

[76] 《維摩經略疏》第九章，大 38.648b。同樣的說法亦見於《維摩經文疏》第二十五章，續 28.306a。

[77] 佛性具備諸法的說法，使人想起性具或性本具的說法，天台學者認為這種說法代表著他們學派的主要思想。實際上，帶有佛性具備諸法或質體的訊息的這種說法，並未見於智顗的主要著作中。（雖然「性具」觀念確實出現於《維摩經文疏》第十一章，續 28.69a，但它的意思卻甚為不同。在那裏，智顗正討論貪、瞋、癡本質地具備一切佛法的可能性。而「性」是作副詞用，解作「本質地」，而並非作為名詞，代表佛性。）因此，「性具」很明顯是智顗以後的天台追隨者提出的，目的是要強調佛性的具足的性格。但我們要注意，他們對具足性格的理解，未必與智顗相同。參考《觀音經玄義記會

有一點值得注意，就是在智顗之後的天台傳統中出現了無情有性的觀念。一位傑出的天台思想家湛然（A.D.711-782）就是這個觀念的強力支持者。[78]無論在歷史上或哲學上，智顗思想的中道佛性的具足性格與這個觀念必定有密切的關係。其中一個主要理由是，中道佛性具備諸法的說法，我們剛論述其意思應是這佛性具備於諸法之中，而諸法中有一部分是非有情，因此，非有情的事物亦具有佛性。這個觀念相當坦率和有啟發性。包括湛然在內的一群天台追隨者很可能明白到中道佛性具備諸法的說法中的「具備」應採取被動式，整個說法應理解為中道佛性具備於諸法之中。為了強調中道佛性的無限的普遍性與滲透性，他們逐漸以一種主動的語調構架這個坦率和有啟發性的觀念為：即使非有情事物亦具有佛性。可是，對這個問題的詳細討論已離開了我們的研究範圍。[79]我們在這裏也就不就這個問題深究下去。

七、「具備」的主動式和方法論上的含意

「具備」的意思是否完全是被動式呢？我們能否說在某些意義上，中道佛性確是具備諸法，包括有情眾生和非有情事物呢？從慈悲方面來說，答案可以是肯定的。大乘佛教徒都知道，慈悲（梵：

本》第二章，續 55.81a-b。

[78] 參考他的《金剛錍》，大 46.784c。

[79] 附帶一提，「具備」的被動式意思（即「具備於」）原先由冉雲華教授在評論本書的初稿時提出的。我進一步的研究證實了這是一個很有意義的建議。

maitreya-karuṇa）是菩薩修行中不可缺少的元素，它包括菩薩的六度或六波羅蜜多（梵：pāramitā）的前五者：布施、持戒、忍辱、精進與禪定。菩薩是非常關心他者的解脫問題的。(80)真正的慈悲是具足一切，而非限於某一範圍的。即是說，一個真正的佛教徒，應同時對有情眾生和非有情事物都具有慈悲的懷抱。對有情眾生慈悲很容易理解，但對非有情事物慈悲則令人感到有點不自然，因為它們都沒有感覺和意識。然而，構成有情眾生的最關鍵條件或環境正是非有情事物，智顗稱之為「淨佛國土」。他曾用惋惜的語氣指出，一個人如果停滯於作為超越的真理的空之中，就沒有淨佛國土。(81)因此，如果有情眾生要得到淨化，非有情事物應同樣地要得到淨化。從這個意義上，我們可以說非有情事物具備於中道佛性中，或是後者具備前者，當中的「具備」採用主動式。

有趣的是，智顗依三觀的理論，把慈悲分為三種，包括：觀空的慈悲、觀假或施設性的慈悲和觀中道的慈悲。智顗指出，前兩種慈悲是如來與菩薩均具有的，而最後一種則只限於如來所有，因此稱為「如來慈悲」。智顗又指出，這慈悲跟實相或真理分享同一的本質。(82)他說，觀空和觀假的慈悲是有限的，但如來慈悲則是無限的，而且是如來藏諸法匯聚之海。(83)智顗沒有闡述這種盛大景像，

---

(80) 慈（梵：maitreya）表示給予快樂，悲（梵：karuṇa）則表示脫離痛苦。在智顗的著作中，這兩個字經常交替使用。（譯者案：原文在此交代「慈悲」的英譯，現略之。）

(81) 「若住於空，則無淨佛國土。」（《摩訶止觀》第六章，大 46.75c。）

(82) 《摩訶止觀》第六章，大 46.81a。

(83) 「上兩觀慈，慈有邊表，如來慈者，即無齊限。……是如來藏諸法都海。」

大抵如來慈悲的無限性格的主要特點是非有情事物和有情眾生都同時具備於這慈悲之中。眾生無限，事物亦無限，涵蓋他們的慈悲自然亦是無限了。這可以關連著四弘誓願來說：眾生無邊誓願度，煩惱無量誓願斷，法門無盡誓願學，佛道無上誓願成。

這具足一切的性格亦是實相或真理稱為如來藏的原因，這如來藏就是真如中一切質體的貯藏處。在列舉真理的各種名稱時，智顗指出，由於真理廣泛地具備各種法，因此稱為如來藏。[84]就智顗而言，這真理不是別的，正是中道佛性。這中道佛性的具足性格亦可從方法論上說。即是說，中道佛性具備一切法門，可作為教導和救渡有情眾生之用。這些法門怎樣運用，必須視乎眾生之中個別的需要。智顗從圓教的立場指出，眾生的心完全具足「一切法門」，即是說，如來（佛陀）清楚地審視這心的性格，並基於此而宣稱無數的教義和方法來自此心。[85]在這個宣示之前，智顗指出，在圓教的脈絡上說，一切事物均來自心，這心是大乘（梵：Mahāyāna），亦是佛性。[86]

（同上書 loc. cit.）此中所說的「都海」，即是大海之意，形容如來藏有廣大的融攝性。

[84] 「〔實相〕多所含受，故名如來藏。……〔實相〕含備諸法，故名如來藏。」（《法華玄義》第八章，大 33.783b。）

[85] 「一切眾生心中具足一切法門。如來明審照其心法，按彼心說無量教法從心而出。」（《摩訶止觀》第三章，大 46.32a。）

[86] 「若觀心即是佛性，圓修八正道，即寫中道之經，明一切法悉出心中，心即大乘，心即佛性。」（同上書，大 46.31c）在這裏，智顗提出「圓修八正道，即寫中道之經」，頗堪注意。八正道是佛陀以至原始佛教所提的重要的修行內容，是藏教的層次，智顗把它提升到圓教，說「圓修」，是一種頓然

在上面說及心的具足性格方面，智顗提出了兩個重點：

a. 心具備一切引領我們至真理的法門。

b. 心等同於佛性。

第二點在前面第四節已討論過。因此，我們會集中討論第一點，這一點正是從方法論方面表達中道佛性的具足性格。就我們的研究來說，在智顗的主要著作中找不到對這論點的直接解釋。但我們仍然可從「方便（梵：upāya）」的概念推斷它的含意。這「方便」的意思涉及「法門」，有工具或權的作用：成佛得解脫的作用。在方法論上對這種權宜辦法的說明，在智顗的著作中經常出現。智顗把這種方法特別歸於佛陀和菩薩，作為他們在轉化世間的工作上的殊勝工具。例如在觀中道的實踐中，智顗列舉出必須進行的五個事項，

的跳躍，中間不經通教與別教，即不經體法入空與歷別入中的方法，而直接行圓頓入中的方法。「寫中道之經」表示對由中道所開拓而得的中道佛性的證成。關於這種轉進，我想我們應注意以下諸點。一、在概念思維上，智顗要實現由靜態義的空的真理作出中道特別是中道佛性的真理的動感的、靈動的轉向。二、依概念思維決定實踐方法的原則，空作為真理既然提升到中道佛性作為真理，在體證、實踐真理的方法上亦應有相應的上揚，由析法入空上提到圓頓入中。三、八正道在佛陀和藏教來說，基本上是在一般的、日常的生活行為方面的倫理（不是在家的倫理，而是出家的倫理，例如遵守戒律）守則，是純然的個人的宗教義、救贖義的規條。而八正道在天台圓教來說，不單是個人的宗教救贖的導向，也涉及他人方面；不只是要自渡，同時也要他渡，或者說，自渡必須包含他渡，才能真正證成。依於此，八正道的倫理範域或有效範圍，便不能不擴展開去，由個人推展至他人，以至於無量數的眾生。這無量數便需超越有量數的經驗世界，以進於在經驗範圍之外的形而上的世界。這便讓智顗的實踐哲學帶有存有論的意涵，所謂「一念三千」這樣的實踐救贖的懷抱便於然生起。按這段文字亦於註63引述過，在那裏，智顗從他判別的四教闡釋觀心問題。

其中一項就是「學大方便」。關於這學大方便，他舉了一些具體的例子，包括示現、類比和辯論或推論（discursions），並且強調，在利他和喚醒人們趣向真理的工夫上，方便是不可缺少的。實際上，學大方便對智顗來說，是一種表達如來的「無方大用」的主要方法。[87]

在《維摩經文疏》中，智顗詳細地為「方便」作定義：

> 所言方便者，為成實慧，故須方便也。方是智所詣之偏法，便是善巧權用之能。善巧權用諸法，隨機利物，故云方便。[88]

智顗把「方便」區分為「方」和「便」，前者為方法，後者為熟練地運用方法的技巧。方或方法意思是一種辦法，便或便易表示一種自發的行為，或回應環境所需的行為。在這行為上，涉及運用方法的技巧。智顗解釋方便的方法，顯示出他理解和分析中文辭彙的精妙。方便的目標或經驗——利益他者——始終沒有改變。我們要注意，在運用法門或方便之時，可能要涉及甚至需要實行一些邪惡的元素。例如，為了教化一個盜賊，佛陀或菩薩自身可能要示現為一個盜賊，並且做出一些邪惡的行為，以求親近那個盜賊，跟他建立密切的關係，讓他對自己有好感和信任，這有利於對他進行教化作用。[89]

---

[87] 參考《摩訶止觀》第六章，大 46.81a-c。本章第二節亦曾討論過「無方大用」。

[88] 《維摩經文疏》第九章，續 28.16a。

[89] 這邪惡的含意回應了天台的佛性具備邪惡（性惡）的觀念。在傳統上歸於智顗的著作中，只有在《觀音玄義》（大 34.882c-883a）中找到這樣的說法。

在智顗的主要著作中，並不經常出現表示心具備一切趣向真理的法門的說法。以一個種寬鬆的意義來說，這些趣向真理的法門其實可視為法。因此，我們認為具足一切的性格的方法論含意可以視為前面解釋過的關於「具備」的意思的補充。

八、智顗的中道佛性與中觀學的中道

基於以上討論所達致的對智顗的中道佛性的了解，我們現在要回應本書開始時設定的第二個基本問題，即關於智顗的中道佛性與中觀學的中道的分別。我們集中於以下五點來闡釋。第一，智顗的中道佛性是實相或真理的問題，並且是他整個思想體系的核心部分。從智顗的判教理論可以看到，中道佛性是最關鍵和重要的概念，因此是他最為強調的義理。這義理在智顗很多重要著作中都提到，特別在他對《維摩經》的註解，即《維摩經略疏》和《維摩經文疏》之中。而中觀學的中道只是對空的補充，空才是中觀學系統中的真理。正如在第二章中詳細討論的，這中道揭示空的超越性格。這性格是對兩端的超越，尤其指有（Sein）和無（Nichts）。雖然中道仍是相當重要，但它畢竟只是附屬於空，因此未有受到中觀學者的特別注意。對中觀學者而言，空的概念才展示他們的系統的特點，而不是中道。

由於《觀音玄義》並不是研究智顗思想的可靠資料（參考本書的引言），我們不便在這裏討論性惡的觀念。然而，田村芳朗卻認為這個觀念可視為代表著智顗本身的思想，他的文獻學與義理的論據都不穩固。

第二，智顗的中道佛性一方面包含了中觀學的中道，即超越一切極端；另一方面，它又包含了功用的性格，這種性格是中觀學的中道和空都缺乏的。智顗視中道不單是原理，同時亦是心。具有功用以及能發起行動的，就是這心。在龍樹的《中論》裏，沒有提及過功用，亦未有討論過心、中道和空的關係。正如前面特別提出，功用被直接地描述為用以轉化現象世間的根本原理，這是大乘佛教最主要的宗教關注點。一個宗教的力量在很大程度上關連到它有否強調它的功用，因此，功用性格在救渡上是極為重要的。救渡或救贖是極其艱苦的工作，若沒有足夠的力量，如何能做得到呢？

第三，智顗的中道佛性歸於常住性格，因為他把中道跟法身和佛性等同起來。智顗把法身和佛性，尤其是前者，視為一種不能毀壞的精神性質體（注意：不是實體）；而常住性格亦在這個脈絡上說。相反地，在《中論》裏沒有提到法身或佛性，更未有把中道跟它們等同。因此，《中論》裏沒有揭示常住性格。智顗批評龍樹的二諦沒有中道的實質，[90]大抵已顯示他並不認同龍樹的真理觀。即是說，龍樹的真理，不論稱為「空」或「中道」，並不是以一個不能毀壞的精神性質體或個體來建立，智顗則將之關連到法身和佛性方面去。

第四，關於智顗的中道佛性的第三個特點，即具足性格，在《中論》裏完全沒有提到空或中道具備一切質體或法的意涵。不過，《中論》的確包含了一個觀念，這觀念關連到涅槃（梵：nirvāṇa）與世間（梵：saṃsāra）的關係。這觀念在某程度上可視為近

[90] 參考本書第三章第九節。

似於前面所解釋的「具備」的第一個含意，這含意指中道佛性是法性（梵：dharmatā），這性格正是諸法所具備的，它的實現和解脫的獲致是要在諸法之中達致的。因此，這牽涉到諸法不能從這性格分割開來，而且，這性格正是具備著諸法。《中論》裏的一個觀念認為涅槃不可能離開生和死而成立的，[91]跟以上的含意頗類似，因為涅槃的達致是實踐真理的結果，而真理，就龍樹而言，就是空加上中道作補充。因此，我們應該可以說，《中論》所說的空或中道，具備了生死世間的質體或諸法。

龍樹這個觀念在《中論》另處有所闡釋：

> 輪迴世間（saṃsāra）本質上跟涅槃（nirvāṇa）無任何差別。涅槃跟輪迴世間在本質上沒有任何差別。[92]

> 涅槃與世間，無有少分別，
> 世間與涅槃，亦無少分別。（《中論》25:19，大 30.36a）

> 涅槃的界限（即範圍）就是輪迴世間的界限。兩者之間即使些微的差別亦沒有。[93]

---

[91] 「不離於生死，而別有涅槃。」（《中論》16:10，大 30.21b）我們要注意，鳩摩羅什的翻譯並不完全符合梵文原本。參考《梵本中論》p.299；Inada, p.103。

[92] Inada, p.158. na saṃsārasya nirvāṇātkiṃ cidasti viśeṣaṇam, na nirvāṇasya saṃsārātkiṃ cidasti viśeṣaṇam.（《梵本中論》p.535）

[93] Inada, p.158. nirvāṇasya ca yā koṭiḥ saṃsārasya ca, na tayorantaraṃ kiṃ citsusākṣmamapi vidyate.（《梵本中論》p.535）

涅槃之實際，及與世間際，

如是二際者，無毫釐差別。（《中論》25:20，大 30.36a）

這兩首偈頌指出涅槃與生死世間在範圍（梵：koṭi）上完全沒有不同。換句話說，涅槃的範圍正就是生死世間的範圍。按此，涅槃的實現並非在什麼別的地方，正就在這生死世間之中。若以真理和諸法分別代替涅槃和生死世間，我們就可以說真理的實現並非在什麼遙遠的地方，而是就在諸法之中。這大概暗示真理，不論是空或是中道，具備了諸法。雖然智顗的思想與《中論》在重視諸法方面有相近之處，但我們仍須注意兩者在重視的程度上有分別。智顗很清晰地指出中道佛性具足一切法，而龍樹則採取一種較為保留的態度，指出涅槃與世間即使少許分別也沒有。很明顯，智顗對於世間採取了更具體和積極的態度。基於上面的解說，在終極真理（龍樹稱為空、中道，智顗稱為中道佛性）與經驗世間之間的關連上，智顗超越了龍樹一大步，極為重視超越的真理與經驗的世間的緊密關係甚至結合。就龍樹來說，涅槃或真理（終極真理、勝義諦）的實現、體證，必須要在經驗世間中進行。真理是經驗世間的真理，離此之外無別的真理。但龍樹未到真理自身已含備世間的事物這種存有論的程度。智顗則不同，他有更密切的觀點，表現更為圓融、綜合的洞見，透過具足諸法的觀點，提出真理或中道佛性自身已含藏世間法，世間法是中道佛性的一部分。必須要發展到這個階段，圓極的教法才能證成。很明顯，中道佛性具備諸法有存有論的意涵，雖然未到牟宗三所肯定的那個程度。此中最具體的事例，便是「一念三千」觀點的提出。三千諸法以至一切世間法都存在於一念之中，這

「在」是存有論的存在。但一切世間法不能獨立地存在，也不能有獨立的性格和狀態，它們都需隨順一念的性格而轉動：一念在迷，則一切世間法都是無明；一念在悟，則一切世間法都是法性。我們不能以這樣的世間法開拓出獨立的存有論。存有論只能在實踐論、救贖論的脈絡中說。牟宗三先生對天台宗特別是智顗的教說的存有論的意涵的重視，不免言過其實（over-interpretation），是無風起浪。另外，關於具足性格的另外兩種含意，即關連到如來的慈悲以及方法論上的意義，《中論》就完全沒有提到。

最後，智顗的中道佛性與中觀學的空和中道，在真理的問題上連結起來。智顗很清楚這一點。他如何批評中觀學的中道，以及如何建立自己的中道佛性，毫無疑問地與他的真理觀有著密切關係。中道佛性的三個特點很清楚地顯示出他這種觀點——真理是常住的、能動的和具足一切法。這觀點大抵是建立於一種對經驗世間極為肯定和具建設性的態度上。智顗心目中的真理必須是建立和實現於與經驗世間的密切的和具體的關係上。中道佛性的功用和具足性格足以證明這一點，特別是功用的概念經常在《法華玄義》和《摩訶止觀》中被強調。中道佛性的常住性格亦可證明這點，但是以一種較為間接的方式。這是指，這種性格給中道佛性提供一個精神性的體的地位，這體是一切功用的實質或基礎。基於這種優勢，這性格支撐了和加強了功用對於經驗世間的應用與影響。

智顗在以上所說的意義上批評通教和中觀學的中道。他不滿之處是這個中道與經驗世間沒有一種具體和具有建設性的關係，亦沒有常住和功用的性格。這樣的批評看來很合理，我們亦應加以反思，尤其是想到中道只代表一種超越一切極端的狀態。這批評亦適用於中觀學的空的概念，正如《中論》所說，這概念表示否定邪見和否定自性的狀態，以及作為一種非實體性的狀態。[94]這種狀態在內容上是空洞的，在功用上是貧乏的、軟弱的。在表示真理方面，它只能是靜態的，或只能展示真理的靜的一面。然而，基於本節的第 4 點以及體法（通教和中觀學對事物的包容）的觀點，智顗指中道不具備諸法的批評，對通教和中觀學（尤其是後者）並不是完全公道的。智顗的詮釋似是偏向於他的思想體系，在當中，真理（即中道佛性）的具足性格是很重要的元素。大抵是他扭曲了龍樹的《中論》，以強調這種性格為圓教所獨有。一言以蔽之，智顗誇大了他的中道觀與通教和中觀學的中道觀的落差。他大概不能顯明地意識到，他的中道佛性觀最初是建立在龍樹的中道義的基礎上的。無論如何，他以中道佛性來取代龍樹的中道，在對絕對真理的思考與體證上，的確已邁進了一大步。

九、中道佛性與其他對真理的表述

對於我們對中道佛性的討論，人們很可能會提出一個問題：智顗曾以不同的表述方式去描述實相或真理，而中道佛性只是其中之一，為何要格外突出這個表述，並特別重視它呢？這是個很有意思的問題，我們的回應將能加深我們對智顗的真理觀的了解。

說智顗用了很多不同的表述方法或辭彙去描述真理，這是對的。其中某些說法是源自智顗以前的佛教學派或教義，智顗參考和

---

[94] 參考第二章對中觀學的中道和空的詳細討論。

吸收了它們的觀點，其餘則是他自創的說法。在《法華玄義》第八章，他討論真理或實相，並列舉很多辭彙或語句去表達實相的各個面相，包括實相本身，這代表不能毀壞的真理，此外還包括：妙有、真、善、妙色、畢竟空、如如、涅槃、虛空佛性、如來藏、中實理心、中道和第一義諦等。[95]中道和佛性都同被作為真理的表述。我們不難了解智顗為何將中道和佛性等同起來，並建構一個複合辭彙——中道佛性或佛性中道，去強調這等同性。

我們為什麼要格外突顯中道佛性，並要論證它在智顗思想系統中的特殊地位呢？原因如下。首先，正如前面所述，智顗思想系統的主題是真理的觀念以及它的實現。智顗對真理有其獨特的見解，尤其在與中觀學相比時。他的理解是：真理是常住、有功用以及具足一切法的，它具有常住性、殊勝的功用以及具備諸法等特點。毫無疑問，中道代表真理。因此，很明顯，中道佛性這個複合辭彙傳達出真理的這三個特點。以上列出的其他辭彙則沒有清楚表達這些意思。特別是在功用一點上，中道佛性作為真理，或更具體地說，作為終極真理，具有濃烈的動感，這動感讓它能發出充實飽滿的宗教的、道德的力量，去渡化眾生。

第二，中道佛性這個複合辭彙帶出一個很重要的實踐訊息，而其他表示真理的辭彙或用語則未有清楚表達。這個訊息在智顗多部重要著作中均有提到，尤其在《維摩經文疏》中更清楚表達出來，[96]

---

[95] 《法華玄義》第八章，大 33.783b。

[96] 「若有大乘圓機，即雨中道實相甘露，即開佛知見，見佛性，住大涅槃也。」（《維摩經文疏》第四章，續 27.905b）「正觀中道，得佛性，成師子吼三昧也。」（《維摩經文疏》第四章，續 27.913a）「菩薩觀中道，見佛性

這訊息就是，在尋求解脫的過程中，我們要見到或契入中道，才能實現佛性。這種實踐並非表示見到中道和實現佛性是在解脫過程中一先一後的兩個步驟，因為這是違反了智顗所倡導，並歸於圓教的頓然達致真理的方式。其正確意思是說，在實現佛性當中，實踐中道是一重要竅門，或是說，佛性正正就在實踐和達致中道之中實現，其結果就是體證得真理。這個方向可以揭示中道和佛性的不同面相，並且在實踐方面加強我們對真理的了解，了解它的多元的意涵。

第三，在真理的三個特點之中，殊勝的功用是最受注目的，這亦是智顗最強調的一個特點。智顗在《法華玄義》中用了大量篇幅去處理這個特點，很值得我們特別留意，因為它直接關連到大乘佛教的宗教目的，即現象世間的轉化。要實現這種轉化，就必須在現象世間裏作出行動（take action）。對智顗而言，這些行動來自真理的功用性格。然而，一般視作靜態的真理，如何行動或發起行動呢？在這一點上，智顗展示他對真理的獨特洞見（Einsicht），他認為真理不單是靜態的，同時亦是動態的，從而賦予它能行動或發起行動的能力。在表達真理的眾多辭彙或語句中，哪一個能全面表達這種能動性呢？我們的答案就是中道佛性。正如第四節所解釋，智顗以心來理解佛性，這有能動的性格。[97]基於佛性與中道等同，這

故，非凡夫人也。」（《維摩經文疏》第十三章，續 28.97a）「解脫者見中道，即是見佛性，即住大涅槃。」（《維摩經文疏》第二十三章，續 28.273b）「菩薩從初心修此〔空、假〕二觀，是權義，得入中道，見於佛性，是實義。」（《維摩經文疏》第二十五章，續 28.316b-317a）

[97] 宋儒朱熹說心是氣之精爽，即是說心是屬於氣的層次，氣能作動，因而心也

中道就是真理，我們就可以說真理的能動性。

事實上，我們可以見到智顗用了很多語詞去清楚表明中道作為真理，是與心等同的。這些語詞包括：「中道真心」[98]、「中道自性清淨心」[99]以及上面介紹過的「中實理心」。可以肯定，在表達真理的能動性方面，這些語詞比起中道佛性更為直接。不過，智顗並未有就這些語句進行闡釋，所以我們認為無需特別加以關注。基於以上理由和論證，我們在討論真理或實相問題時，突出了中道佛性，並以之作為智顗思想系統的關鍵概念。

在本章中，我們描繪了中道佛性或真理的特點。這真理不單要描述、闡釋，亦要實現，在自己的生命存在中體證出來。基於智顗對實踐和救渡的深切關注，這種想法對他格外重要。實際上，真理在實現當中能夠更生動和具體地讓我們了解，這就是以下三章的主題。

能作動，而具有動感。但朱氏並未以心為真理，卻是以理為真理。理是靜的，故真理是靜的。與朱熹的這種看法相似的，莫如柏拉圖所說的理型。在他們看來，真理的能動性、動感是說不得的。智顗對於真理的觀點，完全是另一形態。他以心來說真理，心有動感，真理自然也有動感。

[98] 參考本章註[66]。

[99] 參考本章註[66]。

第五章　中觀學和智顗的四句

我們已經檢視過那些關鍵概念，現在必須要問：(a)關於真理的實現問題，智顗的哲學方法是什麼呢？(b)這些方法怎樣關連到中觀學方面呢？在真理的實現方面，我們見到智顗經常運用四句和四句否定、同一概念以及三觀的知識論等方法。這些作為智顗的哲學方法，全都是源自中觀學。然而，在應用中觀學思考時，智顗毫不猶疑地加以修改和建立他自己的哲學風格，尤其在三觀和同一性的情況下。

關於中觀學者的四句性格，尤其是在龍樹的著作中看到的，很多現代學者包括：李察羅賓遜、梶山雄一、拉馬南、彭迪耶、查卡勒凡地（S.S. Chakravarti）和我本人都研究過。❶我們在說明四句的性格時會參考這些研究。

---

❶ Robinson 1967, pp.50-58; Robinson 1957, pp.301-303; 梶山，pp.82-84, pp.115-120; Ramanan, pp.160-170; R. Pandeya, "The Logic of Catuskoti and Indescribability", in his *Indian Studies in Philosophy*, Delhi: Motilal Banarsidass, 1977, pp.89-103; S.S. Chakravarti, "The Mādhyamika Catuṣkoṭi on Tetralemma", *Journal of Indian Philosophy*, 8 (1980), pp.303-306; Yu-kwan NG, "The Arguments of Nāgārjuna in the light of Modern Logic," *Journal of Indian Philosophy*, 15 (1987), pp.363-384.

一、四句的矛盾和它與真理的關係

四句（梵：catuṣkoṭi）是中觀哲學的一種重要的思考方式，在《中論》裏亦曾引用。顧名思議，四句由四條陳述組成，它們包括肯定句、否定句、肯定和否定的綜合句以及對肯定和否定的超越句。這四種形式的用意是窮盡我們對某事物的理解方式。以下，我們會以四句來表示這種思考方式，而「四句」陳述則表示這種思考中的四條陳述。以下是《中論》裏的一個四句的典型例子（《中論》18:8 偈頌），這例子亦經常被學者引用：

> 一切東西是實在（tathyam），不是實在，亦是實在亦不是實在，不是實在亦非不是實在。這是佛陀的教法。❷

> 一切實非實，亦實亦非實，非實非非實，是名諸佛法。（《中論》18:8，大 30.24a）

這首偈頌包含了四句：

1. 一切是實在
2. 一切不是實在
3. 一切是實在亦不是實在❸

---

❷ Inada, p.115. sarvaṃ tathyaṃ na vā tathyaṃ tathyaṃ cātathyameva ca, naivātathyaṃ naiva tathyametadbuddhānuśāsanaṃ.（《梵本中論》p.369）

❸ 根據梵文原本和鳩摩羅什的譯本，這四句的主詞都同樣是「一切」。這首偈頌在《大智度論》中亦曾數次引用，但有少許修改，例如：「一切實一切非

4.一切不是實在亦不是不是實在

這些陳述可以成為四個命題，並可簡單地用符號表述如下：

1. P

2.~P

3. P·~P

4.~P·~~P

P 表示對實在的肯定，~P 為否定，P·~P 是兩者的綜合，而 ~P·~~P 則代表對兩者的超越。表面上，這四句是充滿著矛盾的。第一句 P，與第二句 ~P 互相矛盾。第三句 P·~P 是第一句和第二句的結合，違反了亞里斯多德式邏輯的不矛盾律。在第四句，即 ~P·~~P，當中的 ~~P 在雙重否定的原則下可以轉為 P。這第四句因而變成 ~P·P 或 P·~P，即等於第三句。因此，這第四句亦是自我矛盾的。

縱是矛盾，「四句」仍然被視為對真理的領悟方法，正如梵文用語 buddha-anuśāsana(buddhānuśāsana)的說法，意思是佛陀的指示，即是對真理的了解和實現。鳩摩羅什翻譯的用辭「諸佛法」亦是表達這個說法。《大智度論》中引述的相應偈頌亦確實指出理解事物的真理（諸法之實相）是運用四句的目的。

四句的思考亦在《中論》其他偈頌中出現，其原文的意思是：

實，及一切實亦非實，一切非實非不實，是名諸法之實相」（大 25.61b）；「一切諸法實，一切法虛妄，諸法實亦虛，非實亦非虛」（大 25.338c）。在這兩段引文中，很清楚見到四句的主詞都是「一切」。然而，羅賓遜卻認為第三句的主詞是「一些東西」。（Robinson 1957, p.303; Robinson 1967, p.57）他對這譯本的理解是有問題的。

諸佛暫且應用我（梵：ātman）這辭彙，亦教導無我（anātman）的真正觀念。他們又教導說，任何作為我或無我的（抽象的）質體都不存在。❹

這首偈頌缺少了第三句，但並不影響它的結構和四句的性質。這首偈頌討論自我的問題。自我（梵：ātman）的肯定和它的否定（梵：anātman）是連著的。而鳩摩羅什的中譯本則如下：

諸佛或說我，或說於無我，諸法實相中，無我無非我。❺

這裏以四句的模式，肯定「我」，否定「我」以及超越「我」和「非我」，亦有提及「四句」，尤其第四句，與事物的真理（諸法實相）的聯繫。要注意是的，這「四句」中缺了第三句的雙重肯定，但不影響四句的邏輯效用。

《大智度論》引述了一首偈頌：

1. 諸法不生不滅，
2. 非不生非不滅，
3. 亦不生滅非不生滅，

---

❹ Inada, p.115. ātmetyapi prajñapitamanātmetyapi deśitaṃ, buddhairnātmā na cānātmā kaścidityapi deśitaṃ.（《梵本中論》p.355）

❺ 《中論》18:6，大 30.24a。

4.亦非不生滅非非不生滅。❻

這裏對於諸法，第一句肯定其不生不滅，第二句否定其不生不滅，第三句綜合不生不滅與非不生不滅，第四句超越不生不滅與非不生不滅。《大智度論》亦指出，這首偈頌深入諸法的真理。❼雖然這首偈頌的主題（即不生、不滅的性格）相當複雜，但「四句」的結構是很明顯的，而且亦強調了它與實現真理的關係。

我們現在有一個問題，四句本身是有矛盾的，然而，它與真理關連著，而且，很明顯，中觀學認為它是有助於實現真理的一種方法，至少也是表達真理的一種方式，這怎麼可能呢？

二、四句的教化意義

要處理上述的問題，讓我們首先再仔細地檢視四句。第一句（P）與第二句（~P）相互矛盾。第三句（P·~P）把前兩句結合起來，故無非又是重覆該矛盾。第四句（~P·~~P）能夠化為第三句，因此又是該矛盾的重覆。從這個意義上說，第三和第四句都沒有提出任何新的意義，因此，第一和第二句已經足夠。但事實應不是這樣。現在提出的是四句，不是二句。第三和第四句必定有其意義，不能由第一和第二句代替。有一點我們要特別注意，印度的梵文佛典是很精簡的，它不會在不需要或不必然之處著筆，其中一個原因是用

---

❻ 大 25.97b。為清楚表達，我們加上了數目字。

❼ Ibid., loc. cit.

字越少，便越是好記頌。這種情況，特別於偈頌為然。而《中論》正是偈頌的著作。因此，在這裏，我們得把第三、第四句的意涵檢視出來。我們認為，關鍵在於我們不應單就邏輯或形式看四句。我們應該注意每句陳述的內容，以及有關陳述在怎樣的情況下提出來。關於這點，我們必須考慮兩個可能性。首先，不同陳述的應用，是為著回應不同根器的眾生，特別是在講授真理的情況下。在這樣的應用中，任何主題均可採用來對應個別的條件。其次，不同的陳述是用來把眾生對真理或其他主題的不同理解進行分類。第一個可能性顯示四句的教化意義，而第二個則顯示四句作為分類工具的角色。

《中論》的一些著名註釋家，例如青目（Piṅgala）、月稱（Candrakīrti）和清辨（Bhāvaviveka）從教化和分類方面去解釋四句。這些解釋由一些現代學者如羅賓遜和梶山雄一展示出來。在本節，我們會討論教化的意義。

羅賓遜指出，四句可以作為一種教育工具來看。在他的《印度與中國的早期中觀學》（*Early Mādhyamika in India and China*），他引述青目對《中論》18:8 關於四句的著名偈頌的註釋，當中的主題是「實」（梵：tathyam，羅賓遜譯為「real」）的問題。青目的註釋如下：

> 一切實者，推求諸法實性，皆入第一義平等一相，所謂無相，如諸流異色異味，入於大海，則一色一味。一切不實者，諸法未入實相時，各各分別觀皆無有實，但眾緣合故有。一切實不實者，眾生有三品，有上中下，上者觀諸法相非實非不實；中者觀諸法相一切實一切不實；下者智力淺

> 故，觀諸法相少實少不實，觀涅槃無為法不壞故實，觀生死有為法虛偽故不實。非實非不實者，為破實不實故，說非實非不實。❽（譯按：原書在此引述羅賓遜就鳩摩羅什中譯本青目註釋的英譯，現直接引述鳩摩羅什中譯本，避免雙重翻譯可能造成的混淆。實際上，青目的註釋不難理解。羅賓遜的英譯本可參考 Robinson 1967, p.56。）

在這個註釋之前，青目特別指出四句是佛陀所說，用以轉化眾生，而且，佛陀具有無盡的方便法門。❾很明顯，青目同意四句是一種有效的工具，用以教導眾生關於諸法或事物的真理，而以每一句陳述去回應個別的情況。這裏有很濃厚的方便意味。

羅賓遜亦介紹了月稱對 18:8 偈頌中的「四句」的註釋，他指出月稱的註釋跟青目有點不同：

> 〔月稱〕認為四句是佛陀的方便法門（梵：upāya），用以給予逐步提升的教導予不同程度的眾生。首先，佛陀把現象說成都是真實的，由此引導眾生去尊崇他的博學。接著，他教導

❽ 大 30.25a。

❾ 「諸佛無量方便力，諸法無決定相，為度眾生，或說一切實，或說一切不實，……。」（大 30.25a）這裏要注意的，是「諸法無決定相」的說法。這說法可視為有關緣起的另一表達方式。「決定相」其實是指決定不變的自性。在這裏，決定相即是決定性，即是自性。青目的意思是，諸法是緣起的，我們不必死煞地定它們的意思，判定它們是如此如此。為了讓眾生易於理解真理而得覺悟、解脫，我們向他們可以酌情解釋，在不同情境下委曲地加以提示。青目的這種說法，不是知識論的，而是方法論的，甚至是救贖論的。

> 說事物非真實，因為事物正在變遷當中，而真實的事物並不會經歷變遷。第三，他教導一些聽眾，說現象是真實又是非真實——凡夫看為真實，聖者看為非真實。對於那些在實踐方面完全不受慾望和邪見束縛的人，他宣稱現象為非真實亦非不真實，情況就等於否認一個不育的女人（譯按：佛典中常稱這種女人為「石女」）的兒子是黑人或是白人。❿

從以上引文可見，青目和月稱對四句的詮釋都是很清晰的，而且四句的教化意義亦毫無疑問。例如在月稱的詮釋中，第一句指出現象或經驗事物為真實。它肯定事物，用意是引發和加深聞法者對佛陀和佛法的信心，而這些聞法者大概是宗教上的初學者，對事物的這種了解當然是膚淺的。第二句涉及事物的緣起性格。事物的真實性被否定，因為基於緣起之故，事物都會變遷。為避免聞法者對事物採取虛無的理解，第三句提出事物為真實和非真實。即是說，從凡夫的角度看，事物是真實；若從聖者的角度看，則為非真實。這階段牽涉到一種對事物較為繁複的理解。事物不能單從肯定或否定的方式去理解。要對事物達到更全面的了解，必須採取一種綜合的觀點。然而，在實際上，我們無需採取這個程序，因為在實踐中，我們沒有需要堅持某種立場，包括這綜合的觀點。住著於任何確定的觀點，不論是肯定的、否定的或是綜合的，都不能免於制限和會失去自由，這自由是達致解脫的必須條件。這觀點確立了第四句，即最後一句對真實和非真實的拒斥。

---

❿ Robinson 1967, p.56.

在另一首四句的偈頌中，以自我為主題，亦能顯示教化的意義。⓫在解釋這首偈頌時，清辨指出，佛陀藉著心和心所，例如愛、惡的延續性來教導眾生關於假的或施設性的自我。當眾生住著於自我，並以為自我具有常住的實體性，這種想法會導致顛倒和苦痛，佛陀就會教導他們無我的義理。為要警醒那些本身對空之真理（即無自性的性格）有著深刻信念的人，佛陀會避免解釋我與無我。⓬換句話說，佛陀會運用第一、第二和第四句，按著各人不同的條件去教導他們。

四句的教化意義可以從兩方面說。首先，每一句可以視為回應個別聞法者的角度或個別背景去理解事物或真理。一般來說，對於四類聞法者，有四種角度。（某些時候只有三類，當中缺少其中一句。）這四種角度之間不一定具有邏輯上或實踐上的關係。最重要的是所運用的某一句能夠教導聞法者，能加深他們對真理的了解。青目、月稱和清辨的註釋都揭示這方面的意義。然而，他們都傾向於把四種角度及「四句」陳述順序排列，並認為較後的述句相應對真理的較高和較成熟的了解。譬如，第一句是在知識上的肯定式的陳述。第二句是否定式的陳述。第三句展示具有綜合性格的真理面相。第四句則展示超越性與開拓性的認識層次。

第二，「四句」陳述和四種角度可以漸進和順序地排列，而聞法者在善知識的指導下逐步升進地了解真理。在這情況下，可以只有一個或一類聞法者，而四句陳述是逐一向他們講解的。教化是一

⓫　關於該首偈頌，參考上一節。

⓬　清辨著《般若燈論釋》第十一章，大 30.106c。

個漸進的過程，我們不能在一瞬間便獲得教導而達致對真理的完全了解。因此，必須完全通曉和吸收前一句才能教導下一句。

再強調上面的第二點。基於四句陳述在了解真理上是由低至高漸進和順序地排列，四句作為一種思想工具，可以建構成辯證的模式。第一句肯定式或正論題形式的陳述（即第一句陳述）傾向以一種相對或片面的角度去看真理。第二句亦是這樣，分別只在於運用了否定式或反論題的形式。綜合了肯定式和否定式的綜合論題（即第三句陳述）能夠糾正第一和第二句的相對性和片面性，然而，在心理上，它很容易被執著。這樣的執著可以用同時超越肯定和否定的形式（即第四句陳述）來克服。我們曾在第二章中指出，真實的真理，其性格應是絕對和無分別的。說後兩句較前兩句更近似這種性格，應該沒有疑問。如果辯證法被理解為一種思想過程，在當中，真理的水平透過否定、反論題或超越而提升，我們便可以粗略地說四句是一種辯證的形式。

羅賓遜亦承認這種辯證的性格。他指出「四句」陳述構成一個漸進的排列，當中除第一句外，每一句都是對前一句的否定句。他總結說，這是一個辯證的進程，每一句都否定及徹消其前一句，而整個論證是邁向否定或更貼切地說超越性格的第四句，這可說是排除一切的見解（views）。⓭這裏所說的「否定或超越的第四句」並非代表對第四句的「否定」或「超越」，而是說第四句的功能是否定、超越，即否定、超越它的前三句。在以排除一切見解來解釋第四句時，羅賓遜傾向於把這一句連繫到最高真理的達致，即是脫離

⓭ Robinson 1967, p.56.

所有相對的和片面的見解。梶山雄一亦贊同這樣的詮釋，他認為前三句可理解為反映一種權宜的方法，而第四句則揭示最高真理，並且不能反駁。他總結說，四句確是辯證的模式。[14]

三、四句在分類上的角色

羅賓遜強調了四句在教化上的意義，然而，他未有提到四句對不同教法的分類角色。梶山雄一則同時留意到這一點。他指出：

> 四句一方面展示不同根器和性情的人對同一對象的不同理解。另一方面，它代表了對不同水平的聞法者的一系列逐步提升的教法。[15]

對人們不同的理解的展示，實際上是基於對這些理解的分類。但很可惜，梶山雄一未有在這方面再進一步闡釋。對不同理解的分類，引伸四句在分類上的角色，就其關連到智顗思想的意義上，這一點非常重要。我們會基於這種連繫仔細研究它的分類功能。

在一首以「真實」為主題的典型四句的偈頌（《中論》18:8）中，清辨以分類的字眼作了詳細的解釋。在《般若燈論釋》中，他註釋該首偈頌如下：

---

[14] 梶山，p.117。

[15] Idem.

> 內外諸入色等境界，依世諦法，說不顛倒，一切皆實。第一義中，內外入等，從緣而起，如幻所作，體不可得，不如其所見故，一切不實。二諦相待故，亦實亦不實。修行者證果時，於一切法得真實無分別故，不見實與不實，是故說非實非不實。[16]

清辨的論點很清晰，同一事物，即我們在現實世間中所遇的經驗事物，可從不同的陳述句表示的不同觀點去理解。結果就是對同一事物的不同理解。第一句指出，就一般常識而言，事物是真實的。第二句指出，就緣起或空的義理來說，事物是無實體性或自性的，因此是非真實的。一般常識和空代表相待或相對的兩種不同觀點。為著避免住著於其中一種觀點，第三句綜合了兩者，而指出事物同時是真實亦非真實。例如，對於緣起一面，事物依緣起而成立，因而是真實。但就緣起的本質看，事物為緣起，因而沒有自性，是空，這則是非真實。然而，「真實」和「非真實」代表兩種基於對事物的區別而形成的理解，而這種區別在覺悟中是不能成立的。當一個人達致了覺悟，他就不會採取任何區別，包括真實與非真實的區別。在這種脈絡中，第四句指出事物不是「真實」亦不是「非真實」。

四句以這種方式構成了一個分類系統。在這系統中，對同一事物的不同理解能夠分類為肯定、否定、綜合以及超越，相應於其有關的陳述句。而每一種理解都可從其相應的觀點上說是正確的。有

---

[16] 第十一章，大 30.108a。

趣的是，關連於四句陳述的四種觀點或角度都是按著對事物的理解而漸進地排序的。這亦展示龍樹以至上推到的阿含思想，在思索以「四句」來表述事物的樣態或真實性時，的確具有理性的、邏輯的頭惱。但「四句」運用的總的旨趣，仍是辯證性格的。

由此，我們可以見到四句可同時具有教化和分類的角色。或許有人會問：這二者之間可有什麼關係呢？我們的了解是這樣，分類的功能作為教化的基礎，從這意義上說，兩者關係非常密切。一位導師必須先熟識某些主題的各種理解方式，並能將之以邏輯和實踐的次序分類，然後才能找出適當的方法去進行教化。透過四句對眾生進行教化是否有成效，是取決於能否適當運用以四句作出的各種理解的分類方法。另外，在實際上運用「四句」中的諸種述句來有效地教化眾生時，說法者無疑也需對聞法的眾生的根器的高下有清楚的、正確的掌握，然後才能因材施教。

四、四句的否定及其對真理的揭示

在中觀學裏，四句由兩種形式組成，即肯定式和否定式。至目前為止，我們已處理過肯定式。現在我們要處理否定式，如以下的典型偈頌所示，這首偈頌經常為智顗和其他天台思想家所引用：

> 不論在任何地方，任何時間，事物都不能夠從它們自己、他者、自與他，或無原因生起而存在。[17]

[17] Inada, p.39.　na svato nāpi parato na dvābhyāṃ nāpyahetutaḥ, utpannā jātu

> 諸法不自生，亦不從他生，
> 不共不無因，是故知無生。（《中論》1:1，大 30.2b）

這首偈頌否定四句陳述：諸法自生；諸法他生；諸法共生；諸法無因生。如以自生為主題，諸法自生以一肯定句構成。諸法他生表示它們不是自生，所以是否定句。第三句陳述指諸法是自、他生（即共生），是自生和他生的綜合句。至於諸法無因生的陳述，由於原因只有自因和他因兩種，所以這句陳述的意思是諸法非自生亦非他生。這陳述是由對自生和他生的超越所構成。由於這四句陳述包含了肯定、否定、綜合和超越，它們可視為一個四句的形式，或說是一個肯定式的四句。青目在註釋中亦以四句來說這些陳述。[18]否定這四項陳述就代表否定四句的思維方法。

運用四句的否定，其目的是什麼呢？青目的註釋如下：

> 不自生者，萬物無有從自體生，必待眾因。……自無故他亦無。何以故？有自故有他。若不從自生，亦不從他生。共生則有二過：自生、他生故。若無因而有萬物者，是則為常，是事不然。無因則無果。[19]

---

vidyante bhāvāḥ kvacana ke cana.（《梵本中論》p.12）同一首偈頌亦在別處出現。（《梵本中論》p.421；《中論》21:12，大 30.28c）這首偈頌亦曾引述於《大智度論》而稍作修改：「諸法……非自作，非彼作，非共作，非無因緣。」（第六章，大 25.104b）

[18] 大 30.2b。

[19] Idem.

青目的這段文字清晰明白，不難理解，在這裏也就不多作說明了。他是以因果性或關係條件來說事物的生起，這並不包括自、他或其他方式。即是說，事物自各種因素結合而生起。然而，當我們說事物不「從自生」，亦不「從他生」時，或事物不能經驗自生、他生，「自」和「他」究竟指什麼呢？青目說：

> 眾緣中無自性。自性無故，不自生。自性無故，他性亦無。何以故？因自性有他性。他性於他，亦是自性。[20]

這裏特別指出，自、他以及其他方式，都是在自性層面上說，而這自性完全是不存在的。「自性無故，他性亦無」意思是事物沒有自性，因此不能由自己生起。而由於「他」是相對於「自」而言，他性不存在，故事物亦不能從「他」生起。因此，青目反對自性、他性的觀念，以及自生、他生、共生的想法。至於無因生，這違反了因果性的原則，故亦被否定。青目總結說，事物的生起是源於自、他、共或無因，如四句陳述所示，都是站不住的。因此，他得出不生的真理。[21]

按照青目的解釋，這首偈頌的重點是揭示無生的真理。其意思是，從自性的角度說，事物不能由自身生起，不能由他者或自、他一同生起，也不能從無因而生起。這個論證運用了四句的否定。然而，無生是否意味著事物完全沒有生起呢？答案當然是否定的。事

---

[20] Idem.

[21] Idem.

實上，事物是從種種原因生起，或稱緣起，它們都是在空的性格中。故此，事物都是無自性。這是非實體主義（non-substantialism）的立場。無生所否定的是從自性的立場說事物的生起，這是實體主義（substantialism）的立場，而不是否定從緣起或空的立場說事物的生起。既然是自性，它自身自然是自足的、獨立不變的，不會增加，也不會減少。總之不能由其他東西組合而生成。卡魯柏克納亦認同我們這種理解，他在論述龍樹的立場時指出：

> 當龍樹說「存在物的自性不能在因果條件等情況中證明」，（I.3）他並非拒絕或否定認同因果條件，而只是否認自性（梵：svabhāva）。某些哲學家設定因緣生起的條件，以自性來解釋結果的產生。㉒

這裏的制約條件是緣起的基礎。經驗世界可以單憑這些條件而生起。條件制約的概念在邏輯上否定自性的假設，這自性是自我圓足的，世界上並沒有這樣的東西存在，這完全是我們的意識的妄情執取。

基於無生代表反對在自性的脈絡上說的生起，這自性在空的義理上被激烈地拒斥，我們可以推論無生與空緊密地關連著。事實上，無生可以視為否定自性的一種方式，因此是空的一種表述。我們不要忘記，龍樹主要是以否定自性來理解空的。在展示無生之中的四句的否定亦能作為一種否定自性的機制看。

㉒ Kulapahana, p.28.

我們也可以推論，揭示無生的四句的否定能夠與空的展示緊密地連繫。這種連繫在龍樹以滅除邪見來理解空的方式中被強化。這種理解在第二章已詳細論述過了。龍樹認為，一切建基於作為極端的概念思維的見解，能夠將空的真理從整一的和絕對的性格中割裂開來。龍樹指出，被視為極端（extremes）的概念，本身就是偏頗的和相對的，因此與無分別的和絕對的真理性格相違背。因此，這些見解是謬誤的，要在揭示空的真理之中滅除掉。我們要注意到，這些謬誤的見解滅除，空的真理便即此即顯示出來，兩者是同一事體的不同展示。因此，並不是在謬誤的見解在時間方面滅去後，空的真理才展示出來。

另外，我們又可推論，一切極端都應要拒斥。「四句」中的任何一項，不論是肯定句、否定句、綜合句或超越句，都很容易被理解為極端。當出現這種情況，它們必須被破斥。因此，四句的否定在揭示空的過程中被提出來。建基於自、他和共的極端性格的自生、他生和自他共生，完全是錯誤的觀點。這種性格的形成，是人們把自性加到自和他方面去，這自性只是構想而已。無因生當然亦是一種邪見或極端概念，它違反了因果原則。四句的否定實際就是一個生動的例子，展示出對邪見的拒斥。

到了這裏，可能會產生一個疑問。我們不難理解前三句陳述需要拒斥的理據，那是由於它們傾向於產生住著的問題。即是說，在第一句，那種肯定的形式容易導致住著於對某些事物的確認。在第二句，那種否定會引致住著於對事物的否定。在第三句，那綜合式會導致同時對事物的肯定面和否定面的住著。然而，第四句是揭示超越兩端的狀態，對它加以拒斥似乎有點疑問。在這裏，我們必須以來自中觀學者的警示提醒自己，就是不應粘著於空，或者空亦需要空掉。這是由於空作為對自性及邪見的否定或超越，本身亦可能倒轉過來而被執著。第四句的超越含意亦同樣會有這種情況。我們拒斥這第四句，表示即使是超越的狀態，也不應該執著。住著於超越狀態當然亦會構成邪見。

從以上的討論，我們可以達致一種理解，就是四句的否定的要旨是拒斥自性和邪見的。由龍樹以這種拒斥去理解空以及它揭示的意義，我們應可很有把握地將四句的否定解釋為一種直接展示空的機制。

再進一步，在四句的否定中對那四種形式的拒斥反映出對概念的限制之克服。這種克服是四句的否定的力量，而且緊密地連繫著真理的揭示。要顯示這一點，讓我們看看《中論》的兩首偈頌：

> 那聖者在寂滅（即脫離世間慾望）後不能說是存在，亦不能說他在寂滅後不存在，或是亦存在亦不存在，或是不存在亦非不存在。㉓

> 如來滅度後，不言有與無，
> 亦不言有無，非有及非無。（《中論》25:17，大 30.35c）

> 那聖者在現世生活中不能說是存在，亦不能說他在現世生活

㉓ Inada, p.157. paraṃ nirodhādbhagavān bhāvatītyeva nohyate, na bhāvatyubhayaṃ ceti nobhayaṃ ceti nohyate.（《梵本中論》p.534）

中不存在，或是亦存在亦不存在，或是不存在亦非不存在。[24]

如來現在時，不言有與無，

亦不言有無，非有及非無。（《中論》25:18，大 30.35c）

這裏傳達的訊息是，「存在」、「不存在」、「亦存在亦不存在」以及「非存在亦非不存在」的分類或概念都不能用來說如來，無論他在滅度後或在現世時。青目沒有註釋這兩首偈頌。我的理解是，「存在」與「不存在」是在言說上表示這個經驗的和相對的世間中事物的兩種相對反的狀態。「亦存在亦不存在」與「非存在亦非不存在」亦是同樣情況，都是用以描述這個世間。這些分類或概念在兩種意義上有嚴格的限制。首先，這些概念與它們意指的狀態的關係是約定性格的。在我們所用的語言中，無論什麼概念，其相應於何種事物、狀態或行為，都是約定地決定的。把概念關連到世間，由此而建立這個世間，是一個約定的過程。第二，那些概念本身在意思上是相對的和依待的。「存在」相對於和依待於「不存在」，反之亦然。沒有一個概念能夠說具有關於世間的絕對和獨立的意義。因此，從這個角度說，世間是約定的和相對的；用以了解這個世間的概念只能在約定和相對的意義上存在。基於這種限制，概念不能表達終極和絕對性格的真理。它們只能表達約定的和相對的東西。邪見很多時是來自對概念的不適當應用，以為它們代表真理。

---

[24] Inada, p.157.　tisthamāno ’pi bhagavān bhāvatītyeva nohyate, na bhāvatyubhayaṃ ceti nobhayaṃ ceti nohyate.（《梵本中論》p.534）

因此，為著實現真理，必須超越或克服概念的約定性和相對性，方法是運用四句的否定去拒斥那四種形式。

關於在四句的否定中拒斥概念或分類，史培隆格亦有相同的理解。他指出：

> 四句涵蓋了「存在」作為一個動詞，應用在斷言上的各種方式，包括：我們可以確定某事物是「存在」；或確定是「不存在」；或「亦存在亦不存在」；或「非存在非不存在」。在所有四種方式中都是存有論地應用著語言。「存在」這個動詞，不論如何變化，都是指涉該斷言所述的存在物或非存在物。龍樹和月稱（Candrakīrti）完全否定該四句陳述。他們否定動詞「存在」的存有論含意。㉕

引文提到，「在所有四種方式中都是存有論地應用著語言」，意思是語言——其主要元素為概念——正如應用在四句之中，被認為是相應於世間和事物的真理，因此它能夠傳達真理。這是一種對語言的錯誤理解，必須予以拒斥。另外，引文所說的「存有論含意」，對我們而言，是指傳達世間和事物真理的潛能。語言或概念，無論以四句或任何方式表達，基於其權宜的和相對的性格，不能說具有這種含意或潛能。

㉕ Sprung 1979, p.7.

四句的否定在《中論》裏經常出現。[26]此外，在《大智度論》亦有提到：

> 畢竟空義，無有定相，不可取，不可傳釋得悟，不得言有，不得言無，不得言有無，不得言非有非無。[27]

這段引文很清晰告知讀者，畢竟空或真理超越四句。即是說，終極的空義不能為由「四句」所代表的語言文字所陳述。引文中的「畢竟空義，無有定相，不可取」可理解為終極的空義成立於這樣的性格：空卻決定的形式，因此，這終極的空義是不應執取的。四句的否定亦可見於《大智度論》的其他地方，雖然不是直接應用。[28]

五、從中觀學到智顗

關於四句的問題，我們必須注意，在中觀學裏，四句由兩種形式組成，包括上面描述的四句的肯定式和四句的否定式。這兩種形

---

[26] 關於四句之否定的列舉，可參考拙文“The Arguments of Nāgārjuna in the Light of Modern Logic,” op.cit.

[27] 《大智度論》第五十五章，大 25.448b。（譯案：原文在此解釋英譯的問題，在此從略。）

[28] 例如第二章，大 25.74c-75a；第七章，大 25.110a。在前一個例子，四句應用來表達十四個困難問題，對此，作者並無回應，但指出，這些都與真理無關。在後一個例子中，作者透過四句提出了四種見解。這些全都是邪見。由此得知，四句與真理並無關連。

式實際上都不是中觀學者創造的，而是源自原始佛教。❷⓽四句被認為是對四種極端的表達，而四句的否定則表示中道，即析除這些極端的狀態。龍樹並沒有清晰地對比四句和其否定，反而傾向同時地正面評價它們，認為它們都有助於揭示真理。即是說，四句的肯定式具有教導性，引領各聞法者順應各自的條件去認識真理的不同面相，或是引領他們從低至高，逐步去認識真理。這個觀念在前面的討論中已交代過。至於四句的否定式，龍樹視之為一種揭示真理的直接工具。在運用這工具時，「四句」陳述所代表的四種形式，包括肯定、否定、綜合和超越，都同時被否定。在這種同時間的否定中，真理直接地被揭示開來。由於沒有跡象顯示龍樹有意貶抑四句的肯定式，而抬高其否定式，故此，我們不擬稱後者為「四句的否定」（negation of the Four Alternatives），而是稱為四句的否定（negative of the Four Alternatives），意思是四句的否定方式。（譯按：中文翻譯難以區分這兩個名稱的意思。請注意，著者所指兩者的區別並不是「四句」和對「四句」的否定，而是兩種同屬於「四句」的形式：肯定式和否定式。）就龍樹而言，四句與其否定之間，並沒有互相對反的區別，智顗則有此傾向。我們在比較智顗和龍樹關於四句的問題時，必須緊記這一點。

智顗的系統對四句的問題有專門而全面的處理。他在主要的著作中，經常引用兩首《中論》裏的著名偈頌去展示四句和它的否定。❸⓪無疑，智顗從龍樹繼承了四句及其否定，而且是運用和發展

---

❷⓽ 例如在漢譯的《雜阿含經》（*Saṃyutta-nikāya*）第十三章，大 2.86a 中就有提及。

❸⓪ 參考本章註❷和註⓱。

這種方法的傑出的中國佛學思想家。㉛

智顗對龍樹的方法的運用是一個很大的題目，需要一整部書去處理，因為在他的主要著作中隨處可見，而且有相當詳細的說明。我們特別注意的，是智顗在某些不同情況下運用這些方法，而且牽涉到不同的概念和問題。在描述這些方法的運用之前，我想提出一些統計數字和在文獻上的觀察，以反映這些情況。

a. 就著四句和它的否定來說，前者在《中論》裏較少出現，只有兩次被提及。（參考註❷和註❺）在運用這兩種方法的次數上，智顗並沒有偏重於某一種，各有大致上相同的使用次數。四句主要在《四教義》和《法華玄義》㉜中找到，而其否定則較多出現在《摩訶止觀》中。㉝

㉛ 據說，在智顗之前，中國佛教界一位被尊稱為傅大士的人曾作過一首短詩，當中提及四句和無生的問題。參考湛然的《止觀義例》大 46.452c。又可參考安藤俊雄著《天台性具思想論》，京都：法藏館，1953, p.26。傅大士是一個含糊的人物，而被視為他所作的那首詩過於簡短，難以確定是否提及四句和無生的問題。

㉜ 例如《四教義》（大 46.729a-730a, 731c-732a, 747a, 751c, 760a）；《法華玄義》（大 33.682b-c, 687a, 782b, 784a-790b）；《摩訶止觀》（大 46.20c-21a, 缺少第三句，53c）；《維摩經玄疏》（大 38.520c, 528b, 557b-558b）；《維摩經略疏》（大 38.695a）。在這些情況下，四句的提出被視為有助於真理的實現。

㉝ 例如《摩訶止觀》（大 46.4c, 8a, 21c-22a, 29a, 46c, 54a-b, 54c, 63c-64b, 70b, 82a, 82b-c, 111b, 127b）。在《維摩經玄疏》中亦提到（大 38.525a-b, 526c, 528b, 550a）；《維摩經略疏》（大 38.564a, 638c-639a）；《法華玄義》（大 33.696a-b, 699c）；《法界次第初門》（大 46.691b）。在這些地方，四句的否定被視為是可以趣向真理的方法。

b. 關於四句，鳩摩羅什在《中論》一首著名偈頌中（參考本章第一節及註❷）把四句陳述的主詞翻譯為「實」、「非實」、「實非實」和「非實非非實」。智顗有時會沿用這翻譯，但有時又會將主詞稱為「有」、「空」等等，甚至將「有」、「空」變為「有」、「無」等等。㉞坦率地說，這些不同只是文字上的差別，沒有任何概念上的分別。

c. 在《中論》裏，四句的典型表述是以「實」為主題的（參考本章第一節及註❷），而其否定則以「生」為主題（參考第四節及註⓱）。原則上，以實、生或任何事物為主題都不會影響這兩種方法的性質和理論效力。其中的分別只在文字變化上，因為無論採用什麼為主題，其邏輯符號化的結果仍是不變的。舉例來說，以實、非實、實非實、非實非非實組成的四句，跟以自生、他生、共生、無因生所組成的四句，符號化後都同樣是 P, $\sim P$, $P \cdot \sim P$, $\sim P \cdot \sim\sim P$。智顗很清楚這一點，因此，他在運用四句及其否定時，將實、生，以及其他主題交替地使用。

d. 然而，在實踐上，運用這兩種方法的含意卻不單止在它們的邏輯符號化的結果上。這些含意往往關連到表述這兩種方法的主題。例如經常以無明和妄心為主題，表示在揭示和達致真理的實踐上，對這些主題的關注。在智顗運用這些方法時，這一點尤其重要。由於主題可以相互轉換，他可自由地

㉞ 詳情可參考《法華玄義》第八章，大 33.784a-785b；《四教義》第八章，大 46.747a；第九章，大 46.751c。

選取那些與實際和救贖目的關係較密切的主題。我們會在適當時候再進一步討論這一點。

六、智顗對四句的運用

龍樹如何運用四句的問題，已有很多學者進行過研究。然而，智顗怎樣運用四句的問題卻未有得到足夠的注視。因此，以下的研究主要會反映我們自己對有關問題的看法。實際上，華嚴宗的法藏也曾運用和發展四句思維，但在發揮和進一步開拓它方面，智顗做得更為出色。

對於四句的方法，智顗似乎關心怎樣運用多於它代表什麼。但在《維摩經略疏》中仍有一處間接地處理四句代表什麼的問題。在引述《大智度論》中一首典型的偈頌（參考註❸）以及說明該首偈頌亦出現在《中論》裏之後，智顗指出：

> 故知諸佛說法，無不約此四門。若實者，即是法性實理，用有為門。若非實，即是約畢竟空為門。若亦實亦不實，即是上文無明即明，明即畢竟空，即是亦實亦不實為門。若非實非不實，即空有雙非之義，如用中道非空非有為門。如是四門，為向道之人，聞說即悟。㉟

智顗在這裏選了《中論》裏一首典型的偈頌作例子，去表達他自己

㉟　《維摩經略疏》第九章，大 38.695a。

對四句的看法。一方面，他以四門，包括：有、空、亦有亦空，以及非有非空來說四句。另一方面，他把四句關連到我們對世間或事物的四個知識論觀點，包括：實、非實、亦實亦非實，和非實非非實。他又運用一些辭彙和關係，例如「法性」、「空」以及「無明即明」去說明這些觀點。這些辭彙和關係都帶有濃厚的實踐和救贖的主旨，特別是「無明即明」。在智顗的思想中，無明與明的等同，在達致真理上有著非常重要的地位。這種關係會在第七章再詳細研究。基於這種連繫，這四種觀點與真理的實現有密切關係。它們可視為對真理的四種尋求方式或真理的四個層次，智顗是要透過四門或四條途徑去解釋相應的四個真理層次。

智顗運用四句是基於上述的觀念，因此四句是一個實踐真理的問題。這種運用稱為「四門入道」㊱或「四門入理」㊲。追求與體證佛教真理有很多途徑，就智顗而言，這些方法可以簡化為四種形式，他稱之為「四門」。這四門為「有門」、「空門」、「亦有亦空門」以及「非有非空門」。㊳我們在前面已指出，智顗的判教理論是他的思想體系的骨幹，而這裏亦是在同一背景下運用四句。智顗指出，這四門是各自以相應的四教教義去解釋，而每一門都有助於透進真理的內蘊。然而，為方便起見，當關連到實現四教中每一教所解釋的真理時，經論中通常都集中運用一門。即是說，藏教強

㊱ 《四教義》第四章，大 46.731c。

㊲ 《四教義》第三章，大 46.729a。

㊳ 「尋佛三藏，赴緣多種，尋其正要，不出四門入道。其四門者，一者有門，二者空門，三亦有亦空門，四非有非空門。」（《四教義》第四章，大 46.731c）

調和使用有門；通教用空門；別教用亦有亦空門，而圓教則用非有非空門。[39]很明顯，智顗希望借助經論的權威性去支持他的四教觀點，把四門與四教以一種相應的和漸進的次序連繫起來。我們無需關注他尋求權威來支持自己的觀點的做法，但我們觀察到這種連繫與智顗對四教的理解是完全吻合的。即是說，四門可分為兩組，其中一組包含有門和空門，另一組包含亦有亦空門和非有非空門。這種區分是建基於一種說法，以藏教和通教所說的真理是偏真性格的。於是，智顗就把這兩種教義分別連繫到有門和空門，並認為它們各自偏於一面。相反地，別教和圓教所說的真理則是圓滿的。智顗稱這真理為「中道佛性」。因此，這兩種教義分別與亦有亦空門和非有非空門連繫。[40]基於這種連繫，亦有亦空和非有非空應能夠關連至「圓」的概念。智顗並未有詳細解釋這一點，但亦有亦空和非有非空怎樣也不會是偏於一面的。在中文的意義中，不偏於一面就是切合於圓滿。關於每一組之中兩種教義的差異，智顗把藏教與通教在達致真理的方法上作對比，判別為拙劣與靈巧，以「偏門」

---

[39] 「四教各明四門，雖俱得入道，隨教立義，必須逐便。若是三藏教四門，雖俱得入道，而諸經論多用有門。通教四門雖俱得入道，而諸經論多用空門。別教四門雖俱得入道，而諸經論多用亦有亦空門。圓教四門雖俱得入道，而諸經論多用非有非空門也。」（《四教義》第四章，大 46.731c-732a）這裏說四教都能以四門體證真理（入道），但各教有其自己特別用力的重點，這便是「逐便」。在這逐便中，藏教偏重有門，通教偏重空門，別教偏重有門與空門的綜合，圓教則偏重有門與空門的超越。

[40] 「今明佛法四門，皆得入一理，但有二種不同。一者，三藏、通教兩種四門，同入偏真之理。二者，別、圓兩教四門，同入圓真之理。」（《四教義》第三章，大 46.730a）

和「正門」分別代表它們的法門。他也把別教與圓教的門徑作對比，以前者為「偏門」，後者為「正門」。[41]

智顗的判教是以升進的次序來鋪排。最後的一種教義（圓教）對智顗而言是最高的。由於四門跟四教有著一種平行的關係，故此可以合理地推斷四門亦是以一種升進的次序來排列的。事實上，智顗已注意到這一點：

> 三界人見三界為異，二乘人見三界為如，菩薩人見三界亦如亦異，佛見三界非如非異，雙照如異。今取佛所見為實相正體也。[42]

智顗在這裏以四句代表四個層面來說真理。這亦意味著四門與真理的四個層面相對應，雖然這裏以「異」和「如」代替了有和空。異指作為現象的種種不同的事物，它們各有自身的時空性格，作為個體性的存在，各自不同，這是「異」。如則指一切現象事物都是無自性空，亦即是「空如」或「如」。異相應於有，如則相應於空，雙方的對反性格是相同的。字眼上的改變並無實質性的不同。其中的「四句」陳述和四門的升進模式可從當中人物所屬修行層次的升進次序見到，這些層次是慾界、色界、無色界（合稱三界）、聲聞（梵：śrāvaka）、獨覺（梵：pratyekabuddha）（合稱二乘）、菩薩和佛，他們循著不同的法門趣向真理。這升進的過程以佛為最終，他超越其

---

[41] 《四教義》第三章，大 46.730a-b。

[42] 《法華玄義》第一章，大 33.682b-c。

餘三者，達致實相正體。就智顗而言，在體證終極真理的層次來說，佛境是最高的，高於其餘三者。相應地，建基於「四句」陳述而達致實相正體的法門是高於其他法門的。這亦顯示出智顗在達致真理方面，把優越性歸予第四句陳述。

七、四句作為類比的工具

現在，我們試借助龍樹對四句的觀點去反思智顗的觀念，前者認為四句有教化和分類的含意。讓我們從一個問題開始：什麼是智顗的四句在運用上的最大特色？答案很明顯是：他運用四句去類比四門以表達真理依序上升的四個不同面相，而且全都是在他的判教的基礎上說的。具體來說，第一句陳述作為有門的類比，用以表達藏教所說的真理。第二句陳述是空門的類比，用以表達通教的真理。第三句陳述類比亦有亦空門，表達別教的真理。最後，第四句陳述類比非有非空門，用以表達圓教的真理。對不同的聞法者採取最切合他們個別條件（包括興趣、關心的事情、資質等）的法門去進行教化。智顗很清楚地指出：

〔四門〕皆是赴機異說。㊸

按照這種方式，聞法者被引導去認識真理的不同面相。然而，由於

㊸ 《法華玄義》第九章，大 33.791a。這是智顗對從四門進入真理的問題作深入討論後得出的結論。參考《法華玄義》第九章，大 33.784a-790b。

四門跟四教一樣是以升進的次序排列，所以每一個聞法者最終都會得到非有非空門的教化，由此，聞法者會被引進圓教的真理，即實相正體的內蘊。從這個意義上說，四句被用作為一種工具、機制，為教化和救贖的目的作類比。在這教化的含意上，智顗和龍樹是一致的。

在這裏或許可以提出兩個問題：第一，為什麼這個類比要以如此方式去表達呢？這種表達方式有沒有邏輯基礎呢？換句話說，為什麼第一句陳述用以類比有門，第二句類比空門等等？第二，為什麼有門與藏教連繫，空門與通教連繫，如此類推？這種連繫有沒有義理上或實踐上的依據呢？

對於第一個問題，我們知道該類比的表達必須按照包含「四句」陳述（肯定、否定、綜合和超越）的四個邏輯形式。第一句陳述的肯定式揭示我們對真理的肯定或正面理解現象的面相，這是從對世間和事物的重視而說的。因此，第一句陳述的類比是適合以有門來表達的，事物作存有看。第二句陳述的否定式展示真理的否定的或非實在的面相，在這種情況下，第二句陳述的類比最適宜以空門來表達，意謂一切事物都無自性，都是空，我們不應對它們起執取之心。第三句陳述的綜合式結合了真理的上述兩個面相，或者可以說，同時揭示事物的這兩方面的面相。相應地，第三句陳述的類比可以很清晰地以亦有亦空門來表示。第四句陳述的超越式反映出超越以上兩個面相的狀態，敞開一個或表詮或遮詮的關口，為真理的多元性格鋪路。所以這句的類比最適合以非有非空門來描述。「四句」所表達的每一個類比，實際上都有著邏輯的基礎。

關於第二個問題，智顗沒有明確地解釋這種連繫。然而，藉著他的判教，這個問題並不難交代。智顗認為，藏教著重事物的現象方面，傾向於將事物視為一些實在的東西。這很自然會連繫到有門，例如說一切有部（Sarvāsti-vāda）。通教強調事物的非實體或空的性格，由此而連繫到空門，般若思想與中觀學即持這種說法。別教提倡體證事物真理的漸進過程，在當中，修行者必須經歷對真理不同層面的了解，從最低升進至最高層。這不同的層面表現為有和空，所以連繫到亦有亦空門。圓教提倡頓然地體證事物的真理，當中一切分別，包括有和空必須在瞬間超越和克服。基於這個原因，圓教應連繫於非有非空門。從這個意義上說，四門與四教的連繫兼有義理上和實踐上的理據、基礎。

讓我們回到智顗與龍樹的比較問題。智顗把四句用作類比的工具，是建基於他的判教理論。從以上的解釋可見，他把四句與四教平行排列，每句陳述都對應於某一種教義。由於每種教義都傾向於某種真理層次，因此每一句陳述會連繫到某種真理層次的法門。我們要特別注意，這個包含四層的方案並非意味對真理的割裂，而是表示不同的真理面相可通過不同的途徑或法門去達致。智顗更指出：

> 實相尚非是一，哪得言四？當知四是入實相門耳。[44]

智顗的論點是，以數量來表示的東西是可以數算的，而且是屬於相對性格的，而終極的真理的性格是絕對的，而且超越了可數算的範

[44] 《法華玄義》第八章，大 33.784a。

域。即使是以「一」這個數目來數算真理，也是不可能的，更不要說其他更大的數目了。如果說真理是一，只能是絕對意義的一：絕對一。「四」或四門只表示對真理的不同理解。因此，智顗以類比的形式運用四句，可說是佛教思想發展中一個有建設性的設計、方案，原因是它能把不同的佛教義理綜合起來，並且能引導人們對佛教真理達致更全面的、更深入的了解。再者，在以判教去說明這個類比當中，智顗更巧妙地運用四句去闡釋和開拓他的判教理論。第一句陳述表示藏教，第二句陳述表示通教等等。至於龍樹，他的情況是不同的。他沒有將「四句」陳述與四種教義相配，甚至未有清晰的判教的想法。然而，我們不要忘記龍樹的四句思想本身有分類的含意，這有助於對同一事物的不同理解劃分開來。實際上，以四句的分類含意作基礎去發展出一套判教的理論體系並非不可能。基於智顗與龍樹在思想上的密切關係，智顗的判教很可能受到這分類含意所影響。我們在這裏不打算進一步探索這可能性，但我們至少可以肯定，智顗把四句用作一種類比的工具的做法，是承襲了這分類的含意的，因為把「四句」陳述（或四門）與四教並列預設了各種佛教義理之間的一個分類的藍圖。

四句的方法，就智顗和龍樹而言，同樣有教化意義，引領有情眾生學習真理的不同面相，最後帶領他們到終極的實相正體。智顗以判教為基礎，將「四句」陳述類比四門，在方法論上是一種積極的和有建設性的發展，原因是它幫助我們了解佛教的充實的、多元的義理。然而，我們必須把注意力轉向一個重點，就是運用四句作為一種類比工具是有限制的。即是說，該類比是權宜地和約定地被闡釋的，而且是透過一些相對的概念或名字，例如「有」或「空」

而進行的。這讓四句落於一種相對的格局中。再者，在這類比中，真理並不是直截了當地展示出來，而是透過一個類比作為中介。這個類比不能引領我們面對面地與真理相遇。在這個意義上，智顗對四句思維有所保留，並指它為「思議」的。

「思議」與「不思議」是在相對的脈絡下說的。以智顗的用辭來說，思議指一些可以用名字來表達，因而是相對性格的東西；不思議則指那些不能用名字表達，因此是絕對性格的東西。亦可以說，思議是屬於思維層次的，而不思議則超越了這個層次。實際上，智顗便曾將思議和不思議與四句的關係作了對比：

> 四句立名，是因待生，可思可說。……〔絕待止觀〕待對既絕，即非有為。不可以四句思，故非言說道，非心識境。㊺

智顗直接地將四句連繫到因果性和相對性，這些都被視為屬於生起的亦即是有為的（梵：saṃskṛta）事物的性格。他認為生起的事物都是可思議和可說的。在這個脈絡下，智顗謹慎地評價四句的方法。他認為這種方法有助於對真理的了解，然而，這了解只限於可思議的和相對的層面。㊻這裏很清楚表示四句只能引領我們了解相對的

㊺　《摩訶止觀》第三章，大 46.22a。智顗在這裏討論相對的與絕對的止觀的關係。

㊻　對四句的這個評價見於智顗對「悉檀」（梵：siddhanta）的討論中。悉檀表示真理或實相。智顗把悉檀分為不可說的和可說的。關於可說的，他列出「四句」陳述，並總結說它們全都有助於對真理的了解。「第一義悉檀者，有二種：一、不可說；二、可說……約可說者，一切實，一切不實，一切亦

真理，與絕對真理無關。絕對真理的性格是不思議的、超越思議的，必須循另一種方法達致，所謂「離四句，絕百非」也，這隱含了超越一切文字言說、相對思維的意味。再進一步說，智顗留意到對四句執著的危險，於是警誡我們避免這種執著。他指出，我們對四句中採用的範疇（有、空等等）不能執實地堅持，否則便干犯了愚癡的見解。㊼這一點似是表示這些範疇不應以任何方式連繫到決定的自性方面去，對自性（梵：svabhāva）的執著是一切邪見的起因。實際上，依康德的說法，範疇只能用於可能經驗的現象或對象，是知性（Verstand）所處理的東西，是可思議的。過此以往，在超越方面，範疇、知性便無能為力，必須讓位予實踐理性（praktische Vernunft）來處理。

八、智顗對四句否定的處理

我們接著要討論智顗系統中的四句的否定或四句否定。跟四句的情況一樣，智顗較著重運用四句否定多於給它一個清晰的定義。但是，在一處地方，他作了以下的註解：

> 諸法不自生，哪得自境智？無他生，哪得相由境智？無共

實亦不實，一切非實非不實，皆名諸法之實相。」（《法華玄義》第一章，大 33.687a）

㊼ 「若定謂是有，即是著法。乃至定謂是非有非無，亦名著法者。……若定言諸法非有非無者，是名愚癡論。」（《法華文句》第十章，大 34.141b。）這裏所謂「愚癡」，大體上是指思維上傾向常住論，不能活轉。

> 生，哪得因緣境智？無無因生，哪得自然境智？若執四見著，愚惑紛論，何謂為智？今以不自生等破四性。性破，故無依倚，乃至無業苦等。清淨心常一，則能見般若。[48]

在這註解中，「自境智」和其餘三種智，並不構成真正的知識（智）。它們是在繫縛於自性的脈絡中說的。即是說，「自境智」代表以自身作為對象的知識，而這自身被視為具有其自性。「相由境智」代表以某個「他者」為對象的知識，而該「他者」是某些事物生起時所依靠的。這個「他者」被視為具有自性。[49]其餘兩句與自生、他生引伸的結論相同，同樣是以自性來說。因此，回應這四種生，引伸出四種自性。智顗似認為四句所代表的這些見解都是邪

---

[48] 《摩訶止觀》第三章，大 46.29a-b。鈞按：此段文字不好解，原英文本有此段文字的英譯，中譯本僅列出原文，未有將英譯譯為中文，今補上我自己對此段文字的中譯如下：

> 事物倘若沒有自生，則怎能有作為對象的自我的知識呢？倘若沒有他生，則怎能有作為對象的相互依存的知識呢？倘若沒有自他共生，則怎能有作為對象的因和緣的知識呢？倘若沒有非原因生，則怎能有作為對象的自然的（生起）的知識呢？倘若有人繫縛或執著於這四種觀點（：自生、他生、自他共生和非原因生），則會有多種愚癡與迷惑生起，那這些東西（：愚癡與迷惑）又怎能被視為知識呢？現在，有了對無生等等（的理解），我們便可破除（對）這四方自性（的執著）。當（對）自性（的執著）被破除，便沒有（對於自性的）倚賴，也沒有任何業或苦，等等。本於清淨心恆常地在不二的狀態，（我們）便能展現般若（智慧）了。

[49] 這裏用「相由」來表達似不太自然。智顗把自生連繫到自境智，很自然應把他生連繫到「他境智」而不是「相由境智」。因此，我們似乎應該把「相由」解作「他」較為合適。

見，由於它們繫縛於自性，這自性並非什麼，而只是一種思維構想。他提出，我們應以非自生等等的正確理解去解除這四種對自性的繫縛，而非自生等等就是無生的表達。解除對自性的繫縛會達致無二分的心的境界，即「清淨心」。這清淨心能生起般若智，對佛教徒而言，這是能夠實現真理的智慧。

智顗的論點是，如果以自生等代表的四句繫縛於自性及與之連繫，就必會產生邪見。他似又這樣想，對自性的繫縛是導致心的二分化和障礙般若智呈現的原因。因此，我們應拒斥四句以及否認任何自性的構想。這樣做，我們就能揭示知識的真實性格，即般若，而體證到真理。在這裏，智顗似把四句關連到自性的繫縛以及心的二分化的傾向，此二者只會阻礙我們對非實體和非二分的真理的了解。我們相信，智顗拒斥四句並強調它的負面意義，用意在指出真理是透過否定自性和拒斥二分化或邪見而達致的。龍樹亦同樣有這種意思。因此，在四句否定的問題上，智顗與龍樹基本上有相同的想法。

智顗曾多次，並在不同主題，例如無明、真如、夢、諸法和妄心上運用四句否定。在這些主題之中，最常提及的是妄心。由於篇幅所限，我們不能詳細介紹所有的主題。我們只能集中於一個例子，從中可見到智顗運用這個方法的態度和基本關心的問題。這例子如下：

> 觀此欲心，為從根生？為從塵生？為共？為離？若從根生，未對塵時，心應自起；若從塵生，塵既是他，於我何預？若共生者，應起兩心；若無因生，無因不可。四句推欲，欲無

來處。……畢竟空寂。㊿

對於這段文字的意思，我們可以先作如下的說明：就欲心（亦即妄心）的生起來說，從根生、從塵（對象）生、從或不從根與塵合起來生，都有困難。對於這些困難，我不想作詳細的說明，讀者若把它們與龍樹的四句否定合起來比觀，便會清楚。智顗的總的意思是，以四句的方法來推求欲心的生起，是不可能的。依於此，欲心自身是沒有的，是沒有自性、實在的。再重複說一遍，「欲心」是一種妄心。智顗表示在這裏運用四句，試圖追溯這種虛妄性格的根源，但這努力是無效的，因為每一句都不能避免出現困難。在這裏需要略為解釋四句在這例子中的形式，尤其關於第二句。「從根生」在這裏是第一句陳述，這沒有問題。然而，在第二句陳述，智顗提出對象（塵）並試圖以「塵生」來建立一否定句。這就出現問題，因為塵並不是根的反面，塵生並不能成為一否定句，與作為肯定句的根生相對比。若以符號來表示，如果根生是「P」，塵生就不能以「~P」來代表。這種情況跟運用他生作為基本上是否定的第二句陳述有著同樣的困難。在這個例子中，我們的理解是應該以一種較寬鬆或有彈性的角度去處理。我們無需太過執著於否定的邏輯形式，因為智顗對邏輯不感興趣，他更關心的是實踐和救贖的問題。在根生的肯定句中，根是作為主題。任何事物只要不是根，即「非根」，寬鬆地說都可以作為根的反面，由此得出「非根」生作為根生的否定式。在這例子中，塵代表了任何不是根的東西。故此，塵

㊿　《摩訶止觀》第六章，大 46.70b。

生是非根生的一種表達，因而成為根生的否定式。在這個意義上說，根據四句陳述的正常關係，可以配合第一句而制訂第二句陳述。

這段文字亦顯示出關於四句否定的另外兩點。首先，妄心不能來自任何地方，妄心的生起不能源自任何背景。第二，妄心的性格基本就是空。關於第一點，人們很自然會將某東西的生起關連到一個原因，這原因是自身、他者、自他共同或是非自非他呢？在現在的例子中，根代表自因，塵代表他因。實際上，自、他、自他共同和非自非他是窮盡了一切可想象到的可能性，關於原因的邏輯形式的可能性。智顗並不反對尋找一個原因來解釋事物生起的做法，只要把這種生起視為經驗現象和相對性格的便可。他亦指出，心之生起必須依靠主要和輔助的因素。[51]事實上，生起的範疇是用來描述質體的形成，這過程先於我們的感官和在我們思想中出現的印象。從這個意義看，生起只是一種協約的工具，因此有相對的性格。除這意義之外，生起沒有其他意思了。但人們傾向將一種終極性賦予生起的概念，並設想在相對的範疇以外，有一些東西具有生起的性格，由此引伸出自生、他生、共生和無因生的問題。他們認為這四種生都有絕對的地位，而且單憑自身便能存在。這樣的屬性和看法完全是來自我們的觀念構想和那些不能避免地產生的邪見。這屬性和看法就是智顗所反對的，而四句否定正表達這種反對。關於這一

---

[51] 「夫心不孤生，必托緣起。意根是因，法塵是緣，所起之心，是所生法。」（《摩訶止觀》第一章，大 46.8a。）即是，心需要由主要的因素意根加上輔助的因素法、塵或對象才能生起。有了這些因素，心自然能成就。這其實是緣起（梵：pratītyasamutpāda）。

點，智顗指出：

> 妄謂心起。起無自性，無他性，無共性，無無因性。起時不從自、他、共、離來。[52]

智顗提出四種性格，這窮盡了一切可想像的性格。這四種性格可連繫到四句陳述的四種邏輯形式（肯定、否定、綜合和超越）。具體地說，「從自性生」是肯定式。「從他性生」代表從非自性而生，因此是否定式。「從自他（共）性生」是綜合前二者。最後，「從無因（離）生」代表超越這個綜合。故此，四種性格與四句陳述相對應，基於這種對應，四句否定顯示出於四種性格的否定。這四種性格實際上同樣是絕對意義的自性所表達的。在這裏，智顗所做的是運用四句否定來提醒我們，心（或任何事物）以任何形式（即自生、他生等等）的生起都確定地是沒有自性或任何絕對的存在基礎。這就是龍樹深切關注的無生的真理、教法。

智顗的第二點，即妄心的性格基本上是空，從邏輯上說已經在他的第一點中設定了。如果一件事物的生起不具有自性，在絕對的意義上，根本就沒有生起。因此，在相對意義上生起的事物，就完全沒有在絕對意義上的生起。即是說，它沒有絕對的自性，因此是空。

生起以及生起的任何事物都沒有自性，因此具有空的性格。從智顗這個論證可以清楚見到，他運用四句否定的目的，是實現真

---

[52] Idem.

理，即具有絕對性格的無生的真理。這無生只是空的另一種表達。這是絕對真理的直接實踐，當中沒有運用類比。我們在第四節已經指出，龍樹和青目都同意無生的這種理解。正如在前面第四章所解釋，智顗基本上以中道佛性來說真理，這中道佛性包含了空的意思。在運用四句否定去展示真理時，智顗在大多數情況下都沒有提及中道佛性。然而，他仍有一次在運用這方法時，把真理說為空、假名和中道。那是他在一個三重的過程（三番）中運用這個方法，並得出結論說，通過這三番，人們可透入空、假名和中道的意義裏。[53]對智顗而言，空、假名和中道是中道佛性的真理的不同面相。這問題將在下一章討論。

九、從實踐和救贖的角度看智顗的四句否定

我們現在試從龍樹的四句否定反思智顗的四句否定。直至現在，我們的研究已顯示出智顗和龍樹都毫不保留地認同四句否定有助於直接地揭示絕對意義的真理。智顗在他去世前所寫的一部短篇著作《觀心論》中指出，《中論》裏一首包含四句否定的偈頌（見第四節及註[17]）的用意在詮釋無生的義理。[54]這無生是《中論》開首

---

[53] 《摩訶止觀》第六章，大 46.81c-82c。這三番是智顗運用四句否定來展示真理的其中一個最複雜的例子。對這三番的闡釋會遠離了本書的範圍。讀者可參考唐, pp.1168-1170 對三番的介紹和解釋。

[54] 《觀心論》大 46.586a。

的歸敬偈頌中提到的「八不」的第一個「不」。[55]這首八不偈頌透過否定八個範疇（生、滅、斷、常，等等），傳達佛教最深奧的義理。這義理是說絕對真理超越一切相對性格的極端，因此不能歸於屬相對性格的範疇。這教法帶出不生、不滅、不斷、不常等義理。智顗的說話很清楚地顯示他認為四句否定的目的是達致無生的絕對真理。正如前面指出，無生是空的一種表述。這些說話同時又顯出智顗在這問題上與龍樹的密切關係。智顗特別重視無生，並且，正如前面所討論，認為《中論》所有章節都是在表達無生。[56]事實上，在智顗眼中，無生代表了《中論》所說明的絕對真理，並且應用四句否定展示出來。在理解和應用四句否定上，智顗基本上與龍樹是一致的。在這方面，我們可以確定地說智顗繼承了龍樹的思想。

然而，在應用四句否定上，這兩位偉大思想家之間仍有一個重要分歧。從以上提到關於無生的一首偈頌以及在某些其他地方可以看到，龍樹經常引用一些普遍事物，因為他不太著重突出個別事例。在這首典型的偈頌中，歸於無生的性格的主題事物是「存在」（梵：bhāvāḥ），這普遍地代表一切質體或諸法。關於這點，智顗的做法很不同，而且很精確。在很多處，他特別指明該主題是心，或更確切地說是妄心。他經常運用四句否定來論證妄心並非生於自身、他者、自他共同或非自非他。他由此得出結論說，妄心屬於無

[55] 參考《梵本中論》p.11；《中論》第一章，大 30.1b；Inada, p.39。在前面第二和第三章已討論過。

[56] 參考第三章第五節及註[46]。

生的性格，或從絕對意義上說是不可得。[57]從理論上說，無論以什麼東西作為主題，都不會影響四句的角色，即是透過實踐無生的性格去喚醒人們趨向真理。真理就是無生，並且能夠在任何事物中展示出來。然而，在喚醒人們趨向無生的真理的實踐當中，找一種親切的或個別的主題事物，總勝過墮進外在的、不確定的事物當中。妄心產生於我們的自身的存在中，因此是一種親近的主題事物。當我們透過四句否定實踐這心的無生性格，我們就會自我約束，以免產生虛妄的動機，這樣，妄心就會逐漸得到控制。智顗很清楚知道突顯這個妄心在實踐中非常重要。在《摩訶止觀》中，他把止和觀的主題事物分為十類。第一類包括五陰（梵：skandha）、十八界（梵：dhātu）和十二處（梵：āyatana）。[58]在這一類中，智顗選用了識陰（梵：vijñāna-skandha），並提示我們在觀的實踐中要集中於這識陰，因為這對於我們每一個人都是親近的。這識陰並非什麼別的東西，而是心，是煩惱的根源。他指出：

> 心是惑本，其義如是。若欲觀察，須伐其根，如炙（譯按：「炙」當為「灸」之誤，灸為一種治病方法）病得穴。今當去丈就

---

[57] 這個論證大多在《摩訶止觀》中找到，例如第一章，大 46.8a；第五章，大 46.54b, 46.63c-64b；第六章，大 46.70b。在《摩訶止觀》第五章，大 46.63c-64b，對這個論證有非常精巧和詳細的解釋。

[58] 《摩訶止觀》第五章，大 46.49a-b。關於五陰、十八界、十二處的詳細內容，可參考中村元《佛教語大辭典》第一卷，東京：東京書籍社，1975, pp.355a, 660c, 657c。

尺，去尺就寸，置色等四陰，但觀識陰。識陰者，心是也。[59]

智顗在這裏的觀點很明顯，當親近的妄心的無生性格實現之後，這無生性格的實現自然地會函攝一切其他疏遠的東西。從實踐的角度看，這是一個值得讚賞的序階。[60]有關這個意思，我們可以較具體地就引文說明一下。智顗的意思是，我們考察某些事物應從最根本、最切近的做起，不應捨近圖遠，這便是「去丈就尺，去尺就寸」。就構成我們的生命存在的五蘊來說，最根本、最切近的，應是識，而識是源於心，故應由識開始。實際上，五蘊中除色外，其他受、想、行、識都是心的表現，說識是最根本、最切近，並不完全妥當。這點先按下。

再進一步說，在無生性格的實現中，對心的突顯代表了心的無生性格。從救贖的意義說，這是一項極為重要的實踐活動。我們對心的無生不應採取虛無的意義而解作心的滅絕。我們會在第七章再詳細說明這點，心在每一刻同時具備清淨和非清淨的因素（例如法性和無明），並且是虛妄的。在心的無生的實踐中，我們關心的是克服心中的非清淨因素而揭示其清淨一面。其結果是，妄心轉化成為清淨心，而這清淨心就是覺悟和解脫的基礎。從這個意義說，賴以揭示心的無生的四句否定，具有很高的救贖意味。

為強調四句否定的救贖意味，智顗再進一步以解脫作為主題展

---

[59] 《摩訶止觀》第五章，大 46.52a-b。這裏的丈、尺、寸是長度單位。一丈等於十尺，一尺等於十寸。一寸約等於一英吋或三厘米。

[60] 唐君毅亦曾指出，在運用四句的否定當中，對心的強調的實踐意義。然而，他未有詳細解釋該意義。參考唐, p.1159。

示這方法的運用。他指出：

> 〔解脫〕不從自脫起，故不約自性以立名。不從他脫起，故不約他性以立名。解脫不從自、他起，故不約共性以立名。解脫不從離自、他無因緣起，故不約無因緣性以立名。……解脫不依四邊起。❻❶

這裏的形式很近似否定心的生起所用的形式❻❷，同時是以四句否定的模式來表示。智顗的論點是，解脫的生起不能關連到任何自性的形式，無論是自、他、自與他共同，或是無因，因此，解脫與自性沒有任何關係。智顗在這個意義上，從救贖的角度指示我們說，解脫並不是生於該四個極端，這四個極端很明顯是代表與自性關連的四句陳述。一言以蔽之，倘若自生、他生、共生、無因生與自性有任何關聯的話，則解脫與它們亦即是「四句」陳述毫無關連。這即是四句否定；這其實即是解脫與具有自性涵意的四句思維完全沒有交集。

作為救贖的目的之解脫，與妄心構成互相對反的兩極。很明顯，妄心的生起應予以否定。然而，解脫的生起亦同樣需要否定，這就有點難理解。在運用四句否定時，智顗並未有將兩者區分，這產生了一些混淆。我們的理解是這樣，智顗運用這個方法的目的是否定歸於自性的任何事物或任何事件的生起，甚至包括作為覺悟的

---

❻❶ 《維摩經玄疏》第五章，大 38.550a。

❻❷ 參考上一節以及註❺⓪、❺❷。

結果的解脫。這種否定當然關連到真理的實現問題。在這方面，智顗與龍樹相當一致。智顗在論證無生時，以解脫作為主題，這並非表示他反對解脫。他只是認為解脫的生起並不與自性有任何關連。他指示說，解脫不能產生於該四種極端的說法，這似表示他認為超越該四種極端可讓解脫成為可能。這樣的指示反映出對解脫的深切關注，而不是反對或漠不關心。

然而，這裏仍存在一個問題。對龍樹而言，真理是空，而他對空的理解主要是自性的否定。四句否定的目的就是要排斥自性。因此，這個方法是相應於，而且是有助於真理的實現。故此，這方法看來已足夠。不過，智顗的情況不同。對他來說，真理是中道佛性。正如第四章所述，這中道佛性有很豐富的內容，包括空。四句否定並不完全相應於這真理的實現，因此，這方法是不足的。從這個觀點看，智顗必須尋求別的方法，我們隨即便會討論這個問題。

第六章
三觀的知識與救贖性格

四句與四句否定之間，智顗認為後者才是真正的哲學方法，可以帶引修學者到真理的實現。然而，他不會滿足於這種方法，因為這方法只能排除謬誤，而不能正面地揭示真理。四句否定只是一種方法，它建基於否定相對的範疇，這些範疇經常被錯誤地關連到絕對真理方面去。例如生起是一個重要範疇，以一種絕對的意義歸於事物的真理，不論是自生、他生、共生或無因生。中觀學認為，這四種生之中，沒有一種與絕對真理相吻合，它們必須要加以否定，以揭示真理的方法。這種否定的方法代表揭示真理的一種否定的表達方式，即指出真理不是什麼。它不能夠揭示出什麼是真理。

中觀學的空和中道，分別被理解為自性和邪見之否定，以及超越兩端，這正是要四句否定這種方法去揭示。無生、無滅等的性質亦相當配合這方法的否定性格。基於這種特徵，我們可以理解為何龍樹經常在《中論》裏運用四句否定。但智顗的情況則不同。縱使他沒有忽略真理的否定和超越方面，但他肯定地更關心真理與世間事物之間的正面和有建設性的關係。從中道佛性的功用和具足性格可見，他堅決地認為，如果不著眼於經驗世間，便不能夠講述或完全明白真理。對智顗而言，這真理的內容是整全的，涵蓋了否定和肯定，超越和世間等方面。它同時是空和不空。它不能完全實現，直至兩方面都同時顧及。這個目的不能以四句否定來達到，因它只顧及否定方面。三觀正是針對這個目的而提出的。

三觀由空觀、假觀和中觀組成。我們稍後會解釋為何將「觀」翻譯為「contemplation」。作為揭示真理的一種哲學方法，三觀不同於四句否定。這不同在於後者只處理對象的無生或空的性格，而三觀則同時處理對象的空的性格和假或世俗的性格，以及這兩種性格的綜合。智顗聲稱，三觀是來自中觀學。具體地說，它能追溯至龍樹的空、假名和中道的概念。❶事實上，三觀與中觀學的空、假名和中道並沒有密切關係。因此，我們在研究三觀的性格前，首先必須檢視在中觀學的脈絡中，這三個概念的意思。由於空和中道已

---

❶ 智顗在兩個地方明顯地將三觀關連到《中論》：《摩訶止觀》第三章，大 46.25b；第五章，大 46.55b。當提到《中論》時，他特別指出天台傳統所稱的「三諦偈」。這首偈頌提出了空、假名和中道的概念。參考《中論》24:18，大 30.33b；《梵本中論》，p.503。亦可參考以上第二章第七節。智顗認為這首偈頌提出了三觀。然而，他聲稱三觀的名稱來自《菩薩瓔珞本業經》某處。（《維摩經玄疏》第二章，大 38.525c）按照佐藤哲英所述，這部經是在中國偽造的，而不是源自印度。（《天台大師の研究》pp.699-703）佐藤又指出，這部經的建立受到《中論》的影響。（Ibid., pp.702-703）我們亦要注意，三觀被關連到傅大士方面去，他寫了一首詩，當中提及三觀。（參考湛然《止觀義例》，大 46.452c。又參考《天台大師の研究》pp.717-718 以及安藤俊雄《天台性具思想論》，pp.26-27。）然而，即使「三觀」的字眼出現在傅大士的詩中，但我們看不到這「三觀」代表什麼。而且，傅大士在中國佛教界是很模糊的人物。基於這兩點，我們不認同在三觀的問題上可見到智顗與傅大士有任何確實的關係。

經在第二和第三章處理過，我們現在會集中處理假名。

一、龍樹思想脈絡中的假名

假名（梵：prajñapti）出現在《中論》裏共兩次。它與空和中道一起在三諦偈中被提到（參考註❶）。在這首偈頌中，龍樹提醒我們關於「空」的權宜性、施設性，或者說，空是一個假名。他似乎要指出一點，空只是施設性地被建立，用以代表真理。「空」作為一個名稱或概念，並不表達任何終極的東西。（參者第三章第七節）龍樹在這裏對施設性或假名並不採取正面的看法。

假名亦在以下的偈頌中提到：

> 沒有東西可以斷定是空（梵：śūnya）、不空（梵：aśūnya）、亦是空亦是不空，以及不空亦不是不空。它們只是為著作暫時的理解而說。❷

> 空則不可說，非空不可說，
> 共不共叵說，但以假名說。（《中論》22:11，大 30.30b）

在這首偈頌中，龍樹否定了四句，這四句由空（梵：śūnya）、非空（梵：aśūnya）、空與非空，以及非空非非空組成。他並且認為這種

❷ Inada, p.134. śūnyamiti na vaktavyamaśūnyamiti vā bhavet, ubhayaṃ nobhayaṃ ceti prajñaptyarthaṃ tu kathyate.（《梵本中論》p.444）

思想方式有施設性的性格。在上一章，我們分析過龍樹以教化、分類和方便的角度說四句。四句的假名性格可能跟這個脈絡有關。龍樹要說的是，四句並不關連及任何絕對或終極的東西。因此，從四句否定，以及將四句降為權宜性或暫時性，可見龍樹不太願意對假名採取正面的看法。

「假名」在梵文為 prajñapti，意思是選定（appointment）、協議（agreement）以及約定（engagement）。❸一般來說，它代表某種思維的建構，當中運用了一個名稱來代表某種世間事物，這事物具有緣生的性格。從終極真理的立場看，一切事物都是無自性，因而是空。然而，這些事物生於種種因素或條件的結合，因而我們假設它們作為現象而存在於空間和時間中。我們因此而權宜地選定一些名稱來代表和辨別這些事物，從而出現假名，例如雞蛋、眼鏡、鉛筆等等。權宜性在這裏指涉選定名稱這種特性。「假」這個中文字眼表示「借用」或「工具性」，因此沒有絕對意義。在本書中，我們會就不同的場合、脈絡以種種語詞來多元地說這 prajñapti 或假名性，例如施設性、權宜性、暫時性、假借性、非終極性，等等。

關於假名的意思，史培隆格指出：

> 我理解假名為一個非認知的、指導性的辭彙，用作一種適當的方法以應付推定的實在物。這個假名的意思依附於這些實在物，同時又向這些實在物提供意義。例如，「人」依附於

---

❸ 參看 Moiner Monier-Williams, *A Sanskrit-English Dictionary*, Delhi, Patna, Varanasi: Motilal Banarsidass, 1974, p.659.

> 這個推定的實在物的心理物理的（psycho-physical）特徵，而「戰車」則設定了車輪、車軸等等。在真理中，沒有稱為「人」或「戰車」的事物。❹

在真理中，沒有稱為「人」或「戰車」的事物，意思是沒有具有獨立自性的人和戰車等事物。「人」是一個假名，是我們選定來代表某些心理物理特徵的聚集，而這個聚集並不表示任何具有自性而能獨立存在的東西。我們要注意假名的非認知性格。若是認知性格，則可以講客觀性、實在性。假名不指涉實在性，它只有權宜性、施設性。

《中論》裏沒有給予假名清晰的意思。龍樹可能認為這裏描述的意思已是眾所周知的，無需再解釋了。或者，他根本不重視假名。在他另一部重要著作《迴諍論》（*Vigrahavyāvartanī*）中，完全沒有提及假名，這可以支持我們後一種猜測。

然而，若深入研究假名的問題，情況會更為複雜。為一件事物設定名稱，並不等同於真有該事物本身。前者是一種意識上的處理，其性質是概念性的；後者則指涉經驗和世間的存在。這裏說的假名是就前者的脈絡而言，並非後者。換言之，假名基本上是指為某東西施設名稱的一種行為，而不是指該被施設名稱的東西，更不表示有該東西的存在，或更精確地說：存有論的存在。這種行為就是施設名稱，目的是辨別某些東西。由於施設名稱是運用名稱或概

---

❹ Sprung 1979, p.17.史培隆格亦在其他地方講述對假名的理解，例如 Sprung 1977, pp.245-246。

念，例如「戰車」、「枱」等等來進行，這行為很明顯地是概念性的，概念性的行為或活動是邏輯性格的，例如分類、綜合之屬，與事物在存有論上是否存在無關。而且，名稱和概念是屬於語言的範圍，而施設名稱是語言功能的一種表現，因此，這種行為是語言的一種運用。此外，我們亦要留意，由於施設名稱這種行為是在暫時的或約定的基礎上為某東西立名，這種行為自然地推導出名稱的暫時性或約定性。因此，假名亦可表示暫時性或約定性。

關於假名作為一種立名的行為，這牽涉到對概念性的關注。而在被立名的對象的意義上解釋假名，則牽涉到對經驗和世俗的關注。這樣的區分非常重要，尤其在決定某人對經驗世間的取向方面。以龍樹的情況而言，當他宣稱空是一個假名，他是針對著空作為一個名稱或概念的施設性而言。即是說，在真實境界中，沒有任何名稱或概念，包括「空」，可以毫無限制地代表終極性。「空」並非什麼，只是一個被營構的名稱或概念，用以代表終極真理。在這裏，假名明顯是指營構名稱或概念的一種行為。從這概念的營構，我們亦可推導出空作為一個名稱的暫時性之訊息。當龍樹把四句連繫到假名時，他將四句還原為語言的運用，其內容是名稱和概念。因此，假名在這裏亦被視為一種運用名稱和概念的行為。從《中論》可見，龍樹無疑是將假名理解為施設名稱或運用語言的行為。事實上，梵文 parjñapti 是表達一種行為。麥迪羅（B.K. Matilal）以依待的命名（dependent designation）來解釋假名。按他所說，假名是為某東西，例如戰車命名的行為，而這命名是依待其他東西的，例如一套車輪和車軸。他指出，我們所有的命名在運作上都是「綜合」性格的，在當中，我們綜合各種元素在某些事物中，從而為它們命名。❺對某東西命名的行為正是我們對龍樹的假名的理解，即是施設名稱的行為。

二、在《大智度論》的脈絡中的假名

假名在《大智度論》（*Mahāprajñāpāramitā-śāstra*）中涵有的意思相同於它在《中論》裏所具有的意思，但它更進一步。在某些情況，假名作動詞用：

> 五眾和合，假名眾生。❻

> 離二邊故，假名為中道。❼

> 諸法和合，假名為老。❽

在第一種情況中，假名表達一個思想過程，在當中權宜地構成了「眾生」這個名稱。在第二種情況，權宜地引用了「中道」這個名稱來代表超越兩端的狀態。因此，我們可以斷定，「中道」是一個

---

❺ Matilal, p.150.

❻ 《大智度論》第八十一章，大 25.630b。

❼ 《大智度論》第八十章，大 25.622a。

❽ 《大智度論》第八十章，大 25.622b。可比較拉馬南（K. Venkata Ramanan）的較輕鬆和詳細的理解：「把一切必須的要素聚合起來，依於這種聚合性，老的狀態便現成了。」（Ramanan, p.244.）

假名。這個斷言跟空是一種假名的斷言相同，因為空和中道兩者都是權宜地造出來的名稱，用以代表終極性。在最末一種情況，「老」是權宜地設立的名稱，用以描寫在各種因素結合下形成的人的狀態。在這三種情況，假名的意思無疑是立名的行為。

然而，《大智度論》的作者視假名不單只是立名的行為，更將假名連繫到對象或事物方面去，從而賦予它某些實質的性格。例如他說：

凡夫顛倒見故有。智者於有為法不得其相，知但假名。❾

這裏的假名是指作為現象的事物，例如戰車、房屋、身體等等。由於這些東西都是從因緣生成，或者如引文中所述的「有為」（梵：saṃskṛta），所以根本沒有任何東西是具有自性或能夠獨立存在的。假名所代表的是各種原因的聚集，倘若沒有這種聚集，則無任何東西能夠存在。例如，頭、腿、腹、脊椎等等的聚集，權宜地稱為「身體」。❿假名代表這些原因的聚集，而不是該「質體」自身。

假名有（provisional name-being）與假名相（provisional name-form）兩個辭彙的建立，進一步加強了假名跟對象的連繫。在這兩個辭彙中，主辭是有和相，但它們都建立在假名或施設性的基礎上。關於

---

❾ 《大智度論》第三十一章，大 25.289a。所謂「於有為法不得其相」，即是對於一切因緣成立的事物，都不從自性立場執取它們的相狀，視之為常住不滅。

❿ 如頭、足、腹、脊和合故，假名為身。（《大智度論》第八十九章，大 25.691a。）

假名有，《大智度論》說：

> 假名有者，如酪有色、香、味、觸四事。因緣合故，假名為酪。雖有，不同因緣法有；雖無，亦不如兔角龜毛無。⓫

這假名有是一種處於實有與虛無之間的存在。這種存在是建立於種種因素的結合；它很明顯是代表「結合」本身，這表現為事物。在《大智度論》裏，假名相指例如戰車、房屋、森林等事物。⓬由於假名有和假名相都表示作為對象的事物，所以假名亦與對象的關係更為密切。

在另一處，假名與事物被等同起來，並且受到相當的重視。《大智度論》說：

> 〔須菩提〕不壞假名，而說諸法實相。……菩薩知一切法假名，則應般若波羅蜜學。所以者何？一切法但有假名，皆隨順般若波羅蜜畢竟空相故。⓭

描繪種種事物的終極真理，而不滅除假名的思想，最初來自《般若經》。⓮這正是體法入空的另一種表達方式。這體法入空的實踐方

⓫ 《大智度論》第十三章，大 25.147c。

⓬ 《大智度論》第六十一章，大 25.495b。Ramanan, p.87.

⓭ 《大智度論》第五十五章，大 25.453a。

⓮ 不壞假名，而說諸法實相。這種思想出現於漢譯的《八千頌般若經》（*Pañcaviṃśatisāhasrikā-prajñāpāramitā-sūtra*），而《大智度論》正是這部經

式被智顗視為通教的特點。按智顗的看法，中觀學和般若思想都屬於通教。在這個脈絡當中，假名很明顯地指涉事物或現象，而所說的終極真理（諸法實相）就是空。這裏要表達的是，絕對的真理的實現跟相對的經驗事物是不能分開的，這帶出了這些事物在救贖方面的重要性。在這裏，假名是在對象的意義上建立的。所謂事物在救贖方面的重要性，實展示大乘佛教對經驗的、現象的世界的重視。這世界雖遍佈著種種染污的東西，但我們要做的不是要析離、摧毀這些東西，而是要點化、超越它們，即在它們之中證得沒有自性的空的性格。這種思考最後發展為圓教圓融思想，那是我們在下一章要處理的課題。

三、在智顗思想脈絡中的假名

到目前為止，我們已討論過在中觀學的脈絡中的空、假名和中道的概念。接著，我們要看智顗怎樣理解這些概念。由於空和中道已在第三章討論過，我們現在會集中討論假名。

關於假名的意思，我們可以在智顗的系統中見到一些重要的改變。首先，「假名」這個辭彙很多時被簡化為「假」。「名」這個字被取消，這不單只表示用辭上的改變，更表示從對名字方面的強調轉變為對實質方面的強調，這是基於對實質的、世俗的關注大於對名字的、概念的關注。在我們的用辭上，對名字方面的強調揭示了將假名視為一種立名的行為；而對實質方面的強調，則揭示將假

的註釋。參考《大智度論》第五十五章，大 25.452a。

名理解為對象的傾向。

第二，智顗著重以境來說空、假名和中道。在描繪三觀的活動時，他指出：

> 以觀觀於境，則一境而三境；以境發於觀，則一觀而三觀。……觀三即一，發一即三，不可思議。⓯

「以觀觀於境」的前一個「觀」代表三觀；而「三境」則代表境的三方面，即空、假名和中道。這顯示三觀作為一種認識方式可以理解對象或境的多元面相：空、假名和中道；而觀作為理解對象的認知，亦可有多元的層次：空、假名和中道。這樣，三觀分別與三境相比配，序列歷然。「三境」亦在別處提到，並被視為「不思議」：

> 一心三觀所成三智，知不思議三境。⓰

這裏以三智說三觀，表示觀的主體性認知的三個層面：空智、假智、中智。這三個層面分別認識三個層面的對象，這是不可思議的。關於「不思議」或不可思議的意味，下一章會有詳盡的交代；在這裏，我們以非邏輯的，而是辯證的來理解便可。我們在這裏先注意境的問題。就智顗而言，空和中道明顯地是非實在的對象或

⓯　《摩訶止觀》第三章，大 46.25b。

⓰　《摩訶止觀》第三章，大 46.26b。

境。歸於這二者的境亦不能視為實。只有「假」能夠在正確的意義上被視為對象，即是具體的事物或具體事物的世間。這個「假」在另一處有更詳細的介紹：

> 所觀之假者，有二種假，攝一切法。一者愛假，二者見假。⑰

智顗在這裏試將假分類。然而，我們現在無需關注這分類。我們關注的，是假包含了一切法，因而是諸法世間的另一種表達。無疑，在智顗的脈絡中，假基本上建立在對象的意義上，這指具體的世間，具有經驗的和相對的性格。將這種理解關連到第四章討論的出假和入假，會有助於我們的討論。假是經驗事物的世間的表述，這包括了有情和非有情事物。

我們應注意，當以假來說具體的事物或具體事物的世間時，它們是具有相對的或緣起的性格。它們是非實在的，因而是空的；它們是假的或施設性的，不是終極的。智顗完全明白到它們的施設性，但並不採取悲觀的態度。他反而認為這種施設性只是讓事物和世間呈現為目前狀態的因素。正由於這種施設性，世間才能夠改變和轉化，而這轉化是由中道佛性的功用所啟動的。我們亦可以說，惟有在這假或施設性當中，中道佛性的功用才得以發揮。智顗就在這個意義上強調和關注這假以及它的施設性。嚴格來說，倘若世間事物不是施設性，而是實體性的、有其實體、自性的，則不單存有論的變化不可能，宗教救贖的轉化義也不可能。這是非常危險的。

---

⑰ 《經摩經玄疏》第二章，大 38.525c。

再要一提，雖然智顗把假名具體化，並將一種對象的意義歸於它，他並沒有忘記假名原本的意思是一種立名的行為或活動。例如他在說明由空入假觀（我們稍後會再詳細解釋這個表述式）的時候，指明該虛妄是施設性地名為世俗的真理（世諦）。⑱假名在這裏表示立名的行為。智顗亦將假解釋為「無而虛設」。⑲即是說，在存有論或真諦方面，假名是不存在的，只是我們施設性地提出來的。他又應用了「假名有」⑳的說法，這「有」不是獨立地、絕對地存在，只是權宜地提出來的。這種表達方式未有出現在《中論》裏，但在《大智度論》中可見到，而且似乎關連到對象意義的假名。無論如何，在智顗的著作中，很少見到將「假」解作「立名的行為」的地方。因此，我們不擬在這裏討論。假名所代表的意義，從《中論》，經《大智度論》到智顗，顯然有著一種過渡性。這種過渡性是從強調名言性和概念性，轉移至強調具體性和世間性。很明顯，龍樹較關注前者，而智顗則較著重後者。

四、觀的知識性和救贖性特質

釐清了空、假名和中道在中觀學脈絡中的意義，以及智顗對這些概念的理解後，我們現在要詳細討論智顗的三觀的方法了。智顗首先給予觀一個總持的解釋：

---

⑱　《維摩經玄疏》第二章，大 38.525c。

⑲　同上書，大 38.525b。

⑳　《摩訶止觀》第五章，大 46.63b。

法界洞朗，咸皆大明，名之為觀。㉑

法性寂然名止，寂而常照為觀。㉒

很明顯，這裏的觀具有知識論的意義，不過，這不是一般西方哲學所說的知識論，不是康德所強調的外界事物的雜多（Mannifaltige）被範疇所整合成對象（Objekt）而確立的知識的理論。它很具實踐性和救贖性。所觀的並不是一種作為現象的對象，而是真理本身，或更適當地說，是終極真理，即實相。在觀中達致的不是關於相對的經驗世間的客觀知識，它主要關心的是一種廣泛意義的真理的體證、實現。透過如此的觀，可以正確地了解和實現真理。智顗所說的「洞朗」、「大明」，都不是西方哲學所流行的知識論語詞，與感性直覺（sinnlische Anschauung）沒有直接關連。它毋寧是睿智的直覺（intellektuelle Anschauung）所起的作用的結果。而觀自身亦沒有動靜的不同狀態，卻是恆常地發揮作用的，這便是「常照」。

智顗以「觀達」和「觀穿」去解釋觀。觀達的意思是達致真理以及有情眾生的原本清淨的性格，而觀穿則指克服一切煩惱，並逐漸無障礙地透入絕對。㉓這裏有一點值得我們注意。智顗要我們修

㉑ 《摩訶止觀》第五章，大 46.56c。

㉒ 《摩訶止觀》第一章，大 46.1c-2a。止和觀在智顗的著作中經常一同列舉，作為兩種實踐的方法，透過它們而達致真理。事實上，「摩訶止觀」這個書名是依據這兩種方法而立名的。在目前的研究中，我們不準備特別解釋「止」，因為在這種方法上，我們看不到智顗與中觀學的密切連繫。

㉓ 「觀以觀達為義，亦是觀穿。言觀達者，達眾生本源清淨，如從假入空觀之

行，以達致生命的本源清淨或清淨的本源，這本源應該是說心的，這樣便混入如來藏自性清淨心的思路了，不能純粹地說一念無明法性心了。後者是智顗的天台圓教的基礎，是綜合的、弔詭的思維形態。前者則是華嚴宗及《大乘起信論》的基礎，是分解的、理性的思維形態；達摩及早期禪、北宗神秀禪和神會、宗密禪都有這種傾向。智顗未能區別開來，顯然是一間未達。不過，倘若我們以較寬鬆的眼光看，把焦點放在佛性方面，而以佛性是本來清淨的，但在後天上夾雜有種種染污成分，便可以說得過去，不會產生嚴重的問題。這個問題非常複雜，這裏沒有篇幅來討論。另外，觀不單只涉及真理的實現，亦涉及我們的清淨性格的實現。這清淨性格指我們的佛性，對智顗而言，這亦即是心。這種等同性不會令我們感到驚訝，如果我們記得智顗以中道佛性來說真理的獨特觀念。這中道佛性同時是道或真理，以及我們的佛性或心。人們或許會想，這道或真理是客觀的，而佛性或心則是主觀的，但這種主、客的二元性並無出現在智顗的思想系統中。在中道佛性之中，中道與佛性的綜合和等同已克服了這種二元性，而這中道佛性對智顗而言就是真實的和終極的真理。

另一點值得我們注意的是，這裏所說的觀具有很強的能動性，並且與事物的經驗存在有著密切的連繫。在以上引文中，智顗指出

所照達。雖復凡聖有殊，同歸空寂，一如無二。……觀穿義者，菩薩從假入空時，貫穿俗諦見思之磐石，滯真無知之沙，無明覆蔽一實之礫，洞徹無礙。即是窮至心性本際金剛。」（《維摩經略疏》第八章，大 38.672b）。「觀以觀穿為義，亦是觀達為能。觀穿者，穿見思、恆沙、無明之惑，故名觀穿也。觀達者，達三諦之理也。」（《維摩經玄疏》第二章，大 38.525c）

觀的特點是寂而常照，如剛剛提到的。對比於「止」的寂靜，帶出了一個觀念，就是觀是建立於恆常能動以及恆常有功用的基礎上。在這樣的觀之中，所觀的就是真理，即是中道佛性。這真理並不是一種超越的、孤立的真理，而是有具足一切的性格，因而是一切事物的實實在在的真理，這就是經驗世間的真理。觀在與經驗事物的緊密連繫之中進行，它的能動性亦指向這些事物。這種觀的能動觀念以及經驗的連繫亦反映於智顗對小乘藏教的批評中：

> 〔二乘〕止觀，雖出生死，而是拙度，滅色入空。此空亦得名止，亦得名非止非不止，而不得名觀。何以故？灰身滅智，故不名觀。[24]

智顗在這裏指斥小乘佛教徒是虛無主義者。在尋求真理（空）的過程中，他們犯了兩項錯失。首先，為求達致空，他們析離以至摧毀事物，即經驗範疇的事物。如第三章所述，他們以分解的方式破壞事物。結果，真理在與經驗世間沒有任何連繫之下被觀照，成為孤懸狀態，它的終極關懷無落腳處，四無掛搭。第二，智顗指出小乘毀滅身軀和滅絕智慧。這種批評與第四章所述的中道佛性的常住性格成了強烈的對比。智顗的觀點似是，小乘人沒有建立常住的、等同於心的佛性，作為尋求覺悟的精神基礎。基於這個原因，小乘佛教徒相信，當一個修行者的形體寂滅時，他不會留下任何東西，所謂「灰身滅智」，因此不能說任何形式的功用或力動，而只是虛無

---

[24] 《摩訶止觀》第三章，大 46.23c-24a。

一片，淪於極端的虛無主義（nihilism）。由於小乘的觀缺乏經驗的連繫和動力，智顗認為這並不是真正的觀。故此，我們可以推斷，智顗賦予觀一種很強的力動意義以及與經驗世間的密切關連。我們在以下章節討論智顗的三觀時，會再詳細解釋這點。這種對觀的觀念，跟中道佛性的常住、功用和具足一切的特點完全一致。事實上，智顗的三觀正是從中道佛性的觀點建立的。以中道佛性為基礎，在主體性方面開出三觀，在客體性方面發展出三諦。主體性與客體性最後又在中道佛性的綜合、融攝下證成統一。以三觀觀三諦，不是一種西方式的認識論活動，而是在實踐論、救贖論上完成圓融的覺解。

現在，我們需要討論止和觀這兩個辭彙的翻譯問題，尤其是後者。很多中國的佛教學派都將止和觀視為達致真理的重要實踐方法。我們現在所關注的，是在智顗的系統中，這兩種方法代表著什麼。智顗以法性的靜止來理解止，這表示斷絕一切阻礙我們見到諸法的真實性格的顛倒和執著。因此可以翻譯為「cessation」，表示克服以至停止這些顛倒和執著的行為或活動。關於觀，翻譯的問題較為複雜。學者們有不同的建議。例如漢維茲翻譯為「view」[25]，玉城康四郎譯為「observation」[26]，W.T. de Bary 譯為「insight」[27]，以及張鍾元譯為「contemplation」。[28]張鍾元把智顗的三觀譯

[25] Hurvitz, p.315.

[26] 玉城康四郎著《心把捉の展開》，東京：山喜房佛書林，1961, "Introduction" (English section), p.11.

[27] W.T. de Bary, ed., *The Buddhist Tradition in India, China and Japan*, New York: Vintage Books, 1972, p.165.

為「Threefold Contemplation」。㉙把觀譯為「view」或「observation」都是可行的，但問題是 view 和 observation 這兩個語詞的意思都較浮泛，難以令人想到真理的達致的方法。在救贖的意義上說 viewing the truth 或 observing the truth 似乎有點不自然。「insight」和「contemplation」是較佳的翻譯，因它們較切合救贖目標的達致。智顗把觀說為是「寂而常照」，似乎要強調觀的常照方面，這牽涉到很深邃的功用和能動的意義。在「insight」和「contemplation」中，後者似乎更能直接表達動感的意味。因此，我們把觀譯為「contemplation」，而三觀就是「Threefold Contemplation」。

五、三觀的知識救贖論的特性

在智顗的系統中，一種獨特的，用以照見真理的觀法就是三觀。正如以上所述，這三觀具有知識救贖論的（epistemic-soteriological）特性，以下文字特別指出這點：

> 所照為三諦，所發為三觀，觀成為三智。㉚

三諦和三智的問題在三觀的脈絡中提出。三諦在這裏可視為認知的

㉘ Chung-yuan Chang, *Original Teachings of Ch'an Buddhism*, New York: Vintage Books, 1971, pp.12, 39.

㉙ Idem.

㉚ 《摩訶止觀》第五章，大 46.55c。

對象，三觀為認知活動，而三智則是認知主體。三觀的知識論架構相當清晰。現在關注的不單是對經驗世間的知識，更是在救贖意義上的覺悟。「三」在所述的「三諦」、「三觀」和「三智」中，均同樣指空、假名和中道。三諦由空諦、假諦和中諦組成。至於三觀的組成，本章開首已解釋過。這裏需要較詳細解釋三智。三智在多處列舉為一切智、道種智和一切種智。㉛一切智與空連繫；道種智與假名連繫；一切種智則與中道連繫。即是說，它們是分別照見空、假名和中道的智慧。就智顗而言，⑴空表示事物的普遍性格；⑵假表示有多樣性和特殊性的經驗世間；⑶中道的含意包括空和假的綜合。根據這幾點，我們可以很有把握地說：⑴一切智是普遍性的智慧；⑵道種智是特殊性的智慧；⑶一切種智是綜合普遍的和特殊的智慧。我們亦可粗略地畫出一幅三觀的知識的圖像：在空觀中，普遍的智慧照見空；在假觀中，特殊的智慧照見假名；在中道觀之中，普遍而又特殊的智慧照見中道。另外，有一點我想附帶提一下。智顗的這種三智思想，在佛教中有沒有相近的說法呢？我們

㉛ 例如《法華玄義》第九章，大 33.789c；《摩訶止觀》第三章，大 46.26, 28c；《法華文句》第二章，大 34.22c。這三智極難準確地翻譯為其他語文。為避免誤解，我們不予翻譯。智顗提到，目下所涉的三智來自《大智度論》（《四句義》第一章，大 46.723c）。而我們亦在《大智度論》中找到這三者的討論（《大智度論》第二十七章，大 25.258c-259b）。然而，由於該討論較為含糊，較難確定該三者代表什麼。關於三者的進一步討論，參考 Swanson, p.116; pp.276-277, note 5。然而，史旺遜沒有翻譯一切種智為「the wisdom of both universality and particularity」（普遍的同時也是特殊的智慧），卻翻譯為「universal wisdom」（普遍的智慧）。但我們使用這名稱時，指的是一切智。

很自然地會聯想到護法（Dharmapāla）的《成唯識論》（*Vijñaptimātratāsiddhi-śāstra*）所提出的四智或四智相應心品。這四智是成所作智（梵：kṛtyānuṣṭhāna-jñāna）、妙觀察智（梵：pratyavekṣanika-jñāna）、平等性智（梵：samatā-jñāna）和大圓鏡智（梵：sādarśa-jñāna）。粗略地說，一切智相應於平等性智，道種智相應於成所作智與妙觀察智，一切種智則相應於大圓鏡智。對於這種比對，有很多問題要交代，我們在這裏不能細說，只有點到即止。

我們仍然需要再進一步勾繪一幅更細緻和精確的三觀的知識救贖論圖像。智顗在《摩訶止觀》中說：

> 觀有三。從假入空，名二諦觀。從空入假，名平等觀。二觀為方便道，得入中道，雙照二諦，心心寂滅，自然流入薩婆若海，名中道第一義諦觀。[32]

智顗在這裏更專門地討論三觀。組成三觀的空觀、假觀和中道觀，並非個別在孤立的脈絡上看，而是空觀和假觀相互承接，而中道觀則綜合二者。空觀特別作為二諦觀，它順著「從假入空」的方向進行而以空為其焦點。假觀則定為平等觀，它是順著「從空入假」的方向進行並以假名為其焦點。關於「二諦」和「平等」這兩個名稱，智顗解釋說，「二諦」指兩方面（空和假名）在空觀進行當中的

---

[32] 《摩訶止觀》第三章，大 46.24b。可參考史旺遜的英譯和解釋（Swanson, pp.118-120）。三觀與《小止觀》的討論可參考新田的《天台實相論の研究》pp.317-320。

結合。換句話說，假名是空的基礎，透過假名，空得以表達出來。故此，假名是一種表達，而空就是所表達的東西。二諦觀得以實踐就是透過這兩方面的結合。㉝「平等觀」中的「平等」可藉著把這個觀分為兩個步驟──「從空」和「入假」來解釋。修行者在實踐空以後，不會住著於這個超越的空的境界，因為他知道這仍然未是終極的真理。他從空回轉，進入假名（施設性的世間），委身去幫助他者，這就是「從空」。在幫助他者當中，針對個別的需要，他提供不同的輔助方法，這就是「入假」。這裏所說的「平等」，是對比於二諦觀的不平等而言，因為在二諦觀中，我們否定假名的自性，並將假名視作空。在這種行為中，我們以空去否定假名。然而，我們未有反過來以假名去否定空。在平等觀中，我們否定對空的住著而回轉至假名，以假名去否定空。空與假名是平等地應用，每一方都被否定一次。因此，這觀稱為「平等觀」。㉞

現在來到中道觀，或中道第一義諦觀（the Contemplation of the Middle Way-Supreme Truth）。以上《摩訶止觀》的引文只說這種觀是同時照見空、假二諦，「雙照二諦」。該篇文章繼續對這觀有更詳盡的描述：

㉝　「所言二諦者，觀假為入空之詮，空由詮會，能所合論，故言二諦觀。」（《摩訶止觀》第三章，大 46.24b）

㉞　「從空入假名平等觀者，若是入空，尚無空可有，何假可入？當知此觀為化眾生，知真非真，方便出假，故言從空。分別藥病，而無差謬，故言入假。平等者望前稱平等也。前觀破假病，不用假法，但用真法。破一不破一，未為平等。後觀破空病，還用假法，破用既均，異時相望，故言平等也。」（《摩訶止觀》第三章，大 46.24c）

> 前觀假空，是空生死，後觀空空，是空涅槃。雙遮二邊，是名二空觀。為方便道，得會中道。故言心心寂滅，流入薩婆若海。又初觀用空，後觀用假，是為雙存方便。入中道時，能雙照二諦。㉟

這裏需要稍作解釋。在二諦觀之中，觀照經驗世間的自性之否定，這經驗世間在佛教一般稱為 saṃsāra（梵）或生死輪迴。這是假名的空，或假名的否定。在平等觀中，觀照空的自性的否定，這是空空，或對空的否定。這兩種否定，若各自來說，都成為一種極端，都不切合完全的境界。要達致完全境界，它們必須加以綜合，構成

㉟ 《摩訶止觀》第三章，大 46.24c。我們應注意，智顗在這裏所說的假是指 saṃsāra（梵）或生死輪迴，他顯然視假為經驗世間，將假具體化的意圖很明顯。我們又必須注意，這三觀的描述在智顗的著作中經常出現。我們所舉的引文是最簡明的。更詳細的描述可參考《維摩經玄疏》第二章，大 38.524c-532a；《法華文句》第八章，大 34.110c-111a。《維摩經玄疏》的文字太長，不便引述，今只引《法華文句》之文如下：「一約觀門，二約教門。觀門者，眾生之心，具諸煩惱，名高原。修習觀智，名穿掘。方證理味，如得清水。依通觀，乾慧地如乾土，性地為濕土泥，見諦為得清水。別觀從假入空，但見空，不見不空。斷四住，如鑿乾土，去水尚遠。從空出假，先知非假，今知非空，因是二觀得入中道，能伏無明，轉見濕土，去水則近也。圓觀中道非空非假，而照空假，如漸至濕泥，四住已盡，無明已伏，已得中道，相似圓解，故言如泥。若入初住，發真中解，即破無明，如泥澄清，得見中道，如見清水。……次約教門者，土譬經教，水喻中道，教詮中道，如土含水。三藏教門未詮中道，猶如乾土。方等、般若滯於方便，說中道義，如見濕土。法華教正直顯露，說無上道，如見泥。因法華教生聞思修，即悟中道，真見佛性，所發真慧，不復依文，如獲清水，無復土相。」按這是以四教作為背景來說三諦，以泥、土、清水為喻，十分傳神有趣。

一個雙重否定（雙遮），即同時否定空和假名，這表達出中道的境界。然而，二諦觀和平等觀的圖像可從另一角度看。一方面，二諦觀以空否定假名，這可被視為空的肯定。另一方面，平等觀以空否定空，在邏輯上，這表示回到假名，或對假名的肯定。因此，這綜合的結果是同時肯定或同時觀照空和假名。這實際上就是雙重肯定或雙重觀照（雙照）空和假名，由此表達出中道的境界。因此可以見到，在中道觀中不單是同時否定和超越空和假名，達到一種超越的和無分別的境界，亦綜合了空和假名。這綜合可以藉著無分別心面向經驗世間帶出一種正面和積極的態度。在這種觀中，從修行者採取的角色：對假名的肯定或入假，功用的意味很明顯。如以上所述，這角色如上面所說，是透過對個別的需要提供不同的輔助去利益他者。㊱

六、一心三觀如何可能

空觀、假觀和中道觀已分別討論過，我們必須注意，這三種觀實際上構成了一種「三觀」。即是說，在實踐中，三種觀不是分開地和逐漸地進行的，而是同時在一瞬間成就的，就好像只有一觀。這種三觀的同時性和瞬間性表達在「一心三觀」之中。關於這種說法，智顗表示：

若一法一切法，即是因緣所生法，是為假名，假觀也。若一

㊱　參考註㉞。

切法即一法，我說即是空，空觀也。若非一非一切者，即是中道觀。一空一切空，無假、中而不空，總空觀也。一假一切假，無空、中而不假，總假觀也。一中一切中，無空、假而不中，總中觀也。即中論所說不可思議一心三觀。[37]

智顗在另一處亦有近似的描述，而且補充說：

但以一觀當名，解心皆通。[38]

智顗在這裏分別以「一法」和「一切法」來說空和假名。「一法」代表一切事物的普遍的空的性格，即是空。「一切法」代表經驗存在事物的多樣性，因而是假名。一法和一切法的等同，表示智顗沒有把空和假名各自孤立，而是把它們的意思視為互相承接的，如不以其中一個為參照，則不能正確了解另一個。空和假名的這種關係，讓我們想起《中論》裏所說的空和緣起的關係。以上第一段引文的後半部分很有意思，因為它透露了智顗對空、假名和中道三方面的觀的和諧理解。這種理解包含了一個想法，就是其中任何一方面的觀，必定具備其餘兩方面。即是說，個別的空觀、假觀或中道觀，同時亦是空、假名和中道作為一個統一整體的觀。個別三種觀的差異只在於重點的不同。即是說，空觀強調空，如此類推。基於

---

[37] 《摩訶止觀》第五章，大 46.55b。這「一心三觀」在某處倒轉稱為「三觀一心」（例如《摩訶止觀》第九章，大 46.131b），意思並無改變。

[38] 《維摩經略疏》第七章，大 38.661c-662a。

空、假名和中道的同時照見，這種觀稱為「三觀」。此外，由於它的證成是在一瞬間，而非逐漸達致的，因此稱為「一心三觀」。

從終極的角度說，實際並沒有這三種觀，因為無論是空觀、假觀或中道觀，其內容都是一同觀照三方面。所以，實際只有一種觀，在當中，空、假名和中道是同時實現的。智顗正是在這個脈絡上提出他的名句「即空即假即中」，意思是空、假名和中道的實現，沒有時間上的差異。「即」在這裏表示同時性或否定時間上的間隔。智顗指出：

> 三諦具足，秖在一心。分別相貌，如次第說，若論道理，秖在一心。即空即假即中，如一剎那，而有三相。[39]

---

[39] 《摩訶止觀》第六章，大 46.84c-85a。這裏要解釋一下引文中「道理」的英譯問題。我們很難為這個辭彙找到一個直接的翻譯。梁實秋主編的《遠東實用漢英辭典》（臺北：遠東圖書公司，1988）將它翻譯為「reason」、「rationality」、「right way」以及「proper way」（p.1112）。這些都不是合適的翻譯。在引文中，智顗將「道理」跟「相貌」或空、假名、中道三種真理的特徵對比。相貌代表顯現的狀況，因而是外在的，而道理則表示內在的，或某事物的真實性格或原理。因此，我們翻譯「道理」為「true principle」。此外亦要指出，「一心三觀」中的「心」可以指淨心或妄心。如果指淨心，這淨心將是觀的知識方面的行動主體，因此是三智（參考前一節）的來源。從這個脈絡上說，引文的意思是，淨心本身能同時實現空、假名和中道。然而，如果「心」是指妄心，這妄心將是觀的作用對象，這與我們日常生活中虛妄的「念」沒有分別。在這個脈絡而言，一心三觀就表示這心或念，雖然屬虛妄，但是在同一時間被觀照為空、假名和中道性格的事物。這樣的理解預設了一個行動或觀照的主體，不論它是清淨心或非清淨

「三諦」指空、假名和中道。在這裏吸引我們注意的，是三諦的同時間實現。正是由於這同時性，該三種真理才能稱為「三諦」，這表示真理的不可分割的性格。這種同時性亦是智顗在以上文字中所特別強調的重點。㊵三諦完全具備於一心的觀念亦值得我們注意。它作為以上語句的補充，宣示了三諦的同時間實現純粹是心本身的作用。

在我們認知的經驗中，如果我們要清楚地認識，則在一個時間只能認識一個對象。如果兩個對象，例如一個橙和一個蘋果同時被認識，就會產生混淆，而且不可能產生兩個對象的清晰形像。要分別認識兩個對象，只能逐步進行，不可能同時認識兩個對象，兩個以上就更不可能。這樣便要面對一個關鍵問題：三觀如何可能，而

心。「即空即假即中」在「一心三觀」的兩種脈絡中，都有著相同的意義。在前一種脈絡中，它展示了清淨心在同一時間照見空、假名和中道。而在後一種脈絡中，它表示妄心被透入，該妄心作為空、假名和中道的性格，在同一時間被體證出來。在智顗的著作中，前一種脈絡似較為主導。在我們的研究中會集中於這種脈絡，在當中，心會被視為一個清淨心。

㊵ 這一點從我們所觀察到的「即空即假即中」在智顗的主要著作中頻密地出現可以證明。例如它在《法華玄義》出現了十三次（大 33.692c, 695b, 714a, 721b, 726a, 733a, 739a, 736b, 777b, 781a, 781b, 789c, 811b）；在《摩訶止觀》十八次（大 46.7b, 8c, 25b, 31c, 41b, 67b, 84b, 85a, 87b, 88b, 88c, 95b, 99c, 100a, 100c, 128b, 130c, 131b）；在《法華玄句》四次（大 34.4c, 5a, 17a, 25a）。我們要特別注意，這句說話只出現在智顗的後期作品，例如《法華玄義》、《摩訶止觀》、《法華文句》、《維摩經玄疏》和《維摩經略疏》中。這顯示三觀同時的觀念是在智顗思想成熟時才發展出來的。在他早期的著作中，未有提及三觀實現的同時性。關於三觀的對象，即三諦，詳細的解釋可參考新田雅章的《天台實相の研究》pp.497-512。而新田的解釋是參考了《法華玄義》、《摩訶止觀》和《法華文句》的。

其中的空、假名和中道同時間由一心照見呢？這個問題之所以重要，原因是它緊密連繫著絕對地真實的真理，達致這真理是佛經所真正關心的問題:覺悟。㊶這三觀是智顗視為達致絕對真理的方法。它甚至比四句否定更為重要，因為它提供了一個正面的方法去達致真理，而後者則只是一個負面的方法。

然而，我們很失望，因為智顗並未有在他的主要著作中正面地處理這個問題，他只是把圓教所解釋的三觀理論，跟別教所解釋的相對比，並宣稱後者以漸進的方法進行三觀，而前者則提倡頓然的方式。㊷智顗又以一種美麗和優雅的表達方式描繪三觀的認知脈

㊶ 「一實諦即空即假即中。……一實諦者，即是實相。實相者即經之正體也。如是實相即空假中。」（《法華玄義》第八章，大 33.781b）「一實諦」是指絕對地真實的真理，亦即是「諸法實相」中的「實相」。這一是指絕對義，不是一個數目。

㊷ 即是，智顗曾從自己的判教觀點來說三觀，而歸宗於圓教的說法。《維摩經略疏》謂：「略明三觀之相。三藏既不見真，不須論也。通教三觀但約二諦，只成二觀，無第三觀，非今答意。今但約別、圓以簡三觀，則有三種：一別相，二通相，三一心。一別相者，歷別觀三諦，從假入空，但得觀真，尚不觀俗，豈得觀中？從空入假，但得觀俗，亦未觀中。若入中道，方得雙照。玄義已具。二通相者，則異於此。從假入空，非但俗空，真中亦空。從空入假，非但俗假，真中亦然。若入中道，非但知中是中，俗、真亦中。是則一空一切空，無假、中而不空。一假一切假，無空、中而不假。一中一切中，無空、假而不中。但以一觀當名，解心皆通。雖然此是信解虛通，就觀除疾，不無前後。三一心者，知一念心不可得，不可說，而能圓觀三諦。即此經云：一念知一切法是道場，成就一切智。」（第七章，大 38.661c-662a）對於這段文字的解讀，需要對智顗的判教法有點了解才行。智顗把全體佛法判為藏、通、別、圓四教。藏教或三藏教強調要析離諸法才能見空的真理；另外，屬於藏教的小乘說一切有部（Sarvāsti-vāda）說法有我無，智顗

絡，他說「不權不實，不優不劣，不前不後，不並不別，不大不

都不滿意，認為他們處理真理的問題不正確，即使是他們要證得的空，也不能作周延的真理看。既然如此，三觀是照見真理的觀法，真理有問題，三觀也就不能說了。通教說空與假名，視之為真、俗二諦，或兩層真理。他們雖然也說中道，但如上面提過，智顗認為通教的中道內容貧乏，不涉佛性，不講中道佛性，「無中道體」，因而不能說為中道之諦，或中諦，只能說空與假名二諦，因而三觀也無從說起。

剩下的只有別教與圓教，他們都講中道佛性，而成空諦、假諦和中諦，因此可以講三觀，而且是一心三觀。但其中仍有差別。三觀雖是一心的活動，但別教依歷別的方式來講三觀，只能依序一觀一觀地講，不能一下子、一瞬間講，這便是「歷別」。因而在觀的活動中，任何一觀只是它自己，不能同時涵有其他二觀的作用。如空觀或從假入空觀只能在一個時間中觀照空或本真的真理，但不能觀照假名或世俗的真理，更不要說觀照中道或中道佛性的真理了。假觀或從空入假觀只觀照假名或世俗的真理，不能同時觀照空與中道的真理。到了中觀，才能以中道的觀法為基礎，而觀照空和假名的真理，所謂「雙照」。圓教的觀照則不同。空觀或從假入空觀不但照見世俗的假名為空，亦能照見本真的空和中道的空。到了中道的境界，不但能觀照中道是中道，亦能觀照世俗的假名和本真的空是中道。這樣便能達致「一空一切空，無假、中而不空；一假一切假，無空、中而不假；一中一切中，無空、假而不中。」最後是，三觀中任何一觀，都同時能涵攝其他的觀。這樣才能使三觀的分解的、分離的作用作綜合的、圓融的轉向，而發自一心，這便是一心三觀的歸宗處。不過，智顗並沒有忽略在觀照中照顧到眾生的疾患問題。在義理上、信念上是一心同時發出三觀，但在去除眾生的後天的缺憾、疾患上，仍會依眾生的個別的條件而持守三觀進行的先後次序。即是，對世俗的假名有特別凝滯的，便先行加強從假入空觀；對本真的空有執取而有落於虛無主義的傾向的，則先行加強從空入假觀；對能持守中道正觀的，不偏於假名、空的，則讓他同時作三觀相互涵蘊的實踐或觀法。這種工夫現成後，便能以一心同時觀照世間事物的空、假名、中道三個面相，而成三諦，而這一心或一念心亦渾忘掉，以臻於圓觀三諦之境。

小」[43]，並且指出在這種觀當中，智慧就是對象，對象亦就是智慧，二者互相透入，毫無障礙。[44]這些描述從常識來看相當弔詭。它們透露出相對的範疇，例如權和實，優和劣等等，都不適用於三觀。此外，它們又顯示出三觀的認知脈絡不同於主、客二分的認知脈絡。然而空、假名和中道這三方面如何在同一時間被觀照的問題仍未交代。同樣地，現代學者亦未有特別指出和認真地處理這問題。

田村芳朗提出了一心三觀的問題。他指出：

> 一般人繫縛於世俗的假名，而不知道假名是空。空諦因此被提出來。小乘的聲聞和僻支佛繫縛於空，忘卻了要離開空而入假名。因此要提出假諦。大乘菩薩降生至假名世間，但他們仍有一種危機，他們過份投入於這假名世間，以至忘卻了空。……因而要提出中道，讓大乘菩薩在假名世間中仍不忘空。最終的結果是空、假名和中道（完全和頓然的止和觀，一心三觀）三者的結合和相互等同的知識論被建立起來。[45]

在這裏，田村從歷史上追溯三觀如何出現在佛教的脈絡中。他從實踐和教化的角度說為何需要三觀。我們相信智顗會同意他的說法。但田村並未有突出和回應我們所提出的問題，即是三觀如何可能。

---

[43] 《摩訶止觀》第三章，大 46.25b。

[44] 「智即是境，境即是智，融通無礙。」（《法華玄義》第三章，大 33.714a）

[45] 田村, p.79。原作者從日文原本翻譯為英文。

七、三觀裏的中道佛性

我們現在嘗試透過參考智顗的觀念，去處理上面提出的問題，即在一心裏，三觀如何可能。我們相信解決問題的關鍵就在中道佛性，對智顗而言，這就是真實的真理，即實相。按照我們的觀察，在三觀中所觀照的必定是真實的真理，即是中道佛性。而空、假名和中道不是別的，正就是中道佛性的三個面相。

我們在第四章已討論了中道佛性的三種特徵，包括：常住、有功用和具足的性格。這些性格的提出是要與藏教和通教（這兩教被智顗嚴厲地批評）所提倡的空相對比。這三種特徵當然未能涵蓋中道佛性的所有性格。可以肯定，智顗不會反對把空（即非實體性）歸於中道佛性作為它的一種屬性。它會激烈反對的，是單純把空當作真理。事實上，他曾宣稱：

> 空觀通於小、大、偏、圓。[46]

這句說話的意思是，空是通於所有佛教的教派和教義。基於這個原因，我們有理由相信，代表圓教的真理的中道佛性包含了空的意涵。

從中道佛性的具足性格，明顯可以知道假名亦包含在當中。我們已經弄清楚智顗將假名實質化和具體化，把它視為概括種種事物的經驗世間的一種表述，這正是具足性格所強調的。毫無疑問，中

---

[46] 《摩訶止觀》第六章，大 46.85b。

道佛性在中道觀之中包含了中道的含意。這個含意，正如「雙遮」和「雙照」所表示，空和假名會一同被否定及肯定。「雙遮」是對空和假名的雙邊否定；「雙照」是對空和假名的雙邊肯定。㊼

因此，空、假名和中道就是中道佛性的三個面相。然則，我們所說的空、假名和中道被觀照於一心又是什麼意思呢？這個意思包含了一種情況，就是空和假名的性格（即事物的非實體性和施設性或假名性）都融匯於中道佛性的實現當中，而沒有住著於其中任何一種性格。在這種觀當中，我們所關心的，基本上並不是空、假名和中道各自的面相，而是中道佛性作為一個整體，同時具備著這些面相。在這種脈絡中，我們所處理的並不是特殊的一、兩種元素，而是單一的整個觀的性格。

對三觀的這種理解，即是把空、假名和中道化約成中道佛性，看來較為合理。但這裏仍然有一個重要問題：在三觀的認知方面，它關心的並不是在一種主、客二分的關係上（不論它是中道佛性或任何東西）認知任何東西，而是牽涉一件具有深刻救贖目的的事情。智顗察覺到這點。事實上，他透過轉化經驗世間來詮釋三觀，以確立這事情的這種含意。他在《維摩經略疏》指出：

> 初，從假入空，是破法折伏義也。次，從空入假，是立法攝受。中道正觀，即是教化眾生，入實慧也。入實者，名法久住，法久住者，則法身常存。㊽

㊼　關於雙遮和雙照，詳情可參考本章第五節。

㊽　《維摩經略疏》第三章，大 38.597b。

法久住者，令見佛性，住大涅槃。[49]

這是極為有意義和具啟發性的對三觀的描述。其大意是，從假入空觀是要在工夫論上破除對諸法的執取。從空入假觀是要在存有論上匡扶諸法，不讓它們受到拒斥以至摧毀。中道正觀則是總持的宗教的救贖目標，讓眾生都能證成法身，而臻於精神不朽。這裏很清楚揭示三觀具有一種終極關懷，就是建立諸法以及轉化有情眾生。這建立和轉化都是中道佛性三種特點發揮出它們的正確意義所成就的事情，以下再作詳細闡釋。

在三觀中，空觀的角色是消滅和克服諸法。這傾向於對經驗世間的否定的意涵。然而，這裏的空不單是空，而是連繫著假名的空，正如引文所說「從假入空」。在這個脈絡上，對經驗世間的否定並非完全是虛無主義的，所消滅的並不是諸法本身，而是智顗所說的以破除對諸法的執著來處理、安頓它們。[50]假觀的角色是建立和具足諸法。這有存有論的意味，但亦帶有救贖的意義，教化眾生以及引導他們達致覺悟是主要關心的問題。智顗亦將建立和具足諸法視為致力於佛身的證成[51]，這亦表示達致佛境界。這裏展示了對諸法或經驗世間的肯定，這經驗世間，就智顗而言，是假名所代表的。跟上述空的情況相近，假名亦不單只是假名，而是連繫著空的假名，如引文所述「從空入假」。既與空有連繫，則對經驗世間的

---

[49] 同上，大 38.597a-b。註[48]和這裏的近似說法亦見於《維摩經文疏》第九章，續 28.19a。

[50] 《維摩經略疏》第三章，大 38.597a。

[51] 同上。

肯定的同時，也察覺到這世間並非實在，因而不會對它產生執著。

關於中道觀，智顗以它的教導和轉化有情眾生的角色說，讓他們達致一種智慧、洞見，能透入終極境界而得覺悟。這個角色具有非常深刻的宗教意義。「實」指實相，簡單地說就是真理，它與經驗世間有著相當密切的連繫。這點可見於智顗將透入真理（「入實」）跟「法久住」等同一點中，這清楚突顯了對經驗世間的肯定和保留。這裏明顯看到智顗對世間的深切關懷。但無論如何，我們需要問：「入實」跟「法久住」等同究竟有什意麼意思呢？從「法久住」跟常住的「法身」和「佛性」的連繫，似乎顯示法身和佛性是支持和加強諸法或經驗世間的重要性的。由於法身和佛性都具備常住性，經驗世間亦承襲了這種常住性。對智顗而言，法身和佛性是等同的，而且就是中道佛性。這中道佛性正就是「實」所指的。這中道佛性的實現亦具備了經驗世間的實現，而且給予後者一種常住的性格，由此引伸至入實與法久住的等同關係。在這種理解下，把中道佛性視為智顗對終極真理或原理的周延的表述，是毋庸置疑的。

這三觀實際展示於對中道佛性的實現或體證中，其結果是對經驗世間的認知的轉化（epistemological cultivation）。這種轉化牽涉到對經驗世間的肯定和保留的深切含意，而且緊密對應著中道佛性的具足性格。這種性格只有在將對經驗世間的認知轉化為集中於諸法的有情部分時，才能完全發展和實現。這一點可見於智顗對真正的中道觀的解釋中，他以教導和轉化有情眾生，讓他們培養出悟入終極境界的智慧來說真正的中道觀。這真正的中道觀，即中道正觀，無疑比空觀和假觀更受重視。

至於對非有情事物的轉化和建立，智顗未有詳細講解。我們認為，智顗只是運用了誇張的手法，並沒有實質的含意。即是說，轉化是涵蓋一切的。如果該轉化是由菩薩進行的，由於菩薩的慈悲是涵蓋一切的，所以不單只是包括有情眾生，還包含了非有情事物。在轉化的工作中，所作的努力是建基於中道佛性的功用性格。前面第四章所說的一句話「菩薩以圓力建立眾生」，很生動地表明了這種性格的作用。這轉化的恆常和堅持的意義亦來自中道佛性的常住性格。實際上，中道佛性的三種特質，在轉化經驗世間，尤其在有情眾生方面，都顯出它們的重要意義。

基於以上的研究，我們現在較能回應那個困難問題了：三觀如何可能？首先，諸法的經驗世間的建立與對經驗世間的執著的消除是不能分開的。這過程不是逐步進行的，而是兩者在同一時間實現。正當執著滅去，經驗世間就得到建立。經驗世間的建立，正就在滅除執著的一刻，沒有任何時間上的差距。它們並不是兩件事情，而是同一件事的不同面相。因此，空觀和假觀基本上就是一觀的兩個方面。這一觀主要關心的，總結起來就是經驗世間的建立。我們要再三強調，建立經驗世間或法（立法）必須在某特定意義上理解。即是說，經驗世間的建立的含意在於有情眾生，特別是人類對於經驗世間採取一種正確的取向。我們要強調經驗世間的重要性，由於它是（而且惟有它是）達致覺悟的地方。然而，我們不應執著這經驗世間，以為它具有自性和實在性。雖然智顗並沒有清楚道出這個含意，但從他對中道佛性的具足性格的強調，可以推斷出來。

第二，有情眾生的教導和透入真理的智慧的證成，與經驗世間的建立是在同一時間實現的。它們並不是先後發生的事情，而是一件事情的兩個方面。因此，我們可以理解前兩種觀跟中道觀其實是同一個觀，這即是三觀。在這三觀當中，在中道佛性的實現之下，經驗世間得以轉化，同時間，在經驗世間的轉化之中，中道佛性得以實現。就智顗而言，這就是覺悟的經驗。在這個脈絡之下，三觀應理解為中道佛性觀，而這觀不單具有認知的含意，同時亦具有實踐和救贖的意義。而且，以智顗對實踐和救贖的深切關注來說，後一種意義更為重要。據以上所述，空、假名和中道不能分開來處理，而是統一於中道佛性之中；而三觀所關心的，正是中道佛性的實現問題。由於這實現只是單一事情，所以從時間方面看，處理空、假名和中道並無先後次序的困難。因此，在同一瞬間達致三觀的可能性並無問題。這跟我們在同一時間中認知放在不同位置的橙與蘋果的情況很不同。

八、三觀與三諦偈

我們在本章首個註解中指出，智顗明顯地把三觀連繫至《中論》裏的三諦偈。在某些地方，他把即空即假即中作為緣起事物的謂語，似要將這句話歸於《中論》。[52]他又把該偈頌的空視為超越的真理，假名為施設的真理，中道則為中道－勝義的真理，並總結

---

[52] 例如《法華玄義》第一章，大 33.682c；《摩訶止觀》第五章，大 46.67b。在前者，智顗說：「中論云：因緣所生法，即空即假即中。」

這首偈頌為對大乘佛教和三諦義理的解說。[53]智顗甚至以滅除和克服對諸法的執著去解釋三諦偈所列的空；以建立和具備諸法去解釋假名；並以教導和轉化有情眾生以及確立諸法的恆常性去解釋中道。[54]智顗亦很清楚承認他的三觀與三諦偈之間的密切關係，但從義理角度看，這密切關係是否屬實呢？讓我們細心檢視這個問題，以結束本章的討論。

從智顗經常在主要著作中引述三諦偈，可證明他實在非常重視這首偈頌。[55]偈頌中的三個概念，即空、假名和中道，在三觀的組成上佔著重要位置，以三觀在很大程度上繼承了這三個概念的意思，這亦是事實，尤其對於空而言。智顗以滅除和克服諸法（如前面所述，這實際是指對諸法的執著）來理解空，這合乎龍樹的空的概念，即對自性和邪見的否定。智顗和龍樹二人均強調這概念的實踐和救贖意義。

但無論如何，這種相似性畢竟被它們的差異性所掩蓋。三觀和

---

[53] 「中論偈云：因緣所生法，我說即是空，此即詮真諦，亦名為假名，即詮俗諦也，亦是中道義，即詮中道第一義也。此偈即是申摩訶衍，詮三諦之理。」（《四教義》第二章，大 46.728a）同樣的描述亦見於《維摩經玄疏》第三章，大 38.535a。超越的真理（真諦）亦稱為「絕對的真理」，施設的真理（俗諦）又稱「相對的真理」。引文的最後一句亦解釋了為什麼稱之為「三諦偈」。

[54] 「因緣所生法，我說即是空，破法折伏也。亦名為假名，立法攝受也。亦是中道義，教化眾生，令法得久住。」（《維摩經略疏》第三章，大 38.597a）近似的說法亦見於《維摩經文疏》第九章，續 28.18a。

[55] 例如《法華玄義》大 33.682c, 695c, 758a；《摩訶止觀》大 46.1b-c, 5c-6a, 7a, 28b, 31b；《法華文句》大 34.3a, 4a；《四教義》大 46.724a, 727b, 728a, 728b；《維摩經玄疏》大 38.525a；《維摩經略疏》大 38.597a-b。

三諦偈的密切連繫難以獲得確認。首先，雖然三觀可被追溯至中觀學，但是以智顗自已所理解的中觀學為主。在中觀學中，空表示真理，而且是一個獨立的概念，表示它是根本的。即是說，作為真理的表述，空能夠不與任何東西連繫而獨自成立。在三觀中的空就有很大差別。空觀更適合地被稱為智顗所說的「從假入空觀」。空在這個脈絡中不單是空，而且是有著假名為背景的空。空是在一個過程的脈絡中說的，當中牽涉到空和假名，而不單只是空。這個空不能與假名分開。純然的空只是片面的和超越的，因此不能代表完全的真理。由假名支持著的空，是與經驗界有密切連繫的空，因此是更有具足性。就智顗而言，空似乎不能獨自代表真理，而只是真理的一個面相，中道佛性才是真理。假名的情況亦是一樣。空和假名都同是附屬於中道佛性。從這個意義上說，空並不是一個獨立而根本的概念。假名在《中論》裏（正如第一節所述）代表立名的動作，而在智顗的系統中，假名被實質化，代表一個對象或經驗世間。兩者的差別是毋庸置疑的。關於中道，我們已在第一至三章說明龍樹的中道代表超越兩端的狀態，而智顗的中道則在佛性的範疇中實質化。前者是附屬於空，後者則被視為真實的真理，即中道佛性。對於這三個概念，智顗作出了差異很大的修訂和解釋，是龍樹和他的中觀學門人所難以想像的。但智顗自身卻認為他的修訂和解釋是合乎龍樹的意思的。

第二，在三觀中，所觀的是三諦，這是空、假名和中道真理的結合。智顗稱為「真諦」和「俗諦」[56]的，分別是空的真理和假名

---

[56] 參考註[53]。

的真理。一個我們必須注意的重點，就是三諦的架構是建基於一個假設，認為空、假名和中道是處於平行的位置，每一個都是獨立於其餘二者。只有在這個假設之上，我們才能得出空諦、假諦和中諦，以及將三者結合成為三諦。然而，龍樹完全沒有這個假設。在三諦偈的梵文原本中，空、假名、中道的概念並不是處於平行的位置上，而是以一種巧妙的方式串連著，用以揭示空所蘊含的意義：基於空具有的假名性，因此空就是中道。很明顯，這裏的主題是空，而假名和中道則只是用以補充解釋空的意義。[57]再清晰一點說，就是龍樹把空視為真理。他沒有把中道視為獨立於空的真理，至少在空是真理這個意義上是如此。在《中論》裏，中道是附屬於空的真理。至於假名，我們前此已說明，在《中論》裏，它只代表一個立名的動作，並不太受重視。要將這個假名提升至假名的真理，如智顗所強調的，概括整個經驗世間，還有很遠距離。這裏沒有任何跡象顯示龍樹把空、假名和中道視為三諦。將這首偈頌稱為「三諦偈」其實並不適當，而且有誤導性。因此，以三諦來詮釋這首偈頌是不能成立的。[58]在三諦偈以至整部《中論》，很明顯地沒有任何文字顯示龍樹有三諦的觀念，即空即假即中的思想更是沒有。然

[57] 我們已經詳細分析過三諦偈的梵文本。參考第二章第七節。

[58] 我們應該謹慎地判斷，錯誤詮釋這首偈的責任應在鳩摩羅什（Kumārajīva）多於在智顗。在前者的漢譯本中，空、假名和中道是作為對緣起的平行的、對等的謂辭。很自然，智顗是從平行的角度看這三個概念；而且，由於真理性格被歸附在空方面，因而認為它們是三諦的表述。從這個錯誤的詮釋，亦可證明智顗沒有參考該首偈頌的梵文原本，只是透過鳩摩羅什的翻譯去理解中觀學。智顗大概並不懂梵文。

而，龍樹有二諦的觀念。關於這點，我們會在下一章處理。[59]

[59] 對於龍樹的思想，特別是在三諦偈所顯示的思想，跟智顗在三觀和三諦所顯示的三重架構的關係，史旺遜所持的觀點跟我們有很大差異。在這個問題上，他認為智顗與龍樹之間有著肯定的和緊密的關係。他表示，在《中論》裏已隱含了三重架構（Swanson, pp.14-15），並且聲稱，智顗的詮釋是漢傳佛教對該首偈頌的意義加以發揮，令到中觀哲學更為清晰明了。（同上書，p.8）基於我們的研究以及提出的論據，我們會較著重智顗不同於龍樹的地方，而不是相似之處。但這不同點並不代表一種越軌的做法。

第七章
相即或等同的實踐意義

在真理的實踐當中，我們難免遇到一個問題：我們對真理應以什麼方式去實現？這個問題可以更直接地表達如下：

1. 我們是否應在一種孤立的脈絡中實現真理，離開這個時空的世間，假設真理不以任何形式與這個經驗環境發生關係？抑是，我們應該連繫著這個經驗環境來實踐真理呢？
2. 如果對上述後一個問題的回應是肯定的，那麼，真理與我們這個經驗環境的連繫應有多緊密呢？

我們稍後會見到智顗和中觀學同樣持肯定的立場，認同真理應在與經驗世間緊密連繫的情況下實現。他們以等同或無差別來說這種連繫。龍樹聲稱生死輪迴（梵：saṃsāra）與涅槃（梵：nirvāṇa）沒有差別，因此，它們是互相等同的。這種等同在一種有所保留的意義上出現，我們稍後會解釋。智顗則採取相當進取的態度，他宣稱煩惱本身就是覺悟，而生死輪迴本身就是涅槃。❶這裏的生死輪迴屬於經驗世間，而涅槃和覺悟則是實現或體證真理的結果。我們會在

❶ 參考下文關於這些述句的詳情。

這個意義上討論真理與世間的相即或等同。❷由於涅槃、覺悟、解脫和實現真理在有情眾生尋求救贖目標的意義上的理解是相同的，除特別情況外，我們討論等同的問題時不會區分它們。龍樹通常用涅槃來表達這個目標，而智顗則用「解脫」（梵：mokṣa），基本上，這兩個辭彙沒有差別。

這種等同關係展示一種方法去實現真理。這裏的「方法」是以廣義來說，意思是真理與經驗世間的等同的一個正確的實踐關係。它亦可代表一種合適的態度：真理應該在與經驗世間緊密連繫的基礎上實現。❸

然而，我們應注意，智顗除了跟中觀學者有一些共同理解之外，他跟這些人以及龍樹對於這種等同性持不同的觀點。在這等同性的問題上，他更對通教，包括中觀學派採取批評的態度。為了清楚了解智顗在這問題上怎樣跟中觀學關連而又區別開來，讓我們先檢視龍樹在他的等同性的實踐意義上的立場。

---

❷ 這種等同的實踐意義在佛教是很明顯的。實際上，沒有一個大乘佛教學派可以否認這種等同。稻田龜男曾指出，對這種關係的了解是大乘佛教哲學的持續不斷的挑戰和最為深沉的特性。（Inada, p.12）

❸ 印順亦曾以方法論來說二諦。他說，二諦的教義是引領有情眾生由無明步向覺悟的基本方法。（《中觀今論》，臺北：慧日講堂，1971, p.205）在這個脈絡中，二諦的教義主要代表中觀學所宣揚的教法，即是空之真理與施設性的世間無差別。

一、涅槃與生死輪迴的等同

在《中論》裏，龍樹很清楚地宣稱涅槃與世間或生死輪迴無異：

> 輪迴世間本質上跟涅槃無任何差別。涅槃跟輪迴世間在本質上沒有任何差別。涅槃的界限就是輪迴世間的界限。兩者之間亦沒有任何差別。❹

> 涅槃與世間，無有少分別，
> 世間與涅槃，亦無少分別。（《中論》25:19，大 30.36a）

> 涅槃之實際，及與世間際，
> 如是二際者，無毫釐差別。（《中論》25:20，大 30.36a）

我們應細心注意，關於涅槃與世間的關係，龍樹說為「沒有分別」，而不是說「等同」。我們的理解是，「沒有分別」的意思可以邏輯地推論為等同。然而，沒有分別跟等同在語調上仍有不同，這代表對涅槃與世間的等同性有著不同的程度的認同或取向。具體來說，若說涅槃就是世間，這代表對涅槃與世間的等同性一種直接的和堅決的肯定。但說涅槃與世間沒有分別，則顯示對這種等同性的肯定是有點保留的。當我們對比智顗跟龍樹在實現真理中對經驗

---

❹ Inada, p.158. 參考第四章第八節，以及註❾❷及❾❸。

世間的取向時，這個保留的含意就會活現出來。當我們說龍樹把涅槃與世間等同時，必須記著這個保留的含意。

在以上引述的兩首偈頌中，涅槃指那種不平常的覺悟的生命，是從實現空之真理而達致的；而世間或輪迴世界則指日常生活在這經驗世間的平常生命。在這個意義上，涅槃與輪迴世界的等同，就是真理與經驗世間的等同的另一種表達方式。由於佛教徒，包括龍樹自己，一般都承認涅槃是清淨的，而輪迴世界是不清淨的，所以我們應該問：在什麼意義上兩者是互相等同呢？出現在第二首偈頌上半部的梵文 koṭi 表示，它們是在界限或領域上等同。即是說，涅槃與輪迴世界共同處於一個領域中，它們其中一方的領域完全就是另一方的領域。龍樹在這裏的意思是，涅槃的達致，並非在輪迴世界以外的任何地方。能夠建立涅槃之處，是輪迴世界的領域，或就是輪迴世界本身。因此，涅槃與輪迴世界的等同有著一個實踐的含意——真理的實現正發生在輪迴世界之中，不是在其他地方。龍樹更提醒我們，離開了生死世間，涅槃不可能存在。❺

在這裏要特別注意，涅槃與輪迴世界處於同一個領域，這句說話只能單純以實踐和救贖的意義來理解。涅槃在輪迴世界中達致；它的領域就是輪迴世界的領域。涅槃並不是某個地方，因此，它不能具有本身的領域，但當達致涅槃時，它就有著一個領域，這個領域是輪迴世界的領域，或說就是輪迴世界。

鑒於涅槃是清淨，輪迴世界是不清淨的對比，龍樹傾向於解釋為不同生命在不同的生活情況的結果。一個人繫縛於他的周遭環

---

❺ 參考第四章第八節，以及註91。

境，因而被操控，他就會停留於輪迴世界中；而當一個人沒有繫縛，他就會達致涅槃。涅槃與輪迴世界的這種分別，可見於以下的偈頌中：

> 生死輪迴的狀態是由於對〔結集（即蘊）的〕存在的緊握以及〔存在物的〕關係條件。那個非緊握和非關係性的，稱為涅槃。❻

> 受諸因緣故，輪轉生死中；
> 不受諸因緣，是名為涅槃。（《中論》25:9，大 30.35b）

因此，一個人生活在涅槃抑是輪迴世界中，全視乎他是被因緣（梵：pratītya）操控抑是不被操控。無論結果是什麼，他仍須緊密連繫著這個現實的經驗世間。涅槃必須並且只能夠在這個經驗世間的基礎上達致，這經驗世間是涅槃獲得真正意義的唯一領域。這個經驗世間就是輪迴世界，在當中，有情生命尤其是人類生命的解放是最受重視的。龍樹指涅槃與輪迴世界沒有分別，就是在這個脈絡上說。

關於本節引述的三首偈頌，穆諦（T.R.V. Murti）指出：

> 涅槃與世間沒有任何分別；本體（Noumenon）與現象並非兩

---

❻ Inada, p.156.　ya ājavaṃjavībhāva upādāya pratītya vā, so 'pratītyānupādāya nirvāṇamupadiśyate.（《梵本中論》p.529）參看 Matilal. p.156.

組分離的事物，亦不是同一事物的兩種狀態。只有絕對者才是真實，它是世間的真實狀態，這世間是建立於虛妄的構想（梵：kalpanā）之中。❼

穆諦在這裏把涅槃與輪迴世界分別歸類為本體與現象，並認為它們指著同一組事物，這表示我們在經驗世間所面對的東西。他在文中亦特別指出涅槃與輪迴世間處於同一個領域。這領域正就是該組事物所處的領域。此外，關於龍樹對涅槃與輪迴世間的關係的看法，史培隆格指出，涅槃並不具有輪迴世間以外的其他境域（ontic range, 梵：koṭi）。❽這境域代表的不是別的，正就是實際經驗的東西的領域。無疑，史培隆格亦認為涅槃與輪迴世間有著同一領域。

二、空與色的等同

關於涅槃與輪迴世間或出世間與世間的等同，有一個相似的概念，在當中空與色（梵：rūpa），或擴展至空與五蘊（梵：skandha）是互相等同的。這個觀念補充了涅槃與輪迴世間的等同的意味。它雖然未有在《中論》裏出現，但在《大智度論》中卻多處可見。

事實上，這個觀念最早出現於般若文獻。當中的思想在《大智度論》中有詳細的解釋。例如《心經》載：

---

❼ T.R.V. Murti, *The Central Philosophy of Buddhism*. London: George Allen and Unwin Ltd., 1955, p.274.

❽ Sprung 1979, pp.19, 260.

> rūpaṃ śūnyatā śūnyataiva rūpaṃ, rūpān na pṛthak śūnyatā śūnyatāyā na pṛthak rūpaṃ, yad rūpaṃ sā śūnyatā yā śūnyatā tad rūpaṃ; evam eva vedanā-saṃjñā-saṃskāra-vijñānaṃ.❾

譯成中文，可如：

> 色即是空，空即是色，色不異空，空不異色，一切色皆是空，一切空皆是色，受想行識亦復如是。

在這裏，色與空是相互等同的。我們不打算詳細研究這種等同關係。❿我們要指出的是，在「色即是空」這一句中，空是作為一個謂詞去解釋色，意思是：色是非實在的，故空。這裏在色方面嵌進了一個知識論的關注。在「空即是色」一句中，色用作謂詞去解釋空，但情況則不同。空表示非實在的狀態，它無需色去進行知識論上的解釋，因此，很難說空帶有知識論上的關注。我們認為，這種關注是實踐性的。即是說，「空即是色」表示空必須在色之中了解和實現。如果我們的詮釋合理的話，有可能空與色的等同亦指在領域上的等同，空的領域就是色的領域。雖然空並不是一個處所，它不能具有自己的領域，但它仍具有一個自己將要實現於當中的領域。這領域不是別的，就是色的領域。因此，空與色處於同一個領

---

❾ See E. Conze, *Buddhist Wisdom Books*. London: George Allen and Unwin Ltd. 1958, p.81.

❿ 對這種等同的詳細解釋，可參考同上書，pp.81-85。

域，而在實踐的角度說，它與色是等同的。「一切色皆是空，一切空皆是色」（梵文本的意思是，是色的東西，便是空；是空的東西，便是色）表示空與色指著同一東西。這個意思可從不同途徑去理解。但無論怎樣，它都涉及實踐上的含意，表示空必須在色的領域中的一切事物裏實現。按照這個意思，我們可以說，空與色處於同一領域，並且，它們是互相等同的。⓫

色包含了五種結集，包括：色、受（梵：vedanā）、想（梵：saṃjñā）、行（梵：saṃskāra）和識（梵：vijñāna），這是構成人類的生命存在的一切元素。人類的生命存在的性格是緣起，而且，基本上與經驗世間無分別。因此，色亦同樣是指述經驗世間。因此，我們可以說，在實踐的意義上，空與經驗世間有著同一領域，即是，空需要在經驗世界中被體證。

如果以上的理解是正確的，我們就可以把空與色的同一性跟涅槃與輪迴世間的同一性關連起來，把它們理解為真理實踐的內在性格的不同表述方式。即是說，真理必須在經驗世間中實現。其實，基於它們同樣是表述這種內在性格，我們亦可將這兩種同一性等同

⓫ 我們應注意，藏文資料亦有提及空與色的關係。在解釋空與色相互間沒有差異時，無垢友（Vimalamitra）指出色與空沒有各自的外在質體（梵：bāhyārtha）。即是說，空不是外在於色，反之亦然。參考 A. Wayman, "Secret of the Heart Sutra," in L. Lancaster, ed., *Prajñāpāramitā and Related Systems*, Berkeley Buddhist Studies Series. Printed in Korea, 1977, p.143.（Wayman 把 śūnyatā 譯為「voidness」而不是「emptiness」）空與色不是相互外在，表示離開色就沒有空，以及離開了空就沒有色。離開色就沒有空的說法，帶有一種實踐的含意，即是空只能在色之中實現，這色的領域完全等同於空的領域。結果是，基於空與色有著同一領域，它們是等同的。

起來。基於龍樹與般若思想的緊密連繫，我們相信他繼承了般若思想（《心經》是一部般若文獻）的這種看法，把出世間與世間等同，並認為出世間的境界需在世間中實現。

事實上，《大智度論》的作者確實把空與色的等同，跟涅槃與世間或輪迴世間的等同關連起來。他指出：

> 佛告須菩提：色即是空，空即是色。……空即是涅槃，涅槃即是空。中論中亦說：涅槃不異世間，世間不異涅槃，涅槃際世間際，一際無有異故。⓬

在這裏，《大智度論》的作者不單把空與色跟涅槃與世間的同一性關連起來，他更把空和涅槃相互等同起來。他明顯認為，兩種同一性都帶著相同的訊息，當中包含涅槃或空必須在經驗世間中達致的實踐含意。

三、日常行為的重要性

龍樹把涅槃與輪迴世間等同，顯示他對我們在本章開首所提的第一個問題採取肯定的回應。這回應是，我們應該在與經驗世間緊密的連繫中實踐真理。涅槃，即真理，必須而且只能在經驗世間中達致。這一點非常重要，但至目前仍只是說說而已，談得多，做得少。譬如說，我們與經驗世間的聯繫應該如何變得緊密呢？具體來

⓬　大 25.198a。

說，在我們生活的經驗世間中，我們運用言語互相溝通，我們作出某些行為，例如教導孩子和照顧病人。這些活動能否關連到真理的實現呢？由於這些因素牽涉到我們的第二個問題，故應在同一性的問題中作出交代。要處理這些問題，我們必須先檢視龍樹的二諦理論。就此，我們先看《中論》有關的偈頌：

> 諸佛所說的法是以二諦為基礎，這二諦是相對（世俗）真理和絕對（勝義）真理。⓭
>
> 諸佛依二諦，為眾生說法，
> 一以世俗諦，二第一義諦。（《中論》24:8，大 30.32c）
>
> 那些不明白兩種真理的差別的人，不能了解佛陀教法的深奧性格。⓮
>
> 若人不能知，分別於二諦，
> 則於深佛法，不知真實義。（《中論》24:9，大 30.32c）

在這裏見到，二諦是由世俗諦（梵：lokasajvṛti-satya）以及勝義諦（梵：paramārtha-satya）組成。在《中論》裏，龍樹未有明顯地指出二

⓭ Inada, p.146. dve satye samupāśritya buddhānāṃ dharmadeśanā, lokasaṃvṛtisatyaṃ ca satyaṃ ca paramārthataḥ.（《梵本中論》p.492）

⓮ Inada, p.146. ye ’nayorna vijānanti vibhāgaṃ satyayordvayoḥ, te tattvaṃ na vijānanti gambhīraṃ buddhaśāsane.（《梵本中論》p.494）

諦代表什麼，他只強調在理解深奧的佛法時，需要把這二者區分開來。關於這二諦的問題，現代學者已經有很全面的研究，他們的工作廣為人知，一般佛學研究者都可接觸到。⓯毫無疑問，這裏的勝義諦表示空的真理，它的性格是絕對的。然而，世俗諦又表示什麼呢？梵文辭彙 saṃvṛti 的意義相當含糊，然而，它是了解這種真理的關鍵所在。它可解作語言，亦可解作語言所表達的東西。關於這點，麥迪羅（B.K. Matilal）指出：

> 我們的言說行為所表達的一切東西，加上言說行為本身，即構成 saṃvṛti 的領域，即是「施設的」、「實踐的」。⓰

麥迪羅以建基於語言及其所表達的東西的言說行為去解理 saṃvṛti。語言是約定地及相對地發揮其作用的，它所表達的亦是約定的和相對的。因此，saṃvṛti 所牽涉的是約定的和相對的東西，這只能是經驗世間的事物和行為。故此，我們可以很有把握地說世俗諦大概表示經驗世間的真理或知識。「真理」（梵：satya）其實並不是一個很好的用辭，因為它通常是關連著絕對的觀念。龍樹告誡我們應區別開勝義諦和世俗諦。這種區別是建基於勝義與世俗，以及空與經驗世間的區別上。

由於本書的篇幅所限，我們不能詳細地探討龍樹的二諦理論。

⓯ 例如 M. Sprung, ed., *The Problems of Two Truths in Buddhism and Vedānta*. Dordrecht: D. Reidel, 1973; T.R.V. Murti, *The Central Philosophy of Buddhism*, pp.228-255; 梶山, pp.130-136; Ruegg, pp.42-47; Kalupahana, pp.67-70, 331-335.

⓰ Matilal, p.153.

我們目前所關心的，是這個理論如何有效地關連到真理的實現與經驗世間的關係上。在這方面，空與經驗世間的區分便不太重要。然而，這問題線索就隱藏於以上所引兩首偈頌後接著的一首裏面。這首偈頌是前兩首的闡釋，頌文說：

> 不依靠日常的一般的行為（即相對真理），就不能表達那絕對的（真理）。不透過那絕對的真理，就不能達致涅槃。⑰

> 若不依俗諦，不得第一義；
> 不得第一義，則不得涅槃。（《中論》24:10，大 30.33a）

同樣的偈頌亦出現在《迴諍論》⑱，龍樹在這裏以梵字 vyavahāra 來說世俗諦。這 vyavahāra 表示我們在日常生活中所進行的活動。這些活動肯定包括教導孩子和照顧病人等事情。青目著眼於言說或語言的行為，強調它的世俗性和約定性。⑲梶山雄一指出，在中觀哲學中，vyavahāra 與 saṃvṛti 是同義辭。⑳正如上面指出，saṃvṛti 可解作語言。要讓日常活動得以進行，語言無疑是一項重要元素，它本身就是我們日常生活中不可缺少的活動。因此，我們應可理解 vyavahāra 為代表日常活動，尤指語言及行為。在以上的偈頌中，

---

⑰ Inada, p.146. vyavahāramanāśritya paramārtho na deśyate, paramārthamanāgamya nirvāṇaṃ nādhigamyate.（《梵本中論》p.494）

⑱ 大 32.14a。

⑲ 大 30.33a。

⑳ 梶山, p.131。

龍樹運用一個序列來說明涅槃的達致：人要透過一般的實踐行為、活動（譯按：即世俗諦）去表述勝義諦（譯按：即第一義諦），並要透過勝義諦以達致涅槃。他斷定，若不依靠一般行為，就不能表述（梵：deśyate）勝義諦。換句話說，勝義諦只能透過一般行為來表述。

我們必須非常小心注意這個斷言。讓我們再檢視它的梵文原本：

Vyavahāramanāśritya paramārtho na deśyate.

稻田的翻譯：「若不依靠日常的一般行為，絕對真理就不能得以表述」是適當的。宇井伯壽的譯本亦同樣正確。㉑他們都把梵文本中的動詞（āśritya 用進行式，deśyate 用被動式）分別譯為「依靠」（relying）及「被表述」（to be expressed）。卡魯柏克納將 āśritya 譯為「依靠」（relying），而 deśyate 則譯為「教導」（taught）。全句譯為：「若不依靠約定，則該終極成果未得以教導。」（Without relying upon convention, the ultimate fruit is not taught.）㉒在文法上及字面上，把 dewyate 譯為「教導」（taught）是較為正確的。然而，此中的差別不太重要。這些學者都傾向於把一般的行為或約定視為表述勝義諦的工具。即是說，一般的行為有方法的功能，讓我們能認識勝義諦。

㉑ 宇井伯壽著《宇井伯壽著作選集》第四冊，東京：大東出版社，1974, p.51.

㉒ Kalupahana, p.333.

穆諦亦有著相近的看法。他以目的或目標來說勝義諦，而以方法來說 saṃvṛti。他視 saṃvṛti 為一個階梯或踏腳石，讓我們能夠到達目標，即勝義諦。㉓他以 saṃvṛti 來指稱那些一般地說是有理解默契的東西。㉔這樣的指稱近似於我們以 vyavahāra 所指的東西，即是在經驗世間中的行為。對於穆諦而言，約定的或經驗的東西在揭示勝義諦中是不可缺少的。

我們仍然可以再進一步看。龍樹《中論》的梵文本中，ā-śri（āśritya 的字根）除了表示依賴（「relying on」、「depending on」）之外，亦可解作附上（「affix」）、粘附（「adhere」）、依靠（「rest on」）或居住（「inhabit」）。㉕這些附加的解釋把出世間（梵：paramārtha）與世間（梵：vyavahāra）在一種更強的意義上連繫起來。勝義諦不單只依賴日常行為來表述，甚至就在日常行為本身中表現出來。離開了日常行為，勝義諦就不能得以表述。依賴日常行為去表述真理，與就在日常行為本身中來表現真理，兩者間有著微妙而重要的差異。在前一種情況，日常行為仍然只是一種工具，因此是外在於勝義真理的表述。而在後一種情況，日常行為成為勝義真理表述的一部分，完全沒有工具或外在的含意。理論上，有工具含意的日常行為，在勝義諦表述完成後是可以捨掉的。但如果日常行為是真理表述的一部分，則絕對不能捨掉。

其次，被動式的 deśyate 可表示「被表述」的意味。它亦可以

㉓ Murti, p.19.

㉔ Ibid., p.17.

㉕ Monier Monier-Williams, *A Sanskrit-English Dictionary*, p.158b.

一種較強的行動意義表示「被展示」或「被實現」。鳩摩羅什翻譯 deśyate 為「達致」，看來較切合後者的情況。㉖因此，關於勝義諦的問題，不單在於它的表述，亦在於它的實現或達致。

基於這些理解，龍樹的陳述可包含一個更具實踐性和救贖性的意義。即是說，我們依賴日常行為，不應僅是用以表述勝義諦，而是應該就在這些行為中達致勝義諦，永不能捨棄日常行為。由於這些行為只能在經驗世間中進行，所以，經驗世間亦是不能捨棄的。這種實踐和救贖的意味亦與龍樹把涅槃跟輪迴世間所作的等同相吻合。這種等同確定地明示涅槃與輪迴世間共處於同一領域中，而且，涅槃只能在這個領域中達致。關於這點，卡魯柏克納曾作以下評論：

> 自由（涅槃）不是與人類生活完全無關的絕對自由。它只是在人類生活中去除了某些限制（例如貪、瞋、癡）。㉗

卡氏在這裏所說的絕對自由（absolute freedom），帶有負面的意義，指那種遠離世界、不食人間煙火的超離的或超絕的（transcendent, transzendent）心靈狀態，真正的自由是從種種煩惱（梵：kleśa）解放開來的、具有救贖性格的精神境界，它不表示要遠離經驗世界，它的證成亦只能表現於經驗世界，只是不受後者的種種具有染污性的東西所束縛而已。

㉖　參考註⑰。

㉗　Kalupahana, pp.89-90.

四、煩惱的滅除

當我們說及真理的實現或解脫的獲得，我們已承認自己是普通人，並生活在充滿苦難的輪迴世間之中。為什麼是這樣？所有佛教徒都會同意這是基於邪見和執著所形成的種種煩惱（梵：kleśa）所致。自然地，解脫的獲得就是透過滅除這些煩惱才行的。從上面闡述的等同的義理可以見到，中觀學的目標是從實現真理而來的、即在經驗世間的日常生活中證成的解脫，但要滅除煩惱。龍樹在《中論》裏便堅持煩惱的斷滅：

> 破壞那些概念化的業煩惱（karmaic defilements）就有解脫（梵：mokṣa）。這些（業煩惱）只是從概念遊戲（即戲論，梵：prapañca）產生，它們都會在空之中被驅除。㉘

> 業煩惱滅故，名之為解脫。
> 業煩惱非實，入空戲論滅。（《中論》18:5，大 30.23c）

龍樹的立場很清晰，在獲得解脫之前，必須消滅或根除煩惱，這是在一種很強的實踐意義上說的。煩惱障蔽我們的解脫。而解脫並非別的東西，就是從苦難和煩惱中得到自由。解脫和煩惱不能並存，我們只能在滅除煩惱的情況下才能獲得解脫。此外，由於戲論是煩

㉘ Inada, p.114. karmakleśakṣayānmokṣa karmakleśā vikalpataḥ, te prapañcātprapañcastu śūnyatāyaṃ nirudhyate.（《梵本中論》pp.349-350）

惱的來源，所以亦應被驅除或滅絕。在《中論》裏到處可見到龍樹要求我們滅除戲論和邪見，以達致解脫或涅槃。卡魯柏克納在前面引述的評論中亦以去除貪、瞋、癡等限制來說自由或解脫。這些限制其實可理解為煩惱，去除它們即代表煩惱的滅除。

要達致解脫就必須滅除煩惱，這種說法在《大智度論》中清楚看到：

> 諸法實相常住不動。眾生以無明等諸煩惱故，於實相中，轉異邪曲。諸佛賢聖種種方便說法，破無明等諸煩惱，令眾生還得實性，如本不異，是名為如。實性與無明合，故變異，則不清淨。若除卻無明等，得其真性，是名法性，清淨實際，名入法性中。㉙

在這段引文中，實相、實性、如、真性、實際和法性都是同義辭，它們的共同基礎都是空。這裏的重點在於由實相與無明等煩惱結合而產生的轉異和邪曲。這些轉異和邪曲會令眾生遭受苦難，並停留在生死輪迴之中。這原本內在於眾生的實相或真理，能夠透過滅除煩惱而復歸清淨，從而達致解脫。從思考形態方面說，《大智度論》是屬於分解形態的。即是，實相或真理本身是超越性格的，是清淨的，只是遇到無明諸煩惱，才變得「轉異邪曲」。要獲得解脫，便得作工夫，讓實相與無明分開，由後者方面解離開來，便能回復原來的明覺，而得解脫。這與智顗所代表的天台的弔詭思考不

㉙　大 25.298c-299a。

同，後者是綜合性格的，即是，作為真理的實相或法性（梵：dharmatā, dharmatva）本來便與無明緊密地連結在一起，兩者是分不開的，不能只要法性而不要無明。這是智顗的弔詭的「一念無明法性心」的意涵。要得解脫，便要從無明與法性所成的背反（Antinomie）突破開來，超越上來。不能以法性克服無明，要法性，不要無明。

回到《大智度論》的說法。滅除煩惱是在中觀學中達致解脫的一種重要的實踐工夫。這種滅除煩惱的實踐跟《中論》所說的世間與出世間的等同問題有密切關連。然而，我們必須特別留意，這種實踐並非表示世間本身都要同時滅除，雖然煩惱與世間的性格都同樣是經驗的，並且經常都連繫在一起。關於這方面，《大智度論》的作者作出如下的區分：

> 般若波羅蜜中，但除邪見，而不破四緣。㉚

這邪見（梵：dṛṣṭi）是一種煩惱，而四緣則代表經驗世間的因果關係。㉛當實踐般若智以實現真理時，所滅除的是煩惱而不是經驗世

㉚ 大 25.297b。

㉛ 佛教所有學派都認同經驗世間是透過眾緣（梵：pratyaya）和合而建立的。瑜伽行派（Yogācāra）更以一套精細的四緣理論來清楚解釋。在這套理論中，原因可分為主要原因，即「因」（梵：hetu-pratyaya）和次要原因，即「緣」。而緣又再分為所緣緣（梵：ālambana-pratyaya）、等無間緣（梵：samanantara-pratyaya）和增上緣（梵：adhipati-pratyaya）。詳情可參考護法（Dharmapāla）的《成唯識論》（*Vijñaptimātratāsiddhi-śāstra*）第七章，大 31.40a-41a。

間本身，因為空就是在經驗世間中實現的。

龍樹自己亦曾反對滅除經驗世間，他在《中論》裏說：

> 你會破壞所有相應於經驗世間的日常行為，因為你破壞了那具有相關地生起意義的空。[32]

> 汝破一切法，諸因緣空義，
> 則破於世俗，諸餘所有法。（《中論》24:36，大 30.34b）

在這首偈頌中，龍樹駁斥那些否定緣起和空的義理的敵論者。龍樹的論點是，現存的經驗世間是依靠這些義理而成就的，如果否定了這些義理，經驗世間亦會被毀滅而變成了一無所有。這是徹底的虛無主義的說法。從龍樹強調在經驗世間的日常行為中實現勝義諦，可見他並不是虛無主義者。我們可以肯定地說，龍樹傾向於保留經驗世間的性格或領域。這種對經驗世間的積極態度正符合「體法」的觀點，或在保留、懷抱著諸法的脈絡中實踐真理，這正是智顗用以判別通教的一種特質。這與藏教的情況很不同，後者強調要先析離以至摧毀諸法，才能展現空的真理。

---

[32] Inada, p.152. sarvasaṃvyavahārāṃśca laukikān pratibādhase, yatpratītyasamutpādaśūnyatāṃ pratibādhase.（《梵本中論》p.513）

五、智顗對等同問題的看法

讓我們暫時停下來，總結一下中觀學在出世間與世間的等同問題上的立場。它將涅槃跟輪迴世間等同起來，致勝義諦（或真理）必須在經驗世間的日常活動中實現。它認為達致解脫之前必須滅除煩惱。在中觀學的脈絡中所說的等同，是指涅槃或解脫跟輪迴世間的等同，而不是跟煩惱等同。由於煩惱是世間存在或輪迴世間的一部分，我們必須要清楚辨別現時所說的等同，並非指解脫跟煩惱的等同，而是指解脫跟煩惱以外，輪迴世間的其他方面的等同。在價值論（axiology）來說，解脫是正價值，煩惱是負價值，世間則是中性的。

要達致解脫，我們是否必須滅除煩惱呢？事實上，在日常生活中，煩惱經常障礙著解脫，而且，解脫正是指從煩惱中解放出來。然而，我們能否想像一種情況，在當中，我們透過克服或超越煩惱，無需滅除煩惱而達致解脫呢？龍樹和《大智度論》的作者都沒有察覺這種可能性，並且對煩惱採取完全負面的、負價值的看法。讓我們先記著這點，再來就智顗的等同觀念進行討論。

基於智顗跟他早期的研究重點——《大智度論》——的密切關係，以及他對通教的體法觀念的高度評價，可以確定他在等同的問題上，跟中觀學有著緊密連繫。他指出：

> 大品云：即色是空，非色滅空。釋論解云：色是生死，空是

> 涅槃。生死際、涅槃際一而無二。此豈非染淨俱融？❸❸

這裏鮮明地揭示了智顗意識到輪迴世間與涅槃處於同一的領域（際，梵：koṭi）。他認為輪迴世間充滿染污的因素，而涅槃則是清淨的。雜染的輪迴世間與清淨的涅槃之間的融和，代表一種等同的關係。在這裏，《大品般若經》以「融」來闡釋涅槃與世間的關係。這兩者是怎樣合在一起呢？這還有待進一步的探討。

關於真理的實現，智顗跟中觀學一樣，斷定真理應在經驗世間中實現，而不是離開這世間。他通過以下的說明表達這種關係：

> 法性與一切法無二無別。……離凡法更求實相，如避此空，彼處求空。即凡法是實法，不須捨凡向聖。❸❹

聖、清淨的法性與染污的凡法的無別異或等同，表示真理與經驗世間處於同一個領域、際之中，或是真理實現之處正是這經驗世間。毫無疑問，智顗對真理的實現有著很深的俗世關懷，然而，他還有更進一步的看法。他聲稱，在涅槃或解脫的達致當中，即使是煩惱也不應滅除，即是，不必也不應斷除煩惱；「不斷」煩惱。解脫與煩惱可以共存，前者並不會被後者障蔽。在智顗的主要著作中，到處可見以不同的方式表達「不斷」這個著名的觀念，例如「不斷煩

---

❸❸ 《法華玄義》第十章，大 33.804c-805a。《大品》即是《大品般若經》（*Pañcaviṃśatisahasrikā-prajñāpāramitā-sūtra*，或作《二萬五千頌般若》），《大智度論》是解釋這部文獻的。

❸❹ 《摩訶止觀》第一章，大 46.6a-b。

惱而證涅槃」、「煩惱即菩提」、「無明即法性」、「魔界即是佛界」。㉟這些描述雖然數目很多，而且涉及不同的主題，但基本上可總結為兩種模式：「不滅除雜染而達致清淨」以及「雜染即是清淨」。兩種模式中的雜染都可指無明、煩惱等等，而清淨則指涅槃、解脫等。兩種模式都可理解為對涅槃或解脫跟煩惱的等同的描述。這樣的等同或相即，確實是連繫出世間與世間的一種徹底的方式。相即即是在存有論上相即不離也。由存有論上的相即不離可發展至工夫論的相即不離。

正是這種徹底的、進取的取向，讓智顗在等同的問題上與中觀學出現了嚴重分歧。正如前面所總結，中觀學認為真理應在經驗世間中實現，而滅除煩惱就是解脫的必需條件。他們所說的等同指的是涅槃與輪迴世間的等同。智顗認同這種世間性的連繫，但他更進一步，認可在解脫中仍可有煩惱的存在。因此，他所說的等同就不單是指著涅槃與輪迴世間的等同，亦是指涅槃與煩惱的等同，當中的煩惱一般被視為解脫的障礙。智顗特別強調的，就是後一種的等同。按照智顗的看法，煩惱不一定是有害的，它們亦可有兩方面的正面意義。這個問題的確展示出智顗思想的獨特模式以及他的深邃的實踐旨趣。

㉟ 認為解脫的條件等同於煩惱（無論後者被稱為無明或渴愛）或不斷煩惱而達致解脫的觀念，經常出現在智顗的著作中，這讓人想到這是智顗思想的一個重要特點，尤其在《摩訶止觀》裏，這種觀念至少出現了十八次：大 46.9a, 11c, 14b, 21b, 47c, 49c, 56b, 82c, 100b, 103b-c, 104c, 116b, 126c, 127a, 128c, 129a, 131a, 140b。

六、煩惱的方便意義

智顗認為煩惱的第一種意義是它們能夠成為渡化眾生的有用方法。煩惱的這種方便意義有主動的和被動的兩方面。關於主動方面，智顗指出：

> 若身子等斷惑入般，如破壁得出，佈畏生死，不能用煩惱而作佛事。菩薩以趣佛慧，不斷而入，如得道者壁不能礙。是則還用煩惱以為佛事。是名不斷煩惱而入涅槃。[36]

這是說，倘若要斷除一切煩惱，才能得到覺悟而證得涅槃境界，這便等於要破除牆壁，才能出得房間。這便是對生死輪迴的事有所顧忌，為煩惱所束縛，奈何它不得，拿它沒有辦法。這是被煩惱所主宰，不能利用它來進行成佛渡眾生了。菩薩則不是這樣，他不必斷除煩惱便能證入涅槃，不為牆壁所阻擋，便能穿過。這樣地便能運用煩惱來進行渡生的事。煩惱有如牆壁，不能阻礙他修行渡生的志業。智顗提到作佛事的人物，把他們跟煩惱連繫起來。什麼是佛事呢？雖然智顗沒有列舉出來，但很明顯，它跟引導眾生實現真理和成佛有密切關係。對於這個人物，煩惱可以成為有用的工具。智顗的主要著作中未有詳述煩惱怎樣作為有用的工具，但我們不難想

---

[36] 《維摩經略疏》第四章，大 38.612b。「得道者」這個語辭很有道家意味，似是指獲得或實現道的人。然而，由於文中描述這個人不被牆壁所障礙，我們可理解這個人已獲得神通，能夠穿牆而不受障礙了。

像，煩惱，包括邪惡的行為能夠有效地被運用來渡化邪惡的眾生。在第四章第七節，我們指出佛或菩薩在渡化盜賊的過程中，可以示現成一個盜賊，與其他盜賊一同作惡，從而建立彼此的親密關係，這有助於渡化那些盜賊改過從良，甚至覺悟成佛。從這個意義上說，煩惱可以是有用的，而渡化及讓盜賊成佛就是佛事。在這種情況下作惡就不是邪惡。從以佛事作為最終目的這個角度看，這樣地「作惡」，作為一種有效的方法，是可以的、適當的。

煩惱在方便方面的主動意義涉及所運用或採取的一些東西，不論它是一種行為或是一種模式；然而，被動方面就很是不同。後者所指的是這樣：

> 譬如對寇，寇是勳本。能破寇故，有大功名，得大富貴。無量貪欲是如來種，亦復如是。能令菩薩出生無量百千法門。多薪火猛，糞壤生華。貪欲是道，此之謂也。若斷貪欲，住貪欲空，何由生出一切法門？[37]

煩惱能夠生出法門以助推行佛事，但這煩惱並不是為人在一般生活上使用的東西。卻是在推行佛事當中，煩惱作為一個扳機（譯按：即槍械的扳制，一按即能發動）的角色，但不是一個主動的和機械的（mechancial）意義，而是被動的和辯證的意義。這個「扳機」可以促發修行成佛的行動。即是說，因為煩惱的存在，我們必須以修行的方法去克服它們，正由於對煩惱的克服而得以成佛。佛之境界不

[37] 《摩訶止觀》第四章，大 46.47a。

能在毫無約制的情況下建立，而是建立於克服煩惱的努力之上的。這情況就好像大功名和大富貴是建立於攻破寇賊，這些寇賊就是功勳的來源。倘若天下太平，到處都沒有寇賊，則專事捉賊的警察也不需要了。這樣，便沒有捉賊立功的事。從這個意義上說，煩惱成為了有助於推行佛事的辯證的扳機，正如寇賊可帶來功名和富貴。這裏的「被動」，指煩惱在推行佛事中的被動意義。即是說，煩惱並不是主動地、直接地推動佛事，而是被作佛事的人在克服煩惱當中被推動而產生效用。因此，無論是什麼負面的東西，原則上都可被適當地用來助成有價值的行為。但我們必須注意一點：在運用任何東西作為法門來助成宗教的轉化時，當事者必須恆時保持自己的主體性，讓自己能永遠監控種種法門，不讓法門脫卻開來，任由它活動。倘若是這樣，則法門不單不能助成有益的事，反而會帶來災害了。

智顗在這裏以寇賊來比喻煩惱，當中仍有一個問題。大功名和大富貴是藉著破滅寇賊而獲得的，這寇賊最終會消失；但另一方面，佛事的完成是基於克服同時保留煩惱的。因此，這個比喻仍有所偏差，看來智顗並沒有察覺。對於克服同時保留煩惱的問題，我們在下面會再作詳細討論。

智顗有時會區分煩惱的主動和被動方面，但有時卻不作區分。例如在前面引文中，智顗指出貪和欲能令菩薩做出種種法門，就同時涉及這兩方面。貪和欲作為主要的煩惱，很明顯有辯證的扳機的角色，人可以因貪和欲而去行劫，成為寇賊，被抓而成就人的立功、得到功勳，同時鼓舞自己與他人。這是被動方面。但法門亦可表示某種被運用的煩惱，例如貪和欲會使人淪於作妓女，要渡化、點化妓女，不能正襟危坐地教訓、斥責她，而是先跟她同流合污，一起和她當妓女，以取得她的信任，讓她把你視為同路人、知己，然後侍機勸化她，解釋這不是正當的謀生方式，這樣做到頭來會害己害人，而誘使她棄妓從良。這種扮演妓女的角色，可以反彈，發揮有效的力量，如污泥生蓮花。這是主動方面。在任何一方面，煩惱的方便意義都是毋庸置疑的。

基於煩惱的方便意義，智顗很自然地提出不斷煩惱而入涅槃的觀點。㊳很明顯，「不斷」預設了對煩惱的性格的一種特殊理解和處理。這種理解先於煩惱的運用，而且是讓這樣的運用成為可行的。在前一段引文（譯案：即註㊱）中，智顗將菩薩的智慧比作神通。他闡釋該比喻如下：

> 問曰：若不斷煩惱結業，云何而得解脫？答曰：譬如未得神通之人，若在牢獄，必須穿牆破壁，方得走脫。若是得神通

㊳ 在這方面，智顗的一位出色門人知禮（公元 960-1028）更進一步將法門跟佛性包含邪惡的觀念連繫起來（參考第四章註㊉）而建立一個巧妙的觀念「性惡法門」。在這個觀念中，煩惱被強調是修行中的一個重要元素。知禮提出：「煩惱生死既是修惡，全體即是性惡法門，故不須斷除及翻轉也。諸家不明性惡，遂須翻惡為善，斷惡證善。」（《十不二門指要鈔》，大 46.707b）知禮的意思是，煩惱、生死等事，都可作為法門來處理，由於這是佛性所展現的，我們可視之為佛性內裏存在著性惡的法門。這便是「性惡」一觀念的依據。這個觀念最早出現於《觀音玄義》中，這被視為是智顗所作，或所述。但日本很多學者都作過研究，認為不是智顗的作品，而是他的門人或後學所為。在這裏我不想討論這個問題。

之人，處在牢獄，雖不穿牆破壁，而出入無礙也。[39]

智顗的論點是，以不斷的方式而達致的解脫是基於一種特殊的智慧，這種智慧不會為煩惱所障礙，反而能夠包容煩惱。這種智慧將煩惱理解為因緣和合而生起的，沒有恆常的自性，它們的性格都是空的。實際上，智顗正是把無明這種根本煩惱的性格等同於空。[40]唐君毅亦指出，智顗所說的解脫顯示出對煩惱性空的理解。[41]究極地說，由於煩惱是空，它們不能實質地影響及傷害我們；亦由於它們是空，我們可在行事上運用它們。就是基於這種理解，我們能夠不為煩惱所障礙，而且能控制它們，讓它們成為渡化眾生的有用的工具。當我們能夠這樣做，煩惱就會成為有用的工具，我們無需要滅除它們。這便是「不斷」的意涵。

七、法性與無明的當體等同

方便的意義為煩惱開啟了一個新的面相，它在救贖上可以扮演重要的角色，發揮關鍵性的作用。然而，這是有條件的，就是它必須在最終目的上得到確認：確認有渡生的作用。當渡生目的完全達到後，它的存在便要被捨棄。在理論上，當一切眾生都獲得解脫，再沒有什麼需要覺悟時，煩惱就自動失去那種方便意義而要被滅

---

[39] 《維摩經玄疏》第五章，大 38.550c-551a。

[40] 「畢竟空即是無明之性。」（《維摩經略疏》第十章，大 38.701a）

[41] 唐, p.1174。

除。由於有這種條件性，不斷的觀念就不是終極的，而基於這個觀念而建立的等同性就不能堅持下去了，除非當事人認為下一波的渡化任務即將到來。倘若渡化是無窮無盡的，則煩惱還是可以有理據地繼續存在。

對智顗而言，煩惱有著另一種意義，這開啟了等同性的一個全新圖像。智顗再進一步聲稱，法性與無明是等同的，而且是同一東西的兩方面。在這個脈絡中，法性和無明分別代表解脫和煩惱。法性和無明的關係就好像水和冰的關係一般。智顗指出：

> 無明癡惑，本是法性。以癡迷故，法性變作無明，起諸顛倒，善不善等；如寒來結水，變作堅冰，又如眠來變心，有種種夢。[42]

按照這種說法，法性和無明就是同一東西在不同的情況下的不同狀態。這種關係就好像水和冰，是同一東西（H_2O）在不同溫度下的兩種狀態。實質上，惑闇的無明本來就是明覺的法性，就是終極的真理，只是由於迷闇，而變得與本性完全不同，不單沒有明覺，反而出現種種顛倒歪邪的樣貌而已。智顗特別強調法性和無明並非指兩種不同的東西：

> 但有名字，寧復有二物相即耶？如一珠，向月生水，向日生

---

[42] 《摩訶止觀》第五章，大 46.56b。

火；不向，則無水火。一物未曾二，而有水火之珠耳。[43]

智顗的論點是，法性和無明並不是由同一來源分割成的兩樣東西，而是同一東西以不同方式運作或被運作的兩種結果。按智顗所說，這情況就好像水和火，它們不是由同一顆珠分割而成的兩樣東西，而是同一顆珠在不同的操作下的兩種結果。雖然這個珠的比喻不太清晰，但我們應注意的，是智顗把法性與無明的分別說成只是名字與字眼的問題。即是說，兩者的分別只是名義上的，而不是實質的、內容的。「兩樣東西如何能夠具有等同性？」這個問題，跟法性與無明的等同並沒有矛盾。反之，這個問題否定了以法性和無明為兩樣分離的東西然後兩者變為等同的說法。智顗認為，這種想法是對法性和無明的性格的誤解。

智顗把法性和無明等同是基於兩者是同一東西的不同狀態，而不是兩樣分離的東西的想法。用智顗的說法，法性與無明是當體即同，就事體來說是相同的。智顗曾指出，種種顛倒當體即是法性。[44]這裏所說的顛倒是指從無明而來的對真理的顛倒。這樣的等同，其實是一種最徹底的方式，無明或煩惱亦從中獲得它們的積極的、正面的意義。[45]

---

[43] 《摩訶止觀》第六章，大 46.83a。

[44] 「當體諸顛倒即是法性。」（《摩訶止觀》第五章，大 46.56b）

[45] 關於等同的方式，天台的後學知禮列舉了三種：一是兩種東西的結合（二物相合）；二是一體而兩面相背（背面相翻）；三是完全同一事體（當體全是）。知禮把最末一種視為真正的等同。（《十不二門指要鈔》，大 46.707b）關於這三種等同的解釋，可參考田村芳朗的解釋（田村, pp.121-

按照這樣的等同觀念，解脫或覺悟就是在狀態上的過渡，即是從遍佈著無明的狀態，過渡至克服無明和展現法性的狀態。這種過渡並不必能暢順地進行，而是會涉及法性與無明間的道德或宗教上的掙扎，進一步就是對兩者的同時突破。因此，這種等同的性格必須在實踐的和動態的脈絡上理解，這讓智顗所說的等同成為佛教哲學和修行上一個最困難的問題。要處理這個關鍵之處，讓我們引述智顗的說話：

> 由惡有善，離惡無善。翻於諸惡，即善資成。如竹中有火性，未即是火事，故有而不燒。遇緣事成，即能燒物。惡即善性，未即是事。遇緣成事，即能翻惡。如竹有火，火出還燒竹。惡中有善，善成還破惡。故即惡性相是善性相也。㊻

智顗將惡比喻為竹，將善比喻為火。惡蘊含著善的潛能（性），就好像竹蘊藏著火的潛能。善透過推翻惡而成就自己，正如火以燃燒竹來實現自己。智顗的觀點是善與惡不會妥協，而是不斷在鬭爭當中。善必須推翻惡以證成自己，而且只有透過推倒惡，善方能成就。由此得出，對惡的推倒是成就善的必需條件。然而，推倒惡並不表示要滅除惡。前者表示要克服惡，阻止它遍佈和影響我們的生

122）。很明顯，在前兩種中，有關的事物是兩種分離的東西，而第三種則將事物說成是同一東西的不同狀態。可以肯定，知禮把智顗在這裏所說的等同視為第三種。他的看法是對的。

㊻ 《法華玄義》第五章，大 33.743c-744a。引文中的性和事分別代表事物的潛存和實現狀態。（譯按：原文在此解釋英譯的問題，現略之。）

命；而後者就有斷滅的意思，即是要滅除惡，令它永不能再出現。智顗的看法是，惡不必也不應被滅除，因為善只有在惡之中才能存在，離開了惡就沒有善了。這種善與惡的關係並不是在功效或工具的意義上說。惡不應被滅除，並非由於它有助於善的實現，而是由於善與惡的關係是在當體即同的等同意義上說的。善與惡均歸於同一事物，因此不能彼此分離。如果沒有惡，就不會有善。因此，惡不應被滅除。㊼即是，我們不能在存有論上以善來消滅惡，因為若消滅惡，善的存在便無從說起。我們要做的，是在善中突顯主體性，克服惡的流行、泛濫，甚至點化惡，讓它在宗教的救贖中扮演積極的角色，而展現正面的意義。這便出現了在宗教現象學中一個頂困難但又必須妥善解決的問題。在必須保存惡但又要讓它被克制、被引導的工夫實踐中，人的行為即使已達致純善無惡的程度，但仍不能保證這種情況必定能夠維持下去。人一朝不能對惡警覺，心一旦游離到虛妄的一方，精神即會馬上下墮到惡的深坑中去。在

㊼ 這裏又是關於比喻的問題，正如冉雲華教授在本論文初稿時批評：「竹具有火的潛能，然而當竹產生火時，竹會被火燒毀。這樣，雜染或煩惱（即是竹）如何不被滅除呢？」他的論點是，當竹被火燃燒，竹會被毀滅以致完全消失，但當邪惡或煩惱被善克服時，卻不會完全消失。這是智顗未有察覺的矛盾之處。我們應注意，善和惡的問題具有實踐和救贖的含意，而火和竹的問題則帶有存有論的含意。正如我們稍後會展示的，善和惡有著共同的基礎或來源，就是心。由於心永不會完全消失，故此善與惡總能夠留存。至於竹和火，由於它們沒有共同的存有論的根源，因此，雖然智顗斷定心具備諸法（見下文），包括火和竹，但這斷言並不是在存有論的意義上說。即是說，心沒有產生火和竹，所以不是二者的存有論根源。在智顗的著作中，我們看不見他對存有論的問題感到興趣。

這個問題上，我們可以說人是最自由的，但也是最無保障的。人有完全的自由去行善，作道德上與宗教上的提升，但在艱難的生命歷程中，妄念會隨時而來。妄念一旦生起，在道德上、宗教上所成就的功德便有完全被摧破的危險。人怎能不戒慎恐懼呢？

善和惡之間存在著恆常的爭鬬，然而亦具有恆常的連繫。善和惡分別代表法性和無明，在此二者之間亦有著同樣的爭鬬和連繫。從邏輯和實踐上說，法性與無明之間，難以找到一個共通點讓兩者的爭鬬和連繫得到平衡。鬬爭是指法性跟無明的爭鬬，要推倒後者，或至少要從後者中脫離出來。然而，同時間，清淨的法性與染污的無明卻有著當體即同的相即不離的關係。在法性與無明這兩極之間有著恆時的鬬爭以及持久的連繫這種巧妙的背反。這種背反令智顗的思想極為難以明瞭。因此，很少學者能認真地、妥善地去處理他的思想。

八、心及其作用

這個背反的解決辦法不能在法性與無明的任何一方，以至雙方之中找到。它只能在第三種可能情況中找到，這種情況綜合了法性與無明。由於現在所說的等同是指法性與無明的當體即同，而二者是指同一東西的兩種狀態，故此，這第三種情況不可能是其他東西，只能是具備法性與無明的心。關於這心，智顗指出：

> 此心是無明、法性、法界、十界、百法、無量定亂、一念具足。何以故？由迷法性，故有一切散亂惡法，由解法性，故

> 有一切定法。……迷解定散，其性不二。48

智顗嘗試列舉一切存在的狀態，並總結為集中（譯按：即「定」）和分散（譯按：即「散」），同時把二者分別連繫至清淨的法性和雜染的無明。他的論點是，一個人是在定的狀態抑或在散的狀態，在精神集中或精神分散的狀態，視乎他是否醒覺到法性，而這又在於他的心如何作用。當智顗聲稱醒覺法性與不醒覺法性之間（即是定與散之間）在性格上沒有差別，他是針對著心及其作用而言。如果心依法性而作用，結果就是覺悟；否則，就會產生無明。法性和無明就好像一個環輪的相對兩邊，而心就在當中循環流轉。法性和無明就在心的這個脈絡之中相互等同。同樣地，法性跟無明爭鬬和連繫，亦是在這脈絡中說。這爭鬬和連繫並不具有獨立或終極的意義，它們都與心有關，是心具備的法性和無明的兩種關係。

關於法性與無明的鬬爭和連繫跟心的關係，智顗解釋說：

> 無明法法性，一心一切心，如彼昏眠。達無明即法性，一切心一心，如彼醒寤。49

雖然智顗沒有明言這是指法性與無明的連繫和鬬爭，但不能否認有這個含意。「無明法法性」（譯案：意即無明決定法性）指法性與無明的連繫，在當中，法性順服於無明。這表示從一心分解為一切心的

48　《摩訶止觀》第九章，大 46.131a。

49　《摩訶止觀》第五章，大 46.55c。

一種情況。在智顗的用辭中，「一心」通常表示絕對意義的清淨心，而「一切心」則表示相對意義的雜染心。無論如何，該清淨心和雜染心並不是兩個分別的心，而是同一個心，在不同作用的情況下的不同展示。智顗是要指出，當無明決定法性，心會順著無明的方向作用。在這情況下，心就是雜染的。反之，當我們醒悟到無明本質上與法性無異，並且順應著後者而作用，我們的心就是清淨的。這表示在法性與無明的鬪爭中，前者勝過了後者。按這裏說法性與無明鬪爭，法性勝過無明，是象徵性的說法，不能看得太死煞。我們不能說在心中，有兩種東西：法性與無明，兩者總是相互鬪爭，最後法性得勝，克服了無明。倘若是這樣的話，則法性與無明是兩種相互分開的東西，「一體」、「同體」便無從說起。我們毋寧應這樣理解：在心之中，總是有一個背反、矛盾：法性與無明的背反、矛盾。這背反的兩端，實際上不能在心中同時出現。倘若是這樣，兩端便不能在存有論上說同體，同以心為其體。心只能是一體，不能是被法性與無明分成異體。作為一體、同體的心，要麼便是法性，是全體法性，要麼便是無明，是全體無明，不能有部分法性有部分無明在其中相互鬪爭，而成為背反。心可以是法性之體，也可以是無明之體，不能同時既是法性之體，也是無明之體。無明與法性的鬪爭，是在工夫論上鬪爭，不是在存有論上鬪爭。只有在前一種情況可以說同體、一體。鬪爭是心內部起掙扎，不是傾向法性，便是傾向無明。這傾向是全體傾向，不是部分傾向。因此這種鬪爭形態是頓然的，不是漸次的。頓然的形態排斥在心內有部分是法性，有部分是無明的情況。卻是全體是法性，或全體是無明的情況。這點極難理解。我們或可借意識與潛意識這兩個概念來助解。在心內的法性與無明的鬪爭，是在潛意識中發生的事，誰勝誰敗，則顯現在意識的心中。在這個層次，不是全體是勝出的法性，便是全體是勝出的無明。我們可以進一步對法性與無明的鬪爭進一步作如下的理解：在潛意識中發生的鬪爭，是分解性格的；在意識中出現的或法性或無明，則是綜合性格的。我們作工夫，讓法性在與無明在潛意識內的鬪爭獲勝，便得在日常生活中多作覺識、醒察，盡量保持心的清明狀態，不要讓它昏沉下來。這樣累積功德，聚集法性的種子，自然會在意識層次產生效用，而捨染得淨。

由於法性與無明是同時間具備於心之中，所以它們的碰觸是必然的。此外，因為它們在性格上是相對反的——法性是清淨的，而無明是雜染的——它們之間的矛盾亦顯然是無可避免的。視乎該連繫和鬪爭的結果如何，心會相應地以無明的方式作用，或者是順著法性而作用。法性與無明一同地指示出心作用的方向，因此，它們是相互對等的。就這樣，這個惱人的背反能夠在心及其作用之中找到解決方法。

我們要特別注意，前面提到心同時具備法性與無明的說法，並不表示二者同時出現在我們的現實生活中，倘若是這樣，心就要同時間順應著法性與無明而作用。這是不可能的，而且會令法性和無明的等同變成一個背反。其實，上述的說法表示法性與無明只有其中之一會成為主導。至於何者主導，則視乎心如何作用。從理論上說，心有著完全的自由去順應或對抗法性，以相應地達致覺悟或留於迷執當中。然而，達致覺悟或揭示法性，必須建基於對無明的推倒。在法性的揭示中，無明再無處隱藏。揭示法性與推倒無明在同一時間發生，智顗亦曾經指出這一點：

法性顯，則無明轉變為明。[50]

無明轉，則變為明，如融冰成水。更非遠物，不餘處來。但一念心普皆具足。[51]

當無明被推倒，它會轉化為智慧或光明，即是法性之光，這就是法性的展現。事實上，無明的推倒與法性的展現是同一事情——心的作用——的兩個面相。無明和法性都同樣具備於心之中。在迷執中作用的是這個心；推倒無明，同時展示其法性的亦是同一個心。當智顗指出善的持守所依靠的就是種種惡的推倒（參考上引文），他亦是指著這兩種面相，即是以心的作用來說種種惡的推倒，以及令到善能夠持守。智顗就是在這個意義上說善和惡（或法性與無明）當體全同，並聲稱它們不是兩個分離的東西。

到了現在，我們應該較容易解釋不斷煩惱這個艱深的觀念。以惡和無明為代表的煩惱，跟善與法性在性質上都是心所具備的。從一種虛無的意義說它們的滅除，將代表把心一同滅除。同樣的情況亦會出現於善和法性的滅除中，這會令涅槃和解脫都變成不可能。這一點可支持智顗「由惡有善，離惡無善」的說法。因此，煩惱只能被超越或推倒，但永不能被滅除。

心在同一瞬間具備著法性和無明（或清淨和雜染）的因素，在智

---

[50] 《摩訶止觀》第六章，大 46.82c-83a。

[51] 《摩訶止觀》第一章，大 46.9b。

顗和他的門人的著作中隨處可見，而且很受重視。[52]「一念」其實是指任何一瞬間。這是心的世俗性格的特點，即是指我們日常生活中，在任何一瞬間現起的心。故此，這是指在一般狀態中的心，不是在一種特殊狀態中。在這一念心或「一念無明法性心」之中，一般來說，似是心在一念之中，包含有無明與法性等多元的成分。實際上不是如此。心在一念之間，可以是無明心，也可以是法性心，但不能是同時兼具無明與法性或更多因素的心。心是整一性的，它可以是無明狀態的心，也可以是法性狀態的心。是無明時，全心是無明；是法性時，全心是法性。這是從意識的層面說。說一念心有無明、法性等多元成分，只能在潛意識或下意識的層面說，如上面所提到的。倘若心可以在一時間具有正負性格的話，則這心便不能說一體性，不能是全一的心。

上文說到，智顗對法性和無明作出的等同，可以安放在心的脈絡中。在這脈絡中，該等同顯然是表達著心的某些性格，即是說，心具備法性與無明，因而可以順應著法性或無明而作用。它亦傳達一個訊息，就是法性或解脫之達致，正是在超越無明或煩惱的一刻，而我們的修習工夫就是在日常生活中的平常心之中，而不是在任何其他東西中。這平常心完全不是遠離我們的。我們無需離開我們的平常心和日常經驗，到別處去尋求解脫。作為我們追尋救贖的起步點，這平常心是最具體和跟我們最親密的東西。從這個意義上

[52] 例如在《四念處》，這觀念被確立成一個很複雜的複合概念「一念無明法性心」。（參考《四念處》第四章，大 46.578a-c。）這部以智顗之名刊行的著作，實際上是他的門人所寫的。參考本書的概說。

說，上述訊息很具有實踐意味。只有在推倒煩惱的情況下，全體無明被點化、轉化，解脫才是可能的。

在這種追尋開始之時，可以見到好像到處都充滿著煩惱。分解地說，我們不能同時推倒所有煩惱，而必須選擇其中一部分先處理。在這個浩瀚的煩惱之海裏，人們通常如處身黑暗之中，不懂怎樣去選擇。因此，人在日常生活實踐中，必須隨時提醒、警惕自己，盡量不生歪念。歪念一旦生起，便得警覺，正視這些歪念，盡力停止它們，當它們停下來，法性就能展現。這種潛移默化的工夫，可讓我們在潛意識中累積善性的、法性的功德，絲毫不讓惡性的、無明的因素有藏存的空間。以這種方法處理，日子久了，心會完全順應法性而作用，在意識層面表現頓然的明覺。實際上，關於如何修養此心，令它順應法性的方向行事而捨棄無明，智顗提出了一些善巧的和專門的方法。不過，我不想在這方面著墨太多，這需要寫一本專書來說明。我在這裏只想表明，這種實踐方式可以交代智顗何以說他的圓教的實踐法是圓頓入中，而不是歷別入中。

九、智顗對通教的批評

我們已詳細討論過煩惱的兩個重要因素。一個是指它們的權宜的、施設的意義；另一個是指心具備無明與法性，這讓心成為追尋救贖的起步點。由於煩惱具有這兩種意義，所以它們不應被滅除。智顗就是在這個意義上提出不斷煩惱的觀念，以及在這個觀念的脈絡上把法性與無明，或解脫與煩惱等同起來。「不斷」的確是一種非常重要的實踐。由此亦引申出解脫與煩惱的等同的實踐意義。此中自然有弔詭的或辯證的思維在裏頭。智顗以這種等同為基礎，批評包括中觀學在內的通教。這些批評很值得我們注意，因為它有助我們理解智顗所用的兩個辭彙：思議解脫和不思議解脫。這是他區分兩種實踐方法的關鍵之點。

智顗從法性與無明那種獨特的等同，判別兩種解脫形式，分別是：思議解脫和不思議解脫，他對後者較為重視。這種劃分主要視乎該解脫是否以不斷的形式來達致。如果該解脫是不斷的，它就是不思議；否則，就是思議。智顗將不思議的性格關連到兩個特點，分別是不脫離文字和不斷除煩惱。[53]後者是智顗最為強調的，他甚至單就不斷來說不思議。[54]智顗始終認為，只有建基於不斷的解脫，才是不思議。至於為什麼是這樣，他指出：

---

[53] 「思議解脫即脫離文字之解脫。……若不思議解脫即是不離文字之解脫。……若離文字之解脫，即是斷煩惱入涅槃。不離文字之解脫，即不斷煩惱而入涅槃。」（《維摩經玄疏》第五章，大 38.550a-b）關於這點，我們應提醒自己，智顗曾經分別以思議和不思議來說四句和四句否定。參考第五章七節。

[54] 「雖言斷盡，無所可斷，不思議斷。不斷無明愛取，而入圓淨涅槃；不斷名色七支，而入性淨涅槃；不斷行有善惡，而入方便淨涅槃。……是名不可思議境也。」（《摩訶止觀》第九章，大 46.127a）「不斷凡夫陰身，而能成就法身，即是不思議。」（《維摩經略疏》第三章，大 38.607a）這裏有一點很有趣，在前一段引文中，智顗弔詭地將基於不斷觀點而成的解脫稱為「不思議斷」。「斷」在這裏解作解脫。但在「不斷」的觀點中，卻不能把當中的「斷」同樣地解作解脫，而應解為斷除。進一步，智顗又有「不斷斷」的稱法。前一「斷」表示斷除煩惱，後一「斷」則表示解脫。故「不斷斷」意即不斷除煩惱而得的解脫。

> 須彌入芥，小不障大，大不礙小，故云不思議耳。今有煩惱結惑，不障智慧涅槃，智慧涅槃不礙煩惱結惑，乃名不思議。[55]

涅槃需通過智慧的作用而達致。智顗提出，涅槃與煩惱互不障礙，就好像細小的芥菜種子與巨大的須彌山互不障礙那樣。在這兩種情況，雙方都有互不障礙的關係。我們要特別注意的，是智顗所說，清淨的涅槃不被雜染的煩惱所障礙，就好像細小的芥菜種子不被巨大的須彌山障礙一般。這種關係在我們的常識而言，是不可思議的。它牽涉一種特殊的智慧，這種智慧把煩惱和須彌山的性格都看為空，空即是因緣生起故無常住不變的自性的狀態，因此就沒有對礙。自性是有對礙的，沒有自性便沒有對礙。從這種智慧的立場來說，煩惱無需要斷滅。這近似於早前提到的一個比喻，當中智顗將這種智慧與一種讓人可不被牆壁阻礙而能逃出牢獄的神通相比較。不斷的觀念就是來自沒有對礙，而這就是智顗以「不思議」來代表的意思。

智顗亦將思議解脫與不思議解脫的對比關連到他的判教方面去。他認為，藏教和通教所達致的解脫是思議的；而別教和圓教所達致的解脫則是不思議的。[56]根據智顗的判教理論，藏教或三藏教法講「灰身滅智」，要滅除色身和一切分別智慧，認為這些東西會

---

[55] 《維摩經玄疏》第五章，大 38.550b。

[56] 「若思議解脫，即是三藏教、通教三乘人所得二種涅槃灰身滅智解脫也。若是不思議解脫，即是別、圓兩教菩薩諸佛所得大般涅槃常寂，即是不思議之解脫也。」（《維摩經玄疏》第五章，大 38.550b-c）

障礙覺悟。通教則如《中論》所說的「業煩惱滅故，名之為解脫」，即是要破除種種行為煩惱，才能得到解脫。關於這一點，我在自己的很多著作中，已說過了。至於別教和圓教，他們講中道佛性、大般涅槃、留惑潤生，惑即是煩惱。菩薩隨時可證入涅槃，但為了渡化眾生，因此保留煩惱、色身，目的是要更能親近眾生，方便解救他們。

由於智顗把以不斷來說的不思議性格歸於圓教，毫無疑問，他是認為圓教達致的解脫是建基於不斷的，即是法性與無明，或涅槃與煩惱的等同。這不單通於天台的同教一乘，也通於華嚴的別教一乘。他對通教的批評亦是基於不斷和等同而說的。關於這方面，他指出：

> 問曰：若不斷而入是不思議者，通教亦說不斷而入涅槃，何故非不思議解脫？答曰：通教不見惑相，名為不斷，而實是斷。如明時實自無暗。不同有芥子之小不妨須彌之大也。[57]

[57] 《維摩經玄疏》第五章，大 38.550b。「有芥子之小不妨須彌之大也」句中的「妨」有兩個意思，一個是阻礙的意思，例如妨礙（obstruct）；另一個是傷害的意思，例如妨害（undermine）。據此，這句的意思可以是：細小的芥菜種子不傷害巨大的須彌山；或是：細小的芥菜種子不阻礙巨大的須彌山。以下會見到，這句說話帶有不思議的意味。細小的芥菜種子不阻礙巨大的須彌山，這個意思很明顯，亦是可思議的。因此，這句說話應表示第一個意思，即是細小的芥菜種子不傷害巨大的須彌山。事實上，智顗將它連繫到不思議性格的一個說法「須彌入芥」（譯案：即須彌山進入芥菜種子之中）（參考註[55]）涉及一個意思，就是細小的芥菜種子容納巨大的須彌山，故此前者不

在這段對話中，無論問者或智顗，在講述通教時，心中都指著某部經典，雖然未有特別指出。「名為不斷」這一句顯示這部經典一般是列入具有不斷思想的類別。這是哪部經典呢？我們推斷這是指《維摩經》（*Vimalakīrtinirdeśa-sūtra*）。這部經典智顗判別為是講述通教的典籍，它的內容到處可見有「不斷」的思想的論述。[58]智顗的論點是，《維摩經》講述斷除的義理而不是說不斷，因為它並不了解煩惱的真正性格。這裏的意思不夠清晰，頗難索解。我的了解是，引文中的「惑相」應作「惑性」（在漢文佛典中，「相」很多時等同於「性」）解。即是，惑或煩惱的性格是緣起，是空，對我們求解脫的志業不會構成真正的妨礙，故不必斷。《維摩經》順著通教要滅除業煩惱的想法，要斷除業煩惱（見本章第四節）。它知道光明時沒有黑暗，因光明與黑暗不能並存。但芥菜種子與須彌山的關係不是這樣，兩者可以並存。實話實說，我對自己的這種了解並不完全滿意，但想不出更適切的解釋。要言之，智顗對通教的批評是指它未有了解到煩惱的真正性格，在解脫中只簡單地要滅除它們，因

傷害後者。這個論點支持我們把「妨」翻譯為「undermine」，是傷害、損害之意。

[58] 智顗沒有清楚指明《維摩經》屬於通教。在他對這部經典的註釋，即《維摩經略疏》中，他以方等（Vaipulya）來說這部經。方等在中國佛教界代表一系列大乘經典（Mahāyāna sūtras）（第九章，大 38.684a）。漢維茲和田村芳朗亦同樣注意到智顗將《維摩經》視為方等經。（Hruvitz, pp.224, 234; 田村，p.94）再者，在《四教義》中，智顗列舉講述通教的大乘佛教著作時，把方等經列入當中。（第一章，大 46.722a）同樣的列舉亦重覆於諦觀的《天台四教儀》中（大 46.778a）。因此，我們可以確定，智顗將《維摩經》關連到他的判教中的通教，而且視之為通教的經典。

此，它的解脫是一種思議解脫，並非不思議解脫。智顗並沒有解釋通教在哪些地方顯示它不了解煩惱的真正性格。他只是將這種過失比喻為火沒有進入黑暗當中（譯案：引文說「如明時實自無暗」，意思是在光明之中根本沒有黑暗，即是說，光沒有進入黑暗之中，與黑暗共存），而將這種情況對比於細小的芥菜種子不妨害巨大的須彌山（譯案：即是說芥菜種子能與須彌山共存）。對於這兩種情況，智顗顯然是欣賞後者而貶抑前者。黑暗與光明的關係是對礙，而須彌山與芥菜種子則顯出無對礙。智顗的理想是無對礙，並極力指出這是「不思議」。由於煩惱與解脫被安放在這種不思議關係的脈絡中，其結果是煩惱並不障礙解脫。因此，在解脫中無需要斷除煩惱。

「煩惱的性格」指什麼？要回應這個問題，我們必須提醒自己，智顗是以歸於圓教的不斷的立場去批評通教。在這個脈絡中，我們相信煩惱的性格是指前面所說的煩惱的兩種意義。智顗基於這兩種意義，提出不斷煩惱在修行境界上為較高，並且詳細說明解脫與煩惱的等同。智顗認為通教未有注意到這兩種意義，反而視煩惱為障礙，以致提倡要滅除它們。

智顗對《維摩經》的批評是否公平，並不是我們現在關心的問題。然而，由於這些批評是直指通教，自然就是指著中觀學，這對中觀學又是否公平呢？這個問題主要牽涉中觀學對煩惱的觀念。讓我們先檢視中觀學，特別是龍樹如何看煩惱。在《中論》裏，龍樹說煩惱具有空的性格。[59]他又說煩惱像空中虛構之城，又似幻像和

---

[59] Inada, p.110；《梵本中論》p.327；《中論》17:27，大 30.23a-b。

夢境。[60]龍樹又曾說煩惱沒有真實性格（「實」，梵：tattva）。[61]青目以自性來說這實，並解釋煩惱沒有自性。[62]龍樹和青目都相信煩惱的性格是空，從緣起的立場來看，這是可以理解的。即是說，一切東西或質體，包括煩惱，都是從互相依賴的關係生起的，因此沒有自性，而且是空的。

在《中論》裏沒有顯示煩惱具有前述的兩種特別意義。龍樹對於在解脫中斷滅煩惱的取態是清晰和確定的。因此，我們可以總結說，智顗對通教的批評亦同樣適用於龍樹的場合。

十、不斷與中道佛性

從以上可見，智顗是在不斷煩惱的脈絡中說解脫與煩惱的等同。這不斷煩惱在智顗的系統中是極為重要的實踐方法。故此，現在所說的等同，是一個實踐的問題。它主要關心的是救贖目標，即解脫的達致。我們亦可以說，對於智顗而言，解脫基本上是在「不斷」的實踐中達致的。然而，智顗亦聲稱解脫是在中道佛性的實現中達致的（參考第四章第一節）。不斷和中道佛性之間必定有著密切的關係，很可能「不斷」的實踐直接地連繫到中道佛性的實現。由於煩惱的兩種意義是不斷的基礎，所以，要弄清不斷的實踐與中道佛性的實現的關係，就必須考慮它們。

---

[60] Inada, p.112；《梵本中論》p.334；《中論》17:31，大 30.23c。

[61] 《梵本中論》pp.326, 453；《中論》17:26，大 30.23a；23:2，大 30.31a。

[62] 大 30.23a；大 30.31a。

我們將會從兩點去討論這種關係，並集中於煩惱的兩種意義上。首先，中道佛性的三個特點之一是它具足諸法。這諸法並不只限於善和清淨，它們亦包括惡和虛妄，即煩惱。故此，中道佛性的實現亦涉及煩惱的實現，或至少是保留。然而，這亦不表示人們可在終極和獨立的意義上虛妄地行事，而是因為煩惱可在教導眾生時作為權宜的方法來使用，因而要保留煩惱。這一點在我們討論中道佛性的章節中已詳細解釋過。智顗要表達的，是煩惱藉著它的權宜的、施設的意義，在推動佛法時可以很有效用，因為教導眾生是推動佛法的重要環節。很明顯，煩惱的權宜、施設意義可以放在中道佛性的實現的脈絡中，而且亦能提供中道佛性具足諸法的性格一個更佳的理解。

中道佛性的另一個特點是它的功用性。若離開了它的功用的行使或展示，中道佛性不可能實現。正如前文指出，這功用集中於轉化經驗世間，特別是有情眾生。「菩薩……以圓力用建立眾生。」[63]菩薩這樣做時，可運用種種方法和技巧。煩惱的權宜意義無疑可幫助菩薩應付較棘手的情況。即是說，菩薩可先假裝煩惱或虛妄地行事，以求與罪惡中的有情眾生建立親密的關係，再逐漸教化他們。在這個意義上，煩惱作為權宜的方法，有助於教化有情眾生，而且在中道佛性的實現中可以確立它的意義。

第二，在同時具備清淨和雜染的法或元素的中道佛性的實現中，主要任務是揭示清淨的元素和克服雜染的元素。但我們在種種清淨的和雜染的法當中，如何能做到呢？煩惱的另一種意義提出，

---

[63] 參考第四章第三節。

我們可以從我們的平常心開始，這平常心在任何一瞬間都可以向法性或無明傾斜。決定我們是在覺悟抑是迷妄中的，就是這心。我們必須要全心注意這個心，確定它不會迷妄地作用，而是按著法性的指導行事。如果它迷妄地作用，它就是一個妄心；如果按著法性的指導而行，它就是一個清淨心。這清淨心實際就是真心。智顗將此心與佛性等同起來。[64]由於佛性與中道佛性無異，所以這清淨心亦無異於中道佛性。因此，中道佛性的實現可以透過達致清淨心而做到，這清淨心是基於我們平常心的修行達致的。這種修行的重點就是展現法性的明覺，在生活上不隨順無明或煩惱的腳跟轉。

我們已經從實踐上把煩惱的兩種意義關連到中道佛性方面去。我們對此完全不感意外，因為不斷煩惱是一種有深厚根基的修行特性。

十一、煩惱的斷滅與不斷

最後，我們以兩個問題來結束對等同這個艱深問題的討論。第一個問題是：為什麼龍樹堅持在解脫中滅除煩惱呢？第二個是：不斷煩惱的思想是否斷滅煩惱的思想的一種正面發展呢？

在真理之實現或涅槃之達致的問題上，龍樹沒有區分涅槃與輪迴世間，而是傾向於把它們等同起來。他告誡我們說，真理應在經驗世間的日常實踐中表現和達致，而解脫就在滅除煩惱的情況下獲得，在日常實踐中表現和達致真理，揭示真理的內在性格。即是

---

[64] 參考上文第四章。

說，真理不是遠離我們和經驗世間的東西。這亦表示真理是我們內在的救贖目標。然而，這種內在性似被煩惱所障礙。龍樹傾向於把煩惱摒除於日常實踐之外。他認為，真理是內在於日常實踐中，卻不是在煩惱中。正如上文提出，龍樹未有察覺煩惱的兩種意義，卻認識到它們的空的性格。跟大部分佛教徒一般，他把煩惱視為覺悟的巨大障礙。因此，他堅持要滅除煩惱，這是可以理解的。

煩惱跟其他事物一樣，都有緣起的性格，因而是空的。而且，事實上，在大多數情況下，煩惱都不利於我們追尋覺悟，因為它們經常阻礙我們揭示法性或佛性的光輝。故此，煩惱可以，而且應該被滅除。然而，我們能否從另一角度看這個問題呢？我們能否去想一下，正由於煩惱是空的，它們根本不能傷害我們，因而無需滅除它們呢？再者，如果煩惱的性格是空，不具有不變和不動的自性，它們能否被我們運用，在某些情況下帶來利益呢？

智顗一定已經仔細考慮過這些問題，而且，他的答案是肯定的。最關鍵之處，是他沒有將煩惱看成是完全負面的東西。他認為，我們可以透過修行去培養「不障礙」的智慧，從而避免煩惱所造成的傷害。這種情況近於監牢的牆不能阻止一個具有神通的囚犯自由活動，甚至獲得自由。智顗又發現煩惱具備的兩種意義，這有助於我們追求解脫。他就是在這種背景中提出不斷煩惱的實踐，並且將涅槃或解脫與煩惱等同。正如上文所說，這種等同在任何意義下，都沒有否定龍樹對涅槃與輪迴世間所作的等同，並藉此提醒我們要在日常實踐當中追求真理的意味。從智顗對中觀學的體法思想的高度讚許，可以肯定智顗會極為推崇這種追求真理的態度。只是，智顗更進一步將煩惱納入日常實踐當中，但龍樹並未有意識到這種做法的可能性及其意義。

基於這種理解，我們可以總結說，在等同的問題上，智顗沒有否定龍樹。在龍樹的涅槃與世間無差別或等同的觀念的基礎上，智顗建立他自己的等同的觀念，這觀念在採取適當方法去應付個別事件的情況中，大大提升了它的整合性和適應性。在智顗這種等同的新觀念中，煩惱是無需滅除的東西，但必須被克服、超越和適當地運用。這種等同的確為修行者在追求救贖的目標上，開創了新的景象。在這個意義上，我們可以確定，智顗基於不斷煩惱而說的等同，是在龍樹涉及滅除煩惱的無差別或等同的基礎上的一種正面發展。換句話說，不斷煩惱是超越了滅除煩惱的一種正面進展。

第八章　總　結

在前面幾章，我們已討論過在概說中提出的三個基本問題。第一和第二個問題的關於真理的概念，已在第二至第四章中處理，而第三個問題涉及從哲學方法上說真理的實現，亦已在第五至第七章討論過。比較起來，我們用了較多篇幅去討論第三個問題。然而，這並不表示第三個問題比前兩個更為重要，亦不表示哲學方法的問題更重於概念本身。而是由於哲學方法的討論牽涉更多複雜的問題，需要更多解釋和澄清。從邏輯和實踐上說，對真理觀念的理解，是先於，而且是決定它的實現方法的。在討論中可以見到，智顗對真理的理解（實相或中道佛性）跟龍樹的理解有所不同，龍樹是以空或中道為真理，智顗則以中道佛性為真理。由此，在真理的實現方法上，智顗跟龍樹亦不同。這說明了概念的問題比哲學方法更為根本。

無可否認，智顗在很大程度上承接了中觀學對真理的理解和實現。雖然如此，他與中觀學在思想上的連繫卻遠遠比不上他們之間的分歧，這一點可從他對真理或終極真理的獨特理解，即中道佛性可以見到。正如第四章所說，他將恒常性、功用和具足諸法三種特性歸於中道佛性。這些特點都一貫地在佛性的脈絡上說。由於中道（本身是道或真理）跟佛性等同，故真理亦具備這些特性，同時，真理的性格亦是恆常的、具功用的和具足諸法的。龍樹沒有在《中論》裏提到佛性的概念。就他而言，真理，無論是空或中道，都跟這些特性無關。

在中道佛性這些特性當中，功用性格是在智顗的著作中，尤其在《法華玄義》和《摩訶止觀》中描述和解釋得最多的。這一點可以從智顗特別強調真理的功用或動態方面見到。這種性格基本上是以菩薩轉化眾生的工作來描述，基於這點，我們可以確定智顗對眾生的福祉以及他們的處所，即經驗世間，有深切的關懷。

然而，真理如何能作用或成為動態呢？或者說，真理如何促發起行動呢？智顗的理解是這樣，真理可以被視為不只是一種原理，這傾向於靜態，亦可以被視為一個能活動的清淨心。他把佛性與清淨心等同起來，從而提出中道佛性的種種功用。佛性與中道無差異，這中道作為一種原理，在對兩端的超越當中被揭示出來，因此，清淨心並不相異於，卻是等同於中道。清淨心跟中道或原理的這種等同，可以與新儒家的基本觀念——心即理——作一比較。這個由陸象山和王陽明提倡的觀點，顯示出以中國的思維方式將真理問題哲學化的一個重要特色。這即是，真理不單是終極原理，亦是心靈。❶簡單地說，智顗對清淨心與中道所作的等同，可以視為佛教對這個觀點的表述。

龍樹有否提到清淨心的問題呢？在《中論》裏，龍樹的確有提到這個心，然而，他是以一種否定的語調來說：

---

❶ 我們不打算在這裏處理這個命題。詳盡的解釋可參考牟宗三著《從陸象山到劉蕺山》，臺北：臺灣學生書局，1997。尤其要注意第一章 pp.3-78。

心的功用領域停止之處，文字的領域亦停止，因為存在的本質（梵：dharmatā）像涅槃一般，沒有生起和滅去。❷

諸法實相中，心行言語斷，
無生亦無滅，寂滅如涅槃。（《中論》18:7，大 30.24a）

龍樹在這裏不只提到心（梵：citta），還講到心作用的境域（梵：citta-gocara）。鳩摩羅什把後者翻譯為「心行」，意思是心的作用。無論如何，心的作用或行為必須停止，才能達致法性或真理。這個心完全是虛妄的。青目亦評論心作用的境域或心行如下：

一切心行皆是虛妄。虛妄故應滅。❸

龍樹肯定意識到心的問題，但只是以之為一個虛妄心。在《中論》裏，沒有任何地方顯示他有清淨心的觀念，更不用說把清淨心與中道等同了。他並不以清淨心來理解真理，不論是空或中道。故此，他說的真理並無作用或動感。

智顗亦在實現真理的問題上，跟中觀學有很大差異。在這個問題上最顯著的特點是他的權宜或方便的觀念。他認為，只要適當地運用和操控，煩惱亦可在導化有情眾生的工作上，擔當重要角色。

---

❷ Inada, p.115. nivṛttamabhidhātavyaṃ nivṛtte cittagocare, anutpannāniruddhā hi nirvāṇamiva dharmatā.（《梵本中論》p.364）

❸ 大 30.25a。

煩惱在很多情況下都能具有很高的方便價值，這種價值是在所有東西都可被運用的意義上說的具足一切的性格。這種方便的觀念，聚焦於對煩惱或惡的一種激進的但具建設性的態度之中；它在印度和中國佛教中是獨特的。

漢維茲認為智顗是一位中觀學者，同時亦是一位禪定修行者（譯案：一般稱為禪師）。❹禪師是一位修習冥想的人，其修行重點是心的專注。這種修習類似於智顗的止和觀。從智顗對中觀學義理的承襲，以及他極為重視止和觀的修習，可見漢維茲對他的了解是正確的。但智顗不單是一位中觀學者，他對真理的性格及其實現的獨特理解，讓他遠遠超越了中觀學，並且建立起天台宗這個嶄新的佛教學派，從而開創了佛教發展的新紀元。

最後，我們以智顗思想的核心元素或概念的討論來結束這個總結。從整個研究來看，我們可以很確定地說，智顗的整個思想系統的核心概念是中道佛性，它具有常住性、功用性和具足諸法的特點。這種理解跟其他學者很是不同。他們一般都強調從三諦和三觀所見到的三重架構，並認為這是智顗思想中最核心的部分。❺他們未有留意中道佛性在智顗思想的建構中所擔當的極其重要的角色。我們對這個問題的理解，如前面所說，是智顗的三觀是在中道佛性的基礎上建立的，❻而三諦中的空、假名和中道，其實不是別的，就是中道佛性的三種面相，而它們的意思亦包含於後者的三個特性

---

❹ Hurvitz, p.271.

❺ 例如佐藤，pp.150, 186, 666；Swanson, pp.8,17,155 等等。

❻ 參考第六章第四節。

中。[7]再者，這個三重架構亦在中道佛性的實現上起著方法論的角色。基於這些原因，我們認為中道佛性比起三重架構更為根本。只有具備這三個特性的中道佛性才能解釋三觀和三諦[8]，而這中道佛性不能被還原為任何東西。

---

[7] 參考第六章第七節。

[8] 智顗曾經斷言，「具」（譯案：即具備或具足的意思）這個字本身就能完全展示天台宗的特點。他亦連繫到恆常性的概念去開拓這個字的含意。參考《觀音經玄義記會本》第二章，續 55.81a-b。「具」和「恆常性」在這裏分別指具足諸法和常住性，這是佛性或中道佛性的兩個特點。這反映出後期的傑出天台思想家如何去理解智顗建立的這個宗派的精髓。

參考書目

一、此處所收的參考資料只著眼於著書。由於研究論文太多，不能收錄。在著書方面，由於本書的主題是環繞著中觀學與天台學的探索，因此所收的集中於中觀（以龍樹的中觀學為主）與天台學（以智顗的天台學為主）兩方面的著書。另外，由於這兩種學問分別與般若文獻與《法華經》有緊密的關連，因此亦部分地收入這兩方面研究的著書。

二、著書依次以四種語文列出：一、梵文，二、日文，三、歐文（包含英文、德文及法文），四、中文。

三、梵文著書的次序，先經後論。經方面依天城體序列。論方面以作者名字序列。

四、日文著書，通常依假名字母的先後次序排列。但為照顧中文讀者參考起見，不取假名字母序列，而以著書作者的姓名筆劃多寡排列。

五、中文著書依慣例的作者姓名筆劃多寡排列，與日文著書相同。

一、梵文

Study Group on Buddhist Sanskrit Literature, The Institute for Comprehensive Studies of Buddhism, Taisho University, ed. *Vimalakīrtinirdeśa*. A Sanskrit Edition Based upon the Manuscript Newly Found at the Potala

Palace. Tokyo: Taisho University Press, 2006.

Kern, H. and Nanjio Bunyiu, eds. *Saddharmapuṇḍarīka*. Bibliotheca Buddhica, No.X, St. Petersbourg, 1908-1912.

Wogihara, U. and Tsuchida, C. eds. *Saddharmapuṇḍarīka-sūtram*. Romanized and Revised Text of the Bibliotheca Buddhica Publication by Consulting A Skt Ms. and Tibetan and Chinese Translations. Tokyo: The Sankibo Buddhist Book Store, 1994.

La Vallée Poussin, Louis de, ed. *Mūlamadhyamakakārikās de Nāgārjuna avec la Prasannapadā Commentaire de Candrakīrti*. Bibliotheca Buddhica, No. IV, St. Petersbourg, 1903-1913.

La Vallée Poussin, Louis de. *Madhyamakāvatāra, introduction au traité du milieu de l'Ācārya Candrakīrti, avec le Commentaire de l'auteur, traduit d'après la version tibétaine*. Muséon VIII, XI, XII, 1907-1911.

Lindtner, Christian, ed. *Madhyamakahṛdayam of Bhavya*. Chennai: The Adyar Library and Research Centre, 2001.

Nāgārjuna. *Mūlamadhyamakakārikāḥ*. Ed., J.W. de Jong, Adyar, Madras: The Adyar Library and Research Centre, 1977.

De Jong, J.W. ed. and Lindtner, Christian rev. *Nāgārjuna's Mūlamadhyamakakārikā Prajñā Nāma*. Chennai: The Adyar Library and Research Centre, 2004.

Nāgārjuna. *Vigrahavyāvartanī*. In Thomas E. Wood. *Nāgārjunian Disputations*. Honolulu: University of Hawaii Press, 1994, pp.307-322.

Bendall, Cecil, ed. *Çikshāsamuccaya*. A Compendium of Buddhistic Teaching compiled by Çāntideva. Bibliotheca Buddhica, No.1, St. Petersbourg, 1897-1902.

二、日文

山口益著《山口益佛教學文集》上下，東京：春秋社，1972, 1973。

山口益著《中觀佛教論攷》，東京：山喜房佛書林，1975。

山口益著《佛教における無と有との對論》，東京：山喜房佛書林，1975。
山口益著《空の世界》，東京：理想社，1974。
山口益著《般若思想史》，京都：法藏館，1951。
山口益譯《月稱造中論釋 I.II》，東京：清水弘文堂，1968。
山田和夫編《摩訶止觀一字索引》，東京：第三文明社，1985。
山田惠諦著《山田惠諦の人生法話中：法華經のこころ》，京都：法藏館，1996。
小川一乘著《小川一乘佛教思想論集第三卷：中觀思想論》，京都：法藏館，2004。
小川一乘著《佛性思想》，京都：文榮堂，1982。
小川一乘著《空性思想の研究。第一部チャンドラキールティの中觀說；第二部入中論に對するツォンカパの註釋：意趣善明 TGS 第六章のテキスト（チベット文）とその和譯》，京都：文榮堂，1988。
小松賢壽著《天台思想入門》，浦和：桜書房，2001。
上田義文著《大乘佛教思想》，東京：第三文明社，1977。
上田義文著《大乘佛教思想の根本構造》，京都：百華苑，1972。
上田義文著《佛教思想史研究》，京都：永田文昌堂，1967。
三枝充悳著《大智度論の物語》一、二，東京：第三文明社，1977。
三枝充悳著《中論偈頌總覽》，東京：第三文明社，1985。
三枝充悳著《中論：緣起、空、中の思想》上中下，東京：第三文明社，1989, 1991。
三枝充悳著《龍樹、親鸞ノート》，京都：法藏館，1983。
久保繼成著《法華經菩薩思想の基礎》，東京：春秋社，1987。
大野榮人著《天台止觀成立史の研究》，京都：法藏館，1994。
大野榮人、伊藤光壽著《天台六妙法門の研究》，東京：山喜房佛書林，2004。
大野榮人、伊藤光壽、武藤明範著《天台小止觀の譯註研究》，東京：山喜房佛書林，2004。

川崎信定著《一切智思想の研究》，東京：春秋社，1992。
上野順瑛著《中論・因果の論理的構造》，京都：平樂寺書店，1971。
中山延二著《矛盾的相即の論理》，京都：百華苑，1974。
中川日史著《體系的法華經概觀》改訂新版，京都：平樂寺書店，1988。
中村元編著《佛教語大辭典》三冊，東京：東京書籍，1975。
中村元編《自我と無我：インド思想と佛教の根本問題》，京都：平樂寺書店，1981。
中村元、福永光司、田村芳朗、今野達編《岩波佛教辭典》，東京：岩波書店，1991。
中村瑞隆著《現代語譯法華經》上、下，東京：春秋社，1999。
中國佛教研究會編《摩訶止觀引用典據總覽》，東京：中山書房佛書林，1987。
王生臺舜編《龍樹教學の研究》，東京：大藏出版社，1983。
日比宣正著《唐代天台學序說》，東京：山喜房佛書林，1975。
日比宣正著《唐代天台學研究》，東京：山喜房佛書林，1975。
天台大師研究編集委員會編集《天台大師研究》，京都：河北印刷社，1997。
丹治昭義著《沈默と教說：中觀思想研究 I》，吹田：關西大學出版部，1988。
水野弘元監修、中村元等編集《新佛典解題事典》，東京：春秋社，1965。
末木剛博著《東洋の合理思想》，東京：講談社，1970。
平川彰著《法華經の世界》，大阪：東方出版社，1997。
平川彰、梶山雄一、高崎直道編《講座大乘佛教 4：法華思想》，東京：春秋社，1996。
平川彰、梶山雄一、高崎直道編《講座大乘佛教 7：中觀思想》，東京：春秋社，1982。
平井俊榮著《中國般若思想史研究：吉藏と三論學派》，東京：春秋社，1976。

平井俊榮著《法華文句の成立に関する研究》，東京：春秋社，1985。
平井俊榮譯註《佛教經典選 2：般若經～般若心經、金剛般若經、大品般若經》，東京：筑摩書房，1986。
立川武藏著《中論の思想》，京都：法藏館，1994。
立川武藏著《空の構造：中論の論理》，東京：第三文明社，1986。
立川武藏著《空の實踐》，東京：講談社，2007。
立川武藏編《中論サンスクリット索引》，京都：法藏館，2007。
玉城康四郎著《心把捉の展開》，東京：山喜房佛書林，1961。
四津谷孝道著《ツォンカパの中觀思想》，東京：大藏出版社，2006。
瓜生津隆真著《龍樹空の論理と菩薩の道》，東京：大法輪閣，2005。
田中順照著《空觀と唯識觀：その原理と發展》，京都：永田文昌堂，1968。
田村芳朗著《法華經：真理、生命、實踐》，東京：中央公論社，1976。
田村芳朗、梅原猛著《絕對の真理：天台》，東京：角川書店，1969。
田村芳朗、新田雅章著《智顗》，東京：大藏出版社，1982。
安井廣濟著《中觀思想の研究》，京都：法藏館，1961。
石津照璽著《天台實相論の研究》，東京：弘文堂，1947。
石飛道子著《龍樹と語れ！方便心論の言語策略》，東京：大法輪閣，2009。
石飛道子著《ブッダと龍樹の論理學：緣起と中道》，東京：サンガ，2007。
矢島羊吉著《空の論理：ニヒリズムを超えて》，京都：法藏館，1989。
片野道雄、ツルティムケサン共譯《レクシエーニンポ中觀章和譯》，京都：文榮堂，1990。《ツォンカパ中觀哲學の研究 II》
宇井伯壽著《宇井伯壽著作選集 4：三論解題、國譯中論、梵文邦譯中之頌》，東京：大東出版社，1974。
宇井伯壽著《宇井伯壽著作選集 5：國譯百論、國譯十二門論、空の論理》，東京：大東出版社，1971。

宇井伯壽著《東洋の論理》，東京：青山書院，1950。
宇野順治著《大智度論講述》，京都：永田文昌堂，2000。
多田孝正註《法華玄義》，東京：大藏出版社，1991。
多田厚隆述《摩訶止觀講述：止觀明靜一卷、二卷》，東京：山喜房佛書林，2005-2007。
多田厚隆先生頌壽紀念論集刊行會編集《天台教學の研究》，東京：山喜房佛書林，1990。
多屋賴俊、橫超慧日、舟橋一哉編集《新版佛教學辭典》，京都：法藏館，1995。
池田魯參著《國清百錄の研究》，東京：大藏出版社，1982。
池田魯參著《詳解摩訶止觀：定本訓讀篇》，東京：大藏出版社，1997。
池田魯參著《詳解摩訶止觀：研究注釋篇》，東京：大藏出版社，1997。
池田魯參著《詳解摩訶止觀：現代語譯篇》，東京：大藏出版社，1997。
池田魯參著《摩訶止觀研究序說》，東京：大通出版社，1986。
池麗梅著《唐代天台佛教復興運動研究序說：荊溪湛然とその止觀輔行傳弘決》，東京：大藏出版社，2008。
江島惠教著《空と中觀》，東京：春秋社，2000。
安藤俊雄著《天台性具思想論》，京都：法藏館，1953。
安藤俊雄著《天台思想史》，京都：法藏館，1959 。
安藤俊雄著《天台學：根本思想とその展開》，京都：平樂寺書店，1968。
安藤俊雄著《天台學論集：止觀と淨土》，京都：平樂寺書店，1975。
坂本幸男著《大乘佛教の研究》，東京：大東出版社，1980。
坂本幸男編《法華經の中國的展開》，京都：平樂寺書店，1972。
芳村修基著《インド大乘佛教思想研究：カマラシーラの思想》，京都：百華苑，1974。
吳鳴燕著《湛然法華五百問論の研究》，東京：山喜房佛書林，2007。
村中祐生著《大乘の修觀形成史研究》，東京：山喜房佛書林，1998。
村中祐生著《天台法華宗の研究》，東京：山喜房佛書林，2005。

村中祐生註《摩訶止觀》，東京：中央公論社，1988。

村中祐生纂輯《天台宗聖典》：《I.所依經論集》、《II.天台大師集》、《III.傳教大師集》、《IV.中國諸師集》，東京：山喜房佛書林，1996, 1999, 2003, 2006。

谷口富士夫著《現觀體驗の研究》，東京：山喜房佛書林，2002。

谷貞志著《剎那滅の研究》，東京：春秋社，2000。

改訂新版哲學事典編輯委員會（編集兼發行者：下中邦彥）編《哲學事典》，東京：平凡社，1975。

佛教思想研究會編《空》，二冊，京都：平樂寺書店，1981, 1982。

佐佐木憲德著《天台教學》，京都：百華苑，1978。

佐佐木憲德著《天台緣起論展開史》，京都：永田文昌堂，1953。

佐藤哲英著《天台大師の研究》，京都：百華苑，1961。

佐藤哲英著《續・天台大師の研究》，京都：百華苑：1981。

京戶慈光著《天台大師の生涯》，東京：第三文明社，1975。

河村孝照著《天台學辭典》，東京：國書刊行會，1991。

河村孝照著《法華經概說》，東京：國書刊行會，1992。

武田浩學著《大智度論の研究》，東京：山喜房佛書林，2005。

武邑尚邦著《佛教思想辭典》，東京；教育新潮社，1982。

武覺超著《天台教學の研究：大乘起信論との交渉》，京都：法藏館，1988。

武覺超著《中國天台史》，大津：叡山學院，1987。

松田未亮著《大乘止觀法門の研究》，東京：山喜房佛書林，2004。

長尾雅人著《中觀と唯識》，東京：岩波書店，1978。

長尾雅人著《西藏佛教研究》，東京：岩波書店，1974。

長尾雅人譯《明らかなことば》第十五章，《世界の名著 2：大乘佛典》，東京：中央公論社，1967。

岸根敏行著《チャンドラキールティの中觀思想》，東京：大東出版社，2001。

林鳴宇著《宋代天台教學の研究：金光明經の研究史を中心として》，東京：山喜房佛書林，2003。

金倉圓照著《インド哲學佛教學研究 I：佛教學篇》，東京：春秋社，1973。

南山宗教文化研究所編《天台佛教とキリスト教：宗教における理と行》，東京：春秋社，1988。

宮本正尊著《中道思想及びその發達》，京都：法藏館，1944。

宮本正尊著《根本中と空》，佛教學の根本問題第一，東京：第一書房，1943。

宮本正尊編《佛教の根本真理》，東京：三省堂，1974。

泰本融著《空思想と論理》，東京：山喜房佛書林，1987。

島地大等著《天台教學史》，東京：隆文館，1972。

梶山雄一著《般若經：空の世界》，東京：中央公論社，1976。

梶山雄一、上山春平著《空の論理：中觀》，東京：角川書店，1969。

梶山雄一註釋《大智度論》，東京：中央公論社，1989。

梶山雄一、丹治昭義譯《大乘佛典インド篇 2、3：八千頌般若經 I, II》，東京：中央公論社，1974, 1975。

梶山雄一、瓜生津隆真譯《大乘佛典 14：龍樹論集》，東京：中央公論社，1974。

梶山雄一、赤松明彥譯《大乘佛典中國、日本篇 1：大智度論》，東京：中央公論社，1989。

菅野博史著《中國法華思想の研究》，東京：春秋社，1994。

菅野博史著《法華玄義入門》，東京：第三文明社，1997。

菅野博史著《法華經の出現：蘇る佛教の根本思想》，東京：大藏出版社，2000。

菅野博史著《法華經：永遠の菩薩道》，東京：大藏出版社，1998。

望月海淑著《法華經における信の研究序說》，東京：山喜房佛書林，1980。

清田寂雲編《天台大師別傳略註》，大津：叡山學院，1988。

淺野圓道編《本覺思想の源流と展開》，京都：平樂寺書店，1993。

塚本啟祥著《法華經の成立と背景：インド文化と大乘佛教》，東京：佼成出版社，1988。
塚本善隆編《肇論研究》，京都：法藏館，1972。
硲慈弘著（大久保良順補注）《天台宗史概說》，東京：大藏出版社，1997。
勝呂信靜編《法華經の思想と展開》，京都：平樂寺書店，2001。
勝呂信靜著《增訂法華經の成立と思想》，東京：大東出版社，1996。
奥住毅著《中論註釋書の研究：チャンドラキールティ「プラサンナパダー」和譯》，東京：大藏出版社，1988。
渡邊宝陽著《佛教を生きる 2：われら佛の子～法華經》，東京：中央公論社，2000。
新田雅章著《天台實相論の研究》，京都：平樂寺書店，1981。
新田雅章著《天台學入門》，東京：第三文明社，1988。
新田雅章註《摩訶止觀》，東京：大藏出版社，1989。
福田堯穎著《天台學概論》，東京：三省堂，1955。
福島光哉著《宋代天台淨土教の研究》，京都：文榮堂，1995。
橫超慧日著《法華經序說》，京都：法藏館，1967。
橫超慧日編《法華思想》，京都：平樂寺書店，1969。
稻津紀三、曾我部正幸共著《龍樹空觀、中觀の研究》，付龍樹の故地ナーガルジュナ、コンダ探查付卷原典，東京：株式會社三宝，1988。
稻荷日宣著《法華經一乘思想の研究》，東京：山喜房佛書林，1975。
關口真大著《天台小止觀の研究》，東京：山喜房佛書林，1961。
關口真大著《天台止觀の研究》，東京：岩波書店，1969。
關口真大編著《天台教學の研究》，東京：大東出版社，1978。
關口真大譯註《天台小止觀》，東京：岩波書店，1991。
關口真大編《止觀の研究》，東京：岩波書店，1975。
關口真大校訂《昭和校訂天台四教儀》，附錄：天台四教儀解說、天台大師撰述概說、天台四教儀參考圖表集、天台四教儀辭書。東京：山喜房佛書林，1989。
ツルティムケサン、藤仲孝司共譯《ケードゥプ・ゲルクペルサン著：深遠な真實を明らかにする論書・幸いなる者の開眼～千薬大論和譯と研究》上下。京都：文榮堂，2001, 2003。《ツォンカパ中觀哲學の研究III、IV》

ツルティムケサン、高田順仁共譯《菩提道次第論中篇觀の章和譯》，京都：文榮堂，1996。《ツォンカパ中觀哲學の研究I》

ツルティムケサン、藤仲孝司和譯と研究《追贈ダライ・ラマ一世ゲンドゥンドゥプ著入中論の意趣善明の鏡序文ダライ・ラマ十四世テンジンギャツォ》，京都：文榮堂，2002。《ツォンカパ中觀哲學の研究V》

ナーガールジュナ著、西鳩和夫譯《中論 *Mūlamadhyamakakārikā*》，東京：金澤文庫，1997。

ひろさちや、木內堯央著《世界の聖典 I：法華經》，東京：鈴木出版社，1995。

カール・ヤスパース著、峰島旭雄譯《佛陀と龍樹》，東京：理想社，1975。

H.ヴァルデンフェルス著、松山康國、川村永子譯《絕對無：佛教とキリスト教の對話の基礎づけ》，京都：法藏館，1986。

三、歐文（英文、德文、法文）

Bareau, André. *L'absolu en philosophie bouddhique: évolution de la notion d'asaṃskṛta*. Paris, 1951.

Bhattacharyya, N.N. *History of Researches of Indian Buddhism*. Delhi: Munshiram Manoharlal Publishers Private Limited, 1981.

Blumenthal, James. *The Ornament of the Middle Way*. A Study of the Madhyamaka Thought of Śāntarakṣita. Ithaca, New York: Snow Lion Publications, 2004.

Chappell, David W. ed. *T'ien-T'ai Buddhism: An Outline of the Fourfold Teachings*. Tokyo: Daiichi Shobō, 1983.

Chatterjee, Margaret, ed. *Contemporary Indian Philosophy*. Delhi: Motilal Banarsidass Publishers, 1998.

Chatterjee, Satischandra and Datta, Dhirendramohan. *An Introduction to Indian*

Philosophy. Taipei: Double Leaves, 1972.

Cheng, Hsueh-li. *Nāgārjuna's Twelve Gate Treatise*. Dordrecht: D. Reidel, 1982.

Cobb, John B. Jr. and Ives, Christopher, eds. *The Emptying God: A Buddhist-Jewish-Christian Conversation*. Maryknoll, New York: Orbis Books, 1991.

Conze, Edward. *Buddhist Thought in India*. London: George Allen & Unwin Ltd., 1962, pp.238-49.

Conze, Edward. *Buddhist Wisdom Books*. London: George Allen and Unwin Ltd., 1958.

Conze, Edward, tr. *The Large Sūtra on Perfect Wisdom*. With the Divisions of the Abhisamayālaṅkāra. Berkeley: University of California Press, 1975.

Conze, Edward, tr. *The Perfection of Wisdom in Eight Thousand Lines and its Verse Summary*. Bolinas: Four Seasons Foundation, 1973.

Conze, Edward, ed. and tr. *Vajracchedikā Prajñāpāramitā*. Serie Orientale Roma XIII. Roma: Is. M.E.O. 1974.

Daitō Shuppansha, ed. *Japanese-English Buddhist Dictionary*. Tokyo: Daitō Shuppansha, 1979.

Dasgupta, Surendranath. *A History of Indian Philosophy*. Vol. I, Delhi: Motilal Banarsidass, 1975.

De Jong, J.W. *A Brief History of Buddhist Studies in Europe and America*. Tokyo: Kosei Publishing Co. 1997.

De Jong, J.W. *Cing chapitres de la Prasannapadā*. Paris: Geuthner, 1949.

Demiéville, P. Le concile de Lhasa. *Bibliothèque de l'Institut des Hautes Études Chinoises*, Vol. VII. Paris, 1952.

Dutt, Nalinaksha. *Mahāyāna Buddhism*. Delhi: Motilal Banarsidass, 1978.

Eckel, M. *Jñānagarbha's Commentary on the Distinction between the Two Truths*. New York: Suny, 1987.

Edgerton, Franklin. *Buddhist Hybrid Sanskrit Grammar and Dictionary*, Vol. II: Dictionary, Delhi: Motilal Banarsidass, 1970.

Edwards, Paul, ed. *The Encyclopedia of Philosophy*. 8 Vols. New York: The Macmillan Company, 1967.

Finot, Louis. *Le marche à la lumière. Les Classique de l'Orient* 2, Paris, 1920.

Frauwallner, Erich. *Die Philosophie des Buddhismus*. Berlin: Akademie Verlag, 1969.

Frauwaller, Erich. *History of Indian Philosophy*. 2 Vols. Tr. V.M. Bedekar, Delhi: Motilal Banarsidass, 1973.

Fatone, Vicente. *The Philosophy of Nāgārjuna*. Delhi: Motilal Banarsidass, 1981. Translation of *El Budismo Nihilista* by K.D. Prithipaul.

Gard, Richard A. *Mādhyamika Buddhism*. Introductory lectures on its History and Doctrines. Bangkok: Mahamukuta University Press, 1956.

Gokhale, Vasdev. *The Hundred Letters* (Akṣara Śatakam). A Mādhyamika text by Aryadeva, after Chinese and Tibetan materials. Tr. by V. Gokhale. Heidelberg, 1930.

Hopkins, Jeffrey. *Emptiness in Mind-Only School of Buddhism. Dynamic Responses to Dzong-ka-ba's The Essence of Eloquence I.* Berkeley: University of California Press, 1999.

Hopkins, Jeffrey. *Meditation on Emptiness*. Boston: Wisdom Publications, 1996.

Hurvitz, Leon. *Chih-I, An Introduction to the Life and Ideas of a Chinese Buddhist Monk*. Bruxelles: Juillet, 1962.

Ichimura, Shohei. *Buddhist Critical Spirituality: Prajñā and Śūnyatā*. Delhi: Motilal Banarsidass Publishers, 2001.

Iide, S. *Reason and Emptiness: A Study of Logic and Mysticism*. Tokyo: Hokuseidō Press, 1980.

Inada, Kenneth K. *Nāgārjuna, A Translation of His Mūlamadhyamakakārikā with an Introductory Essay*. Tokyo: Hokuseidō, 1970

Jamspal, Lozang, Chophel, Ngawang Samten and Santina, Peter Della, tr. *Nāgārjuna's Letter to King Gautamīputra.* Delhi: Motilal Banarsidass, 1978.

Jha, Ganganatha, tr. *The Tattvasavgraha of Shāntarakṣita*. With the Commentary of Kamalashīla. 2 Vols. Delhi: Motilal Banarsidass, 1986.

Kajiyama, Y. *Studies in Buddhist Philosophy*. Selected Papers. Kyoto: Rinsen Book Co. Ltd., 1989.

Kalupahana, David J. *Nāgārjuna: The Philosophy of the Middle Way.* New York: State University of New York Press, 1986.

Kamalaśīla. *Bhāvanākrama of Kamalaśīla*. Tr. Parmananda Sharma, Delhi: Aditya Prakashan, 2004.

Kim, Young-ho. *Tao-sheng's Commentary on the Lotus Sūtra*. A Study and Translation. Delhi: Sri Satguru Publications, 1992.

Klein, Anne C. *Knowledge and Liberation*. Tibetan Buddhist Epistemology in Support of Transformative Religious Experience. Ithaca, New York: Snow Lion Publication, 1998.

Lancaster, L. ed. *Prajñāpāramitā and Related Systems*. Berkeley Buddhist Studies Series. Printed in Korea, 1977.

La Vallée Poussin, Louis de. *Madhyamaka, III. Le Joyau dans la main. Mélanges chinois et bouddhiques*, II, 1932-1933.

Lindtner, Christian. *Nāgārjuniana, Studies in the Writings and Philosophy of Nāgārjuna*. Copenhagen: Indiske Studier IV, 1982.

Lopez, Donald S. Jr. *The Heart Sūtra Explained*. Indian and Tibetan Commentaries. Delhi: Sri Satguru Publications, 1990.

Lamotte, Étienne. *Le Traité de la grande vertu de saggesse*. Vol. I, 1944; Vol.II, 1949, Louvain: Bureaux du Muséon.

May, Jacques, *Prasannapadā Madhyamakavrtti, douze chapitres traduits du sanscrit et du tibétain*. Paris: Adrien-Maisonneuve, 1959.

Mipham, Jamgön, *The Adornment of the Middle Way. Shantarakshita's Madhyamakalankara*. Tr. The Padmakara Translation Group. Boston and London: Shambhala, 2005.

Monier-Williams, Monier. *A Sanskrit-English Dictionary*. Delhi, Patna, Varanasi: Motilal Banarsidass, 1974 (A reprint in India).

Murti, T.R.V. *Studies in Indian Thought*. The Collected Papers of Professor T.R.V. Murti. Ed. Harold Coward, Delhi: Motilal Banarsidass, 1983.

Nagao, Gadjin M., *The Foundational Standpoint of Mādhyamika Philosophy*. Tr., John P. Keenan, Delhi: Sri Satguru Publications, 1984.

Nagao, Gadjin M. *Mādhyamika and Yogācāra*. Tr. Leslie S. Kawamura, Delhi: Sri Satguru Publications, 1992.

Nakamura, Hajime. *Indian Buddhism. A Survey with Bibliographical Notes*. Delhi: Motilal Banarsidass, 1987.

Padhye, A.M. *The Framework of Nāgārjuna's Philosophy*. Delhi: Sri Satguru Publications, 1988.

Pandeya, Ramchandra. *Indian Studies in Philosophy*. Delhi: Motilal Banarsidass, 1977.

Pandeya, R.C. and Manju. *Nāgārjuna's Philosophy of No-identity*. With Philosophical Translations of the *Madhyamaka-kārikā*, *Śūnyatā-Sapati* and *Vigrahavyāvartanī*. Delhi: Eastern Book Linkers, 1991.

Prebish, C.S. ed. *Buddhism, a Modern Perspective*. State University of Pennsylvania Press, 1975.

Ramanan, K. Venkata. *Nāgārjuna's Philosophy*, As presented in the *Mahāprajñāpāramitā-śāstra*. Tokyo: Charles E. Tuttle Co. Inc., 1966.

Ram-Prasad, Chakravarthi. *Knowledge and Liberation in Classical Indian Thought*. New York: Palgrave, 2001.

Reynolds, Frank E. et al. *Guide to Buddhist Religion*. Boston: G.K. Hall & Co., 1981.

Robinson, Richard H. *Early Mādhyamika in India and China.* Madison: The University of Wisconsin Press, 1967.

Ruegg, D. Seyfort. *The Literature of the Madhyamaka School of Philosophy in India.* Wiesbaden: Harrassowitz, 1981.

Saigusa, Mitsuyoshi. *Studien zum Mahāprajñāpāramitā (upadeśa) śāstra.* Tokyo: Hokuseidō Verlag, 1969.

Santina, Peter Della. *Madhyamaka Schools in India.* A Study of the Madhyamaka Philosophy and of the Division of the System into the Prāsavgika and Svatantrika Schools. Delhi: Motilal Banarsidass, 1995.

Schayer, Stanislaw. *Ausgewählte Kapitel aus der Prasannapadā.* Krakowie, 1931.

Sharma, Chandradhar. *Dialectic in Buddhism and Vedānta.* Banaras: Nand Kishore and Brothers, 1952.

Sharma, T.R. *An Introduction to Buddhist Philosophy: Vijñānavāda and Mādhyamika.* Delhi: Eastern Book Linkers, 2007.

Silk, Jonathan A., ed. *Wisdom, Compassion, and the Search for Understanding.* The Buddhist Studies Legacy of Gadjin M. Nagao. Honolulu: University of Hawaii Press, 2000.

Soothill, W.E. et al. ed. *A Dictionary of Chinese Buddhist Terms.* Taiwan: Buddhist Culture Service, 1971.

Sprung, Mervyn. *Lucid Exposition of the Middle Way. The Essential Chapters from the Prasannapadā of Candrakīrti.* London and Henley: Routledge & Kegan Paul, 1979.

Sprung, Mervyn, ed. *The Problem of Two Truths in Buddhism and Vedānta.* Dordrecht: D. Reidel, 1973.

Sprung, Mervyn, ed. *The Question of Being.* Pennsylvania State University Press, 1978.

Stcherbatsky, Theodor. *The Conception of Buddhist Nirvāṇa.* The Hague: Mouton & Co., 1965. Appendices contain English translations of Nāgārjuna's

Mādhyamika-kārikā (Chapters I & XXV) and Candrakīrti's *Mādhyamika-vṛtti Prasannapadā*, (Chapters I & XXV).

Streng, Frederick J. *Emptiness. A Study in Religious Meaning.* Nashville and New York: Abingdon Press, 1967. Appendix A: Translation of the *Mūlamadhyamakakārikā*; Appendix B: Translation of the *Vigrahavyāvartanī.*

Suguro, Shinjo. *Introduction to the Lotus Sūtra.* Tr. Nichiren Buddhist International Center, Fremont, California: Jain Publishing Company, 1998.

Swanson, Paul. *Foundations of T'ien-t'ai Philosophy: The Flowering of the Two Truths Theory in Chinese Buddhism.* Berkeley: Asian Humanities Press, 1989.

Takeuchi, Yoshinori, ed. *Buddhist Spirituality: Indian, Southeast Asian, Tibetan, Early Chinese.* New York: Crossroad, 1994.

Taranātha. *Tāranātha's History of Buddhism in India.* Tr. Alaka Chattopadhyaya, Lam Chimpa. Delhi: Motilal Banarsidass, 1990.

Tola, F. and Dragonetti, C. *Nāgārjuna's Refutation of Logic (Nyāya): Vaidalyaprakarana.* Źib mo rnam par ḥthag pa źes bya bahi rab tu byed pa. Delhi: Motilal Banarsidass, 1995.

Tsong Khapa. *Ocean of Reasoning: A Great Commentary on Nāgārjuna's Mūlamadhyamakakārikā.* Tr. Geshe Ngawang Samten and Jay L. Garfield. Oxford: University Press, 2006.

Tucci, G. *Minor Buddhist Texts, Part II. Serie Orientale Roma IX, 2.* Roma: Instituto Italiano per il Medio ed Estreme Oriente, 1956.

Tucci, G. *Pre-Divnāga Buddhist Texts on Logic from Chinese Sources.* Baroda: Oriental Institute, 1929.

Vaidya, P.L. *Études sur Āryadeva et son Catuḥśataka: Chapitres VIII-XVI.* Paris, 1923. Includes a chapter titled "Le Mādhyamika et la Madhyamāpratipad."

Von Rospatt, Alexander. *The Buddhist Doctrine of Momentariness*. A Survey of the Origins and Early Phase of this Doctrine up to Vasubandhu. Stuttgart: Franz Steiner Verlag, 1995.

Waldenfels, Hans. *Absolutes Nichts: Zur Grundlegung des Dialoges zwischen Buddhismus und Christentum*. Freiburg: Herder, 1976.

Waldenfels, Hans. *Absolute Nothingness: Foundations for a Buddhist-Christian Dialogue*. Tr. J.W. Heisig, New York: Paulist Press, 1980.

Walleser, Max. *Die Mittlere Lehre des Nāgārjuna. Nach der chinesischen Version übertragen*. Heidelberg, 1912.

Warder, A.K. *Indian Buddhism*. Bombay: Motilal Banarsidass, 1970.

Wayman, Alex. *A Millennium of Buddhist Logic*. Delhi: Motilal Banarsidass, 1999.

Wayman, Alex. tr. *Calming the Mind and Discerning the Real*. Buddhist Meditation and the Middle View From the *Lam rim chen mo* of Tsoṅ-kha-pa. Delhi: Motilal Banarsidass, 1979.

Wood, Thomas E. *Nāgārjunian Disputations*. A Philosophical Journey through an Indian Looking-Glass. Honolulu: University of Hawaii Press, 1994.

Yoshimura, Shuki. *Tibetan Buddhistology*. Kyoto: Ryukoku University, 1953.

Ziporyn, Brook, *Being and Ambiguity: Philosophical Experiments with Tiantai Buddhism*. Chicago: Open Court, 2004.

Ziporyn, Brook, *Evil and/or/as the Good: Omnicentrism, Intersubjectivity, and Value Paradox in Tiantai Buddhist Thought*. Cambridge: Harvard University Asia Center, 2000.

Zimmer, Heinrich. *Philosophies of India*. Ed. Joseph Campbell, Princeton: Princeton University Press, 1974.

四、中文

尤惠貞著《天台哲學與佛教實踐》，嘉義：南華大學，1999。

印順著《中觀今論》，臺北：慧日講堂，1971。

印順著《中觀論頌講記》，臺北：慧日講堂，1963。
印順著《性空學探源》，臺北：慧日講堂，1963。
印順著《空之探究》，臺北：正聞出版社，1985。
牟宗三著《佛性與般若》上下，臺北：臺灣學生書局，1977。
牟宗三著《現象與物自身》，臺北：臺灣學生書局，1975。
牟宗三主講、林清臣記錄《中西哲學之會通十四講》，臺北：臺灣學生書局，1990。
牟宗三著《中國哲學十九講：中國哲學之簡述及其所涵蘊之問題》，臺北：臺灣學生書局，1989。
牟宗三主講、盧雪崑錄音整理《四因說演講錄》，臺北：鵝湖出版社，1997。
任博克著、吳忠偉譯、周建剛校《善與惡：天台佛教思想中的遍中整體論、交互主體性與價值吊詭》，上海：上海古籍出版社，2006。
李安編校《童蒙止觀校釋》，北京：中華書局，1989。
李四龍著《天台智者研究：兼論宗派佛教的興起》，北京：北京大學出版社，2003。
吳汝鈞著《中國佛學的現代詮釋》，臺北：文津出版社，1995。
吳汝鈞著《天台智顗的心靈哲學》，臺北：臺灣商務印書館，1999。
吳汝鈞著《印度佛學的現代詮釋》，臺北：文津出版社，1994。
吳汝鈞著《印度佛學研究》，臺北：臺灣學生書局，1995。
吳汝鈞著《佛教的概念與方法》，修訂本，臺北：臺灣商務印書館，2000。
吳汝鈞著《法華玄義的哲學與綱領》，臺北：文津出版社，2000。
吳汝鈞著《純粹力動現象學》，臺北：臺灣商務印書館，2005。
吳汝鈞著《龍樹中論的哲學解讀》，臺北：臺灣商務印書館，1999。
吳汝鈞編著《佛教思想大辭典》，臺北：臺灣商務印書館，1992。
呂澂著《印度佛學源流略講》，上海：上海人民出版社，1979。
施凱華著《天台智者教判思想》，臺北：文津出版社，2006。
姚衛群著《印度宗教哲學概論》，北京：北京大學出版社，2006。

唐君毅著《中國哲學原論原性篇》，香港：新亞研究所，1968。
唐君毅著《中國哲學原論原道篇》三，香港：新亞研究所，1974。
貢卻亟美汪波著、陳玉蛟譯《宗義寶鬘》，臺北：法爾出版社，2000。
郭朝順著《天台智顗的詮釋理論》，臺北：里仁書局，2004。
湯用彤著《隋唐佛教史稿》，北京：中華書局，1982。
湯用彤著《漢魏兩晉南北朝佛教史》上下，北京：中華書局，1955。
萬金川著《中觀思想講錄》，嘉義：香光書香出版社，1998。
董平著《天台宗研究》，上海：上海古籍出版社，2002。
Napper, Elizabeth 著、劉宇光譯《緣起與空性》，香港：志蓮淨苑文化部，2003。
潘桂明著《智顗評傳》，南京：南京大學出版社，1996。
賴永海著《中國佛性論》，上海：上海人民出版社，1988。
賴永海著《湛然》，臺北：東大圖書公司，1993。
賴賢宗著《佛教詮釋學》，臺北：新文豐出版社，2003。
釋慧岳著《知禮》，臺北：東大圖書公司，1995。

作者後記

本書的前身是一九八九年我呈交予加拿大馬克馬斯德大學（McMaster University）的宗教系（Department of Religious Studies）的博士論文，由三位教授審查：冉雲華、篠原亨一和 Graeme MacQueen，另外還有兩位校外委員：夏威夷大學（University of Hawaii）的 David W. Chappell 和紐約州立大學（State University of New York）的稻田龜男（Kenneth K. Inada）。論文口試後，Chappell 教授提議把文稿交給夏威夷大學出版社出版，作為紀念日本天台宗在夏威夷駐錫地（Tendai Mission of Hawaii）成立二十周年的標誌。我同意了。Chappell 教授並籌得五千美元以聘請專業人員修整和潤飾英文原稿，以專書形式在一九九三年出版。出版後兩年，便被印度的一家出版社盜印。盜印本的流通，竟比正印本廣泛得多，在香港、臺灣和日本都可以買到。印度的印刷業，一向都非常混亂，盜印的現象到處都是，你根本奈何它不得，不知用甚麼方式進行法律追訴。知識版權毫無保障。有關出版社的負責人見到美國版本底頁作者簡介部分印有我曾編著《佛教思想大辭典》的資訊，竟來函詢問此書是否有英文本，表示他有意在印度印行流通哩。這真是讓人啼笑不得。

在對於天台宗特別是智顗大師的思想的解讀方面，我與很多日本學者和受他們影響的北美學者有很大的落差。特別是關於智顗的天台學的特性方面，日本和西方學者一向都強調三諦、三觀的三體結構（三重架構，threefold pattern），以為這是對於智顗的教說的特色的定位焦點，我則把著力點放在佛性或中道佛性的概念上。如書中所表示，佛性是真理問題的概念，三諦、三觀則是實踐真理的方法。在邏輯上、理論上，概念決定方法，反之則不然。因此，對智顗思想的特性的理解，應該聚焦於他的佛性觀點上，三諦、三觀是次要的。這便讓我與流行於日本及西方的天台學的解讀分途。Chappell 教授在提議我把此書交給夏威夷大學出版社出版時，便提到這點，要我不要理會它，也不必介懷，因為我的見解自成一格，有文理上的依據。他並說在英語學界，有關天台學的研究少之又少，專書不過三數本而已，我的加入，在這方面有打氣的效應。我於是答應了。

上面提及的與日本學者在天台學的解讀與詮釋上的分途，讓我想起一九九五年我在香港浸會大學宗教哲學系獲得了半年的休假，浸大對講師或教授的休假收得很緊，不像香港中文大學每教五年便有一年的休假。我在浸大十五年，只得半年休假，我打算在這段時期往日本東京大正大學研究天台學，並與彼方學者交流、討論。我選擇大正大學的原因是這大學是國際佛學研究界中研究天台學的大本營，那裏有一大正大學綜合佛教研究所梵語佛典研究會，人才眾多，資源豐富；另外有 Chappell 教授的建議與推薦。他跟該研究所比較熟悉，也在那裏做完短時期的研究與交流。大正大學有關部門的回函是歡迎我來。只此一句話便完了。我於是請求他們為我解決住宿問題。但函件去如黃鶴，沒有答覆。我有點詫異。東京是全世界消費最昂貴的城市，倘若沒有大學提供的住房，以我當時的經濟狀況來說，不要說半年，連一個月都撐不下去。我突然想起自己在書中對他們的批判，讓他們不高興。說歡迎我來，只是要向 Chappell 教授有個交代而已，並不是他們的心願。於是我便改變計劃，到名古屋的南山大學宗教文化研究所去。

這本拙作由於只有英文原本，沒有中文譯本，故在中文學界知道的人不多，反而在國外比較流行，書評也較多。有些朋友和學生曾經表示，花了那麼多時間寫成這本書，中國人看的不多，反而在國外流行，未免可惜。我也有這個想法。但由於我一開始便用英文來寫，沒有中文本子，要讓它能在華文學界流通，只有翻譯為中文一途。而在這項工作方面，可謂一波三折。先是論文呈交和口試後，臺灣靈鷲山的國際佛學研究中心方面表示要安排人手翻譯這篇論文，我立即影印一份寄去。由於這個「中心」在人事上好像不斷更動，辦事的人的工作只是過渡性質。現在這個中心是否存在，我也不知道。翻譯的事便告吹。後來英文本出版成書，我接到南投縣一家寺院的一位法師的來電，說要翻譯這本書，並要求我給予翻譯權。我回說請他們先翻譯其中一章來看看，倘若滿意，翻譯權是沒有問題的。過了好一陣，沒有接到回音，也沒有其中一章的中譯本寄過來，我便想他們大概不翻譯了。又過了好一陣，香港科技大學人文學部的一位同仁跟我談到這本書，說有興趣把它翻譯過來。我又有了期待。但過了幾年，他總是說事情忙（教課與學務），抽不出時間，讓我變得沒有期待了。最後，還是陳森田先生譯了出來。

森田是我多年來的學生、研究助理。他頭腦好，理解力強，又長於對問題作分析，又曾學過些梵文。只是為人低調，知道他的人不多。他是貧寒出身，一邊工作，一邊讀書，年前在香港科技大學拿了一個哲學碩士，又在香港大學佛學研究中心兼任教課。若能繼續努力下去，必能出人頭地，成就可期。

森田的中譯做得很好，沒有甚麼問題。我拿來仔細看過一遍，只在文字上作了些改動，又補充了不少新的看法。對於天台學，特別是智顗的那一套系統，雖然過了二十年，但基本看法仍是原來那樣。只是論文的本子是給專家看的，印而成書，則是流通於社會大眾。閱讀的人不同，在一些措詞上自然需要作些調節。那主要是在一些重要的觀點上多做一些解釋，以遷就讀者的知識和思考水平。另外，我也對一些關鍵概念如「一念無明法性心」作了進一步的探討與描述，闡明這個複雜的概念不是存有論性格的，而是工夫論性格的。即是，從現實的心念來說，並不真存在一種無明與法性兩種截然相對反的成素在裏面，心念只能單單是無明，或單單是法性。無明和法性都是一個整一體，不能分割成部分。心念能發揮明覺，便全體是法性；不能發揮明覺，而一味執著不捨（對存在的執著），則全體是無明。這好像光明與黑暗那樣，如環境是光明，便全體是光明；如環境是黑暗，便全體是黑暗。房間的燈火燃點起來，全個房間便變得光明，燈火熄滅，全個房間便變得黑暗。我們很難（其實是不可能）想像一個空的房間中有一個角落是光明，另一個角落是黑暗的情況。心念也是一樣，是明覺或是昏闇，都是全體的，不可能是局部的。這正與智顗講的圓頓的工夫論相應。要頓，便全體是頓，沒有局部或漸的情況。闇的場合也是一樣。但為方便一般信眾，讓他們易於理解，說我們的心念存在著明覺或法性部分，同時也存在著昏闇或無明部分，也無不可。但在工夫論上，則非頓不可。起碼在智顗的場合是如此。心念要麼便全體是法性，要麼便全體是無明，這便是一念無明法性心，因此這個複合語詞或表述式是工夫論義的。心念不可能在同一瞬間具有法性和具有無明。在一念無明法性心中，無明與法性不可能同時存在，故這複合語詞或表述式不是存有論義。從頓悟的立場來說，亦即是從工夫實踐方面來說，明覺不來，則心念是無明；明覺一來，則心念當體、全體都是法性。但不管是無明也好，是法性也好，心念、心還是本來的那個心念、心，不是換了另外一個心念、心，所以說無明法性同體。

以下交代一些字眼或語詞的運用。在這個問題上，我採取寬鬆的態度，不會太死煞。一、關於「概念」與「觀念」，分別不是那麼明顯。通常的用法是，一般的、中性的語詞用「概念」，有理想義的語詞則用「觀念」。概念相應於 concept，觀念則相應於 idea。但這也沒有硬性的規定，在很多情況，概念與觀念是相通的。二、「註釋」，也可作「注釋」，「註」與「注」是相通的。兩者會交替使用。三、「辭彙」與「語詞」都指字眼，也是交替使用，不作明顯的分別。四、英文本常提到 practice，我們有時譯作活動，有時譯作行為，也是相通的。五、有關文獻的出處方面，如同一本書而不同頁碼，用 Ibid.，如同一本書，頁碼也相同，則用 Idem. 這是一般的規矩了。六、英文本中的 substantiate 和 substantive 有時分別譯為實質化和實質的，有時分別譯為具體化或具體的。實質與具體沒有多大分別。

另外，如上面所說，這本書的前身是二十多年前寫的。在迄今這段時間，出現了很多新的研究，在中觀學與天台學方面都是這樣。因此，我在書目裏增補了好些資料，俾此書更能與現代研究接軌。

最後要對本書的名稱作些交代。最初以博士論文呈交的，名為「Chih-i and Mādhyamika」，即「智顗與中觀學」（Mādhyamika 作學問解，不作學派名或學派人解）。印成書後，改稱之為 *T'ien-t'ai Buddhism and Early Mādhyamika*，即《天台佛學與早期中觀學》。這與透過與中觀學的比較來看天台學特別是智顗的學問一意思直接相配。現在這部中譯本定名為《中道佛性詮釋學：天台與中觀》，則突顯這部著作的研究方法和研究結果。即是以中道佛性一觀念為焦點來詮釋智顗的天台學，特別是在與龍樹的中觀學比較的脈絡下來研究、詮釋。這是由於智顗的思想與龍樹的中觀學有極其深切關係的緣故，特別是在中道這一關鍵觀念方面為然。在對這個作為終極真理的中道的詮釋與發展上，智顗與中觀學有同有異、同則始於智顗認同中觀學的中道的終極義；異則是智顗把中道從中觀學視中道為空義的補充解放開來，突顯出來，讓它獨立地成為一同時綜合與超越空與假名的終極原理，進一步把中道與佛性等同起來，開拓出「中道佛性」一複合觀念。同時以心來說它，證成終極真理的能動性格。這種以佛性觀念為主軸來詮釋天台學的思想本質，挑戰並超越了流行於近現代在日本與歐美佛學研究界以三觀、三諦等的三體結構（threefold pattern）的主軸來解讀天台學的模式。

說到詮釋，自然免不了對話。在葛達瑪（G.H. Gadamer）的詮釋學中，對話是一很重要的環節。在本書中也可以處處找到對話，而且是多元性的對話。此中包括著者與中觀學的對話、著者與天台學的對話、中觀學與天台學的對話和著者與現有的對中觀學、天台學的研究成果對話。此外也有著者與讀者之間的對話。實際上，詮釋學對於我們理解、研究佛學的義理，有時會產生有用的效能。例如對天台學的理解，筆者曾寫有《法華玄義的哲學與綱領》（臺北：文津出版社，2000），其中對這方面有明顯而周詳的展示，這裏便不多贅言了。

索　引

凡　例

甲、有關一般性的凡例

一、索引條目包括三大類：哲學名相、人名、書名。其中，哲學名相類中也收入一些重要的述句；人名類中也包含學派名；書名類也包含論文名。

二、三大類的條目再細分為梵文、中日文、英文、德文（包括法文）四個次類。藏文條目則收入於梵文次類中。

三、條目的抽列，有選擇性。原則上是收列較具重要性者。同時，在本書中早出的條目，在索引中出現也較頻。

四、哲學名相、人名、書名都是名詞。間中亦收入少量重要形容詞。

乙、有關哲學名相的凡例

一、條目有出自古典文獻的，也有具現代意義、用法的。有些關鍵性的條目，是作者自己提出的觀念，表示重要的看法。

二、重要的哲學名相，或具有終極義的哲學名相，例如 nirvāṇa（涅槃）、Emptiness，學者的用法難有一致，有時作大寫，有時作小寫。本書的用法也有不一致之處。大體上，對於有關哲學名相，要突顯其終極性格的，便用大寫，一般則作小寫。在德文，一切作名詞看的哲學名相，都依例用大寫。

三、在索引中出現的哲學名相，其所在的頁碼有時不能完全傳達它的意涵，因此需要兼看這所在頁碼的前、後頁，才能有周延的理解。

丙、有關人名（包括學派名）的凡例

一、排列次序以全名為準，如 D. Seyfort Ruyegg 先於 E. Conzeo。

丁、有關書名（包括論文名）的凡例

一、為了避免重複，書目中的文獻，為一獨立項目；即是，在製訂索引時，未有把書目的所含考慮在內。

二、對於一些特別重要的參考書，請參考略語表，索引中不另立條目。另外也可參考人名索引，找到有關著作。

戊、有關條目的排列次序

一、中、日文條目，依筆劃多少次序排列。

二、梵文、英文、德文條目，依羅馬體字母次序排列。

哲學名相索引

一、梵文

二、中、日文

三、英文

四、德文

人名索引

一、梵文

二、中、日文

三、英文

四、德文（含法文）

著書、論文索引

一、梵文

二、中、日文

三、英文

國家圖書館出版品預行編目資料

中道佛性詮釋學：天台與中觀

吳汝鈞著. – 初版. – 臺北市：臺灣學生，2010.11
面；公分
參考書目：面

ISBN 978-957-15-1500-7 (平裝)

1. 天台宗 2. 佛教教理

226.41　　99017683

中道佛性詮釋學：天台與中觀 (全一冊)

著作者：吳汝鈞
譯者：陳森田
出版者：臺灣學生書局有限公司
發行人：楊雲龍
發行所：臺灣學生書局有限公司
臺北市和平東路一段七十五巷十一號
郵政劃撥帳號：00024668
電話：(02)23928185
傳眞：(02)23928105
E-mail：student.book@msa.hinet.net
http：//www.studentbooks.com.tw
本書局登記證字號：行政院新聞局局版北市業字第玖捌壹號
印刷所：長欣印刷企業社
中和市永和路三六三巷四二號
電話：(02)22268853

定價：平裝新臺幣四〇〇元

西元二〇一〇年十一月初版

22608

ISBN 978-957-15-1500-7 (平裝)